做孩子最好的
成长规划师

从海淀到加州的
阳光男孩养育指南

盖兆泉 著

生活·讀書·新知三联书店

Copyright © 2022 by SDX Joint Publishing Company.
All Rights Reserved.
本作品版权由生活·读书·新知三联书店所有。
未经许可,不得翻印。

图书在版编目（CIP）数据

做孩子最好的成长规划师：从海淀到加州的阳光男孩养育指南／盖兆泉著．—北京：生活·读书·新知三联书店，2022.6
ISBN 978-7-108-07362-4

Ⅰ.①做… Ⅱ.①盖… Ⅲ.①男性-家庭教育 Ⅳ.①G78

中国版本图书馆 CIP 数据核字（2022）第 037525 号

责任编辑	李 佳	
装帧设计	鲁明静	
责任校对	曹忠苓	
责任印制	张雅丽	
出版发行	生活·讀書·新知 三联书店	
	（北京市东城区美术馆东街 22 号 100010）	
网 址	www.sdxjpc.com	
经 销	新华书店	
印 刷	北京隆昌伟业印刷有限公司	
版 次	2022 年 6 月北京第 1 版	
	2022 年 6 月北京第 1 次印刷	
开 本	720 毫米 × 1020 毫米 1/16 印张 21	
字 数	286 千字 图 81 幅	
印 数	00,001-10,000 册	
定 价	69.00 元	

（印装查询：01064002715；邮购查询：01084010542）

目 录

前言：做培养自己孩子的专家 /1

第一章 阳光男孩是我树立的培养目标

一、多少遗传，多少环境？ /4

二、家长的职责范围 /6

    1. 为孩子提供好的环境和榜样 /6

    2. 无条件养育 /10

    3. 孩子心灵的第一任教师 /12

    4. 为孩子离家而培养技能 /13

三、人生目标是幸福，理性育儿是手段 /16

    1. 博览群书，为我所用 /18

    2. 反思自己的成长经历和育儿的关系 /19

    3. 放松心态 /20

第二章 阳光健康的个人形象

一、高大健美的体态 /24

    1. 1米9的"长腿欧巴"，有后天的努力 /24

    2. 防止发胖，培养运动习惯 /27

    3. 重视形象 /28

二、灿烂的笑容 /29

    1. 积极应对近视，七年度数没变 /29

    2. 洁白整齐的牙齿，

       是造访牙科诊所 50 次的成果 /33

三、为孩子把好健康关 /34

    1. 做最会喂养的妈妈 /34

    2. 孩子生病了怎么办？ /39

第三章　轻松有爱的亲子关系

一、真爱还是假爱？ /46

　　1. 五种假爱举例 /46

　　2. 什么是真爱 /50

　　3. 爱要让孩子感受到 /52

　　4. 向孩子的"感情银行"存款 /53

二、最佳父母风格 /55

　　1. 男孩在童年、少年、青春期各阶段的心理需求 /55

　　2. 四种父母风格 /58

　　3. 正面管教：温和坚定 /61

　　4. 养育的度 /62

三、亲子关系大于教育，先有关系再谈教育 /64

　　1. 关系不好，后果很严重 /64

　　2. 不做歇斯底里的妈妈，做支持型温和母亲 /68

　　3. 给孩子选择权、自主权 /69

　　4. 中国式"丧偶式育儿" /70

四、情绪稳定、心态轻松 /72

　　1. 焦虑不安的父母，培养不出快乐的小孩 /72

　　2. "视孩子为自己的一切"、过度养育是病态的 /74

　　3. 不做100分妈妈 /75

　　4. 反思自己：看清补偿式育儿 /76

第四章　开朗受欢迎的性格

一、阳光开朗的性格是重要的软实力 /80

二、开朗受欢迎的性格如何培养？ /85

　　1. 小时候建立安全依恋 /85

　　2. 鼓励孩子与人打招呼，学会搭讪技巧 /85

　　3. 帮孩子交友 /89

　　4. 培养幽默感 /92

　　5. 学会夸人 /94

　　6. 跨文化游走自如 /95

　　7. 活泼外向 /96

三、如何培养一个人见人爱的"面霸"？ /98

四、关注中学生的社交 /102

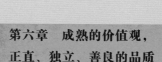

第五章 积极的心态

一、培养孩子的成长型思维 /108

二、养出自信的孩子，家长需要这么做 /111

    1. 给孩子自主权 /111

    2. 不满 6 岁不要提前上学 /113

    3. 小学阶段，帮助儿子不丧失信心 /114

三、乐观向上的心态 /118

    1. 家长不当悲观主义者 /118

    2. 警惕习得性无助带来的悲观 /120

    3. 培养乐观的解释风格，

       让孩子学会反驳悲观想法 /120

    4. 珍惜生命、自爱 /124

    5. 经常展望未来 /125

四、给孩子最好的挫折教育 /126

    1. 运动队最能培养逆商 /127

    2. 如何培养孩子的抗挫力？/131

第六章 成熟的价值观，正直、独立、善良的品质

一、教出有主见、不懦弱的孩子 /135

    1. 独立思考，不盲从 /135

    2. 不卑不亢：如何应对霸凌 /139

二、让孩子懂得感恩，意识到自己有多幸运 /144

    1. 不当"穷人家的富二代"：消费观的引导 /144

    2. 告诉孩子世界的真实面貌，

       让他意识到自己的幸运 /147

三、培养独立自主、有责任感的孩子 /150

    1. 避免过度保护、过度养育 /150

    2. 承担责任从承担家务做起 /152

四、引导孩子价值观与世界观的形成 /155

    1. 与人为善、乐于助人 /155

    2. 共赢的世界观 /158

    3. 家长的世界观和价值观

       左右着孩子 18 岁以前的人生 /159

第七章 沟通达人

一、颠覆"不善表达"的中国男孩形象 /172

    1. 互动讨论，平等对话 /173

    2. 让孩子面对观众 /174

    3. 创设条件锻炼领导力 /175

二、如何培养卓越的演讲与辩论能力？ /180

    1. 少儿期：家长关注政治，进行思辨训练 /183

    2. 小学参加英语演讲比赛，磨炼表达技巧 /183

    3. 初中开始参加辩论培训，自己尝试讲课 /185

    4. 高中参加辩论社团 /189

    5. 国内学生参加辩论赛有哪些渠道？ /191

三、家长与孩子的沟通技巧 /196

    1. 用"我—信息"避免指责，说自己的需求 /197

    2. 倾听不打断，不评判 /199

    3. 接纳情绪，引导情感 /201

    4. 平等对话，合作共赢 /203

    5. 不强化缺点原则 /204

    6. 说话简明易懂，不唠叨 /207

    7. 学会道歉，注意说服策略 /208

第八章 选择最适合孩子的教育体系：关于中西教育的体验与思考

一、什么是最好的教育 /210

二、中西教育之不同 /211

    1. 高强度竞争开始的年龄不同 /211

    2. 强调集体还是强调个性，强调竞争还是合作 /213

    3. 是否重视思辨与表达 /215

    4. 老师对待学生和家长的态度 /216

    5. 对待背诵的态度 /218

    6. 关于作文的不同追求 /222

    7. 阅读量的区别 /227

    8. 数学教育的差异 /231

    9. 学校活动的丰富程度 /233

    10. 对弱者的态度不同 /238

三、我为什么把儿子转到国际教育体系 /239

第九章　树立学业优势

一、理解男孩，帮助男孩 /246

　　1. 从生理特点的角度理解男孩 /247

　　2. 给男孩以开阔的眼界 /250

　　3. 遵循学习规律，

　　　 找到个性化的学习方法 /252

　　4. 帮男孩树立目标，构建内驱力 /261

二、从幼儿园到高中：如何帮儿子 /270

　　1. 学龄前的支持：致力于语言输入 /270

　　2. 小学阶段的支持：陪读，补差，

　　　 适应学校 /273

　　3. 初中阶段的支持：参加各种活动 /279

　　4. 高中阶段的支持：选课与社团 /286

附录 1：我推荐的 35 本育儿书 /295

附录 2：壮壮的文章选登 /317

后记 /325

前 言

做培养自己孩子的专家

当妈可能是我干得最认真的一件事了。为了当好妈妈，我做了此生最为深入的学习和思考。

初为人母的我也曾深感惶恐，不会带孩子，孩子一生病就手足无措，来自老人们的各种主张又使我半信半疑、难以抉择，结果就是被别人支使得团团转，一点自主性也没有。我很快就忍受不了自己的无知了，我有了强烈的求知欲：第一个孩子照书养，我必须看书！

我一口气读了一百多本育儿书。一边读，一边结合自己的成长经历、周围人的经历进行思考、判断、总结，融会贯通。除了读书，我还关注网络自媒体中关于教育的文章，看了十几年，从未间断。

依靠独立学习和思考，我树立了自己的育儿目标：把儿子培养成阳光男孩。也形成了自己的育儿观：没有可复制粘贴的育儿宝典，每个孩子都是独特的；家长才是培养自己孩子的专家，因材施教才是最好的方法。参考经验时，要谨防那些"神神道道"、没有科学依据的主观论断，也要看清那种只有一个成功案例的"牛娃妈"经验。客观、理性地看待自己的孩子，了解他的个性，探索适合他的教养方法。人与人是不同的，一个乖巧自律的女孩和一个懒散无目标的男孩之间的差别实在太大，哪会有普世皆灵的方法？"普娃妈"，更需在"爱与自由"与"人生设计"之间寻找平衡，在放手和精细育儿之间来回调整，怎可有绝对化的奢侈？又怎么可以不作为，放任孩子走向平庸？

我的这本书为培养"正常、幸福、阳光男孩"而写。你若问这个目标是否过低了？我的看法是一点儿也不低。"正常、幸福"意味着18年无痛苦，充满美好的回忆。母子关系亲密、相亲相爱，笑口常开。家是孩子温馨的港湾，将来长大离家的孩子愿意回家。相册里每一年的照片都是笑意盈盈，母子之间每想到彼此，心里的画面是一张笑脸。"阳光男孩"意味着儿子有温暖的内心、快乐的天性、积极的态度，像阳光一样照耀他人，发光发热，令所有人喜欢。他"命好"，周围的人都愿意帮他，所谓"有贵人相助"；一辈子顺顺利利、朋友围绕、家庭幸福。在这种正常的家庭教育下，我们的阳光男孩童年幸福、少年幸福、青春期幸福、一辈子幸福——这是多高的目标呀。

把儿子培养成阳光男孩，我们只需当正常的"学习型"家长。不做歇斯底里的作妖妈，不做追求完美的控制狂妈，也不做追求轻松的偷懒妈。正常妈要有的东西是：

> 1）崇尚科学的理性头脑，
> 2）明确的可实现目标，
> 3）终身学习、不断调整以适应变化的习惯，
> 4）博览群书后内化的沟通方法，
> 5）对孩子无条件的爱。

所谓"尽人事，听天命"——接受孩子天生的特质，知道什么是家长不能影响的，什么是家长可以影响的，在自己的"活动范围"内做到最好，就可以问心无愧地目送孩子远走高飞。

如何培养阳光男孩？在本书中，我将为你细细道来。

第一章

阳光男孩
是我树立的培养目标

一、多少遗传，多少环境？

在大张旗鼓地讨论如何育儿之前，我们有必要先了解一下"家长究竟能做什么"。儿子出生了，他是一张白纸吗？不是的。遗传学家的实验告诉我们，每个孩子都有他独特的 DNA，这人与人之间 1% 的 DNA 差别，决定了孩子很多独有的特质。而且，比我们想象的还要多。例如：

◎在性格特质/人格/心理（包括神经质、外倾性、经验开放性、宜人性和认真性）方面，基因影响占 50%。内向还是外向，活跃度，生物钟的可预测性，早起还是晚起，对于新东西的反应，适应性，敏感度，情绪，反应的激烈程度，是否容易被分散注意力，是否善于坚持……这些性格气质都受遗传影响。还有一些遗传性的精神疾病，如，有的孩子容易抑郁，有的孩子容易成瘾。

◎整体认知能力，基因影响占 50% 左右。通常智商高的家长更易生出智商高的孩子，但这并不会造成"智商固化"，因为遗传只能决定一半左右。而且，有一个叫"均值回归"的规律，即聪明的父母经常生出普通的孩子。超常的人，无论他是极端的聪明还是极端的笨，他的子女都会向中间的"均值回归"。

◎ 身高遗传率为79%，说明身高天生成分较大。

◎ 体质指数遗传率为40%，说明体重差异主要还是受后天因素影响。

◎ 学业成绩，小学、中学期间，遗传因素占60%，大学以后占80%（年龄越大，基因的影响越大）。[1]

认真思考这些数字，能使我们减少一些育儿狂热。很多事情已经通过父母遗传给孩子的基因决定了，而且是随机决定的，兄弟姐妹之间的差别都很大。基因的影响真的很大，每个孩子都有其"出厂配置"，所以我们要接受孩子天生的特质，不要试图去塑造他们，而应选择"顺势而为"，让他们成为最好的自己。孩子是一粒种子，不是一张白纸。

同时我们也应看到，家长所提供的环境仍是重要的，在很多领域，仍能发挥50%左右的作用。即便只有21%的影响力，例如身高，我们也需要付出100%的努力，在21%的"活动范围"内，做到最好。拿我儿子作例子，他测得的基因身高为179厘米，但他在14岁的时候就长到了191厘米，我自豪啊，因为我是"饲养员"！

中国家长最为关心的学习成绩，遗传因素占60%—80%，占比真是大，太大了。在这方面，我们要"认命"。特别是像我家这种情况的，父母自诩年轻时都是学霸，是外地进京的大学生，而儿子在16岁之前并没有表现出与父母一样的学习天赋，甚至连努力都没我们当年努力（努力、坚持和仔细也受基因影响，占50%），怎么办？只有尽快收拾起失望的心态，平静地接受"均值回归"的规律。同时，绝不放弃孩子，打起精神，研究如何有针对性地帮助他、鼓励他，琢磨如何因材施教，制定适合他的合理目标，适当监督，期待他有朝一日能够实现自驱。

在性格和行为方面，环境有50%的影响力。嗯，这好像是家长可以参与

---

1 参见 *Blueprint*, Robert Plomin。

阳光男孩是我树立的培养目标

塑造的领域。孩子是否受欢迎，是否被社会接受，是否成功，是否快乐 —— 性格决定命运啊！这或许是我们发挥影响力的"主战场"！可以撸胳膊挽袖子上了吗？且慢。不要忘了，这个环境还要分成家庭环境和学校与社会环境两大类。相关研究的结论是：学校与社会环境，尤其是同辈群体 —— 同学啦、朋友啦，对孩子成为怎样的人影响力更大。对于同一家庭的孩子来说，"非共享环境"的影响要高于"共享环境"（也就是家庭环境）。家长对孩子行为模式的影响力仅限于家庭内部，孩子一旦走出家庭，在他自己的群体里进行社会化，就会习得新的行为方式，向社会环境寻求认同与融入。孩子越大，就越不受家长影响。这就解释了为什么长在同一屋檐下的兄弟姐妹，成年后的性格和行为经常并不相似，因为除了基因不同，他们各自所处的社会环境也不同，比如，上了不同的大学，从事了不同的工作。[1]

读到这里，家长能发挥的教养作用好像在不断缩小，能做的大事似乎只剩下择校、买学区房了，那么，家长的"职责范围"到底有哪些呢？

二、家长的职责范围

1. 为孩子提供好的环境和榜样

美国有研究称，"家长是什么样的人"比"家长采取什么方式育儿"更能影响一个孩子。这是因为，家长的经济水平、受教育程度、社会地位都会极大地影响孩子的生存环境、地理位置、所上的学校，也会影响家长对于孩子的态度和方法。中产阶层以上的家长有更多的时间陪伴孩子，有财力为孩子提供各种资源，让孩子上好的学校。因为自身的教育经历和见

---

[1] 参见《教养的迷思》。

识，受教育水平高的家长普遍采取精细育儿的方式，对孩子有耐心，多数能平等、尊重地与之对话。而经济水平不高的家长由于生活奔波劳累，经常忽视孩子，不如中产阶级那样循循善诱，鼓励孩子表达自己的想法。受教育程度低的家长能为孩子的学业提供的帮助也较少。贫穷动荡的社区也让孩子缺乏学习的榜样，不利于孩子的成长。

也就是说，家长本身就是孩子的"环境"，家长为孩子提供的生活就是孩子的起跑线。"推娃"之前，我们先要推自己。

基于此，作为家长首先要做好自己，过好自己的生活，才能谈教育孩子。我是不主张妈妈做全职主妇的，我认为妈妈必须有自己的事业，除在自己的小家之外，在更大的世界中也有价值，即有一种社会成就感。这样，妈妈的价值感就不会完全建构于老公和孩子身上，不会把关注点像聚光灯一样投射在孩子身上，用控制欲让孩子窒息。做好自己，不但能实现经济独立，为孩子提供更好的资源和环境，也会让孩子有掌控时间和精力的自由，同时给孩子树立一个有自我的、受尊重的独立女性榜样。人生那么长，孩子只在我们身边18年，注定要离我们而去。养儿也不是为了防老。家长过好自己的生活，照顾好自己，也是在给孩子提供一个热爱生活、充满爱心、强大幸福的人是怎样生活的示范。如果我们的全部生活都以孩子为中心，就会使三四十岁的成年人生活显得黯然失色、缺少情趣和追求，孩子就不会对他们的未来生活满怀憧憬和希望。

妈妈与爸爸，就是孩子的家庭环境。如果夫妻关系处理不好，那家庭环境就是恶劣的。孩子会被卷进各种不良关系，出现各种心理问题。所以，营造和睦的家庭氛围和夫妻关系，对给他安全感非常重要。只有感到安全，孩子才能茁壮成长、身心健康。现代社会的中国家庭里，爸爸经常缺席的"丧偶式育儿"大量存在。孩子妈们一边忙工作，一边忙孩子，尤其劳累。在这种时候，一定要积极想办法解决。

拿我自己举例，我三十几岁孩子还小的那几年，是我人生中最难的一段时期。一方面，我自己的工作处于上升期，被委以重任编写出版社的主打教材，可以说是累死累活、压力巨大；一方面，我要带孩子，一下班就得陪孩子直至他睡着。刚上幼儿园时，儿子总生病，我彻夜难眠照顾他。与此同时，壮爸也忙得几乎不着家，还经常出差。人一累就会产生负面情绪，我在种种困境和挫折中，间歇性地抑郁。加上壮爸在育儿方面跟我有诸多不同意见，两个人主意还都特大，谁也说服不了谁。呈现在儿子面前的，是两个育儿风格迥然不同的家长，有时还当着孩子的面吵架，愤怒地大声争论。在这种情况下，壮壮也健康地长大了，可见孩子没我们想的那么脆弱。因为这些经历，我说不出来"不要当着孩子的面吵架"的劝诫——我自己都做不到哇。但幸好我和壮爸守住了底线：吵架不冷战，尽快恢复感情；我会在事后或闲谈时，向儿子详细解释我和他爸之间的分歧，强调这些分歧都是由于我们自身不同的成长经历造成的，而不是因为他；我们从不把壮壮扯进争执，让他"评理"。我也积极采取行动改善夫妻关系，比如主动放弃繁忙的职位，暂时调到职能部门以保证按时下班；调整自己的心态，用读书所学的知识重新进行心理建设；放下改造对方的想法，以赢得平和环境；注意沟通技巧，以赢得合作。如此这般克服了种种困难，保证了儿子在一个正常的家庭环境里长大。壮壮并不怕爸妈吵架，小时候他听到爸妈说话提高了嗓门，还经常不满地责备说："哎，哎！——你俩好好玩啊！"听到他的警告，我和壮爸就闭上了嘴。

　　身教重于言传，家长的为人处世是孩子的模仿对象，要当好这个榜样。比如，在年轻没孩子时我不太关心社会，有了孩子后，我忽然觉得这世上的什么事都和我有关，因为我想为孩子留下一个更好的环境。我变得更加悲悯，更加有耐心，更愿意帮助别人、与人为善。我知道孩子会模仿我的行为和品质，所以为了孩子，我更加想做一个好人。诚实守信、疾恶如仇、正直善良、乐于助人，这些希望孩子做到的，我要求自己先做到。

　　想要让儿子的性格好，母亲也要做出表率。假如一个母亲性格暴躁，不懂得释放自身的压力，总把焦躁的情绪传递给孩子，那她很难培养出一个性格温柔的孩子。相反，如果一个母亲外柔内刚、做事果断、内心镇静，总是笑容满面地与孩子一起度过愉快的时光，遇到困难也用乐观的态度去面对，耳濡目染，孩子也会变得镇静乐观。这样的母亲才能培养出有耐力、有自信、抗打击的男孩。

新时代的家长还需以身作则，成为终身学习者。我们的孩子将生活在一个巨变的世界，人工智能将淘汰今天50%以上的工作，想适应新时代，不被社会所淘汰，唯一的策略就是终身学习。经常听到这样的话："想让儿子好好学习，家长要先看书学习。"耳濡目染、潜移默化的影响比说教更有力。初中时壮壮学习不自觉，我就让他与我在一个大桌子上学习，他学习，我工作。在机场等飞机时，小时候是我掏出书来给他讲，大点他自己能阅读了，我就递给他一本英文小说，我自己也看一本书。

从育儿的角度来说，阅读与学习能让我们成长为睿智的家长，了解婴儿、幼儿、少年、青年的身心发展规律，知道什么做法对孩子是伤害。无知的父母不仅会摧毁孩子一生的幸福，也会间接地给社会带来危害。虽然家长们念了十几年的书，却没有一门功课教给我们怎样做父母。如果自己不积极看书学习，就有可能不自觉地复制自己父母糟糕的养育方法，读书能使我们选择改变，通过反思形成正确的教养方法，不让孩子重蹈覆辙。

常听妈妈们感叹：孩子一天一个样！随着孩子的成长，会出现各种各样的问题。我们必须未雨绸缪，提前做好准备，特别是知识储备，不断地学习，不断地提高。有了准备，面对问题时我们就不会惊慌失措，就可以从容应对。育儿是一个神奇的过程，我们参与了孩子的成长，同时通过学习，也实现了自我的成长。我们从孩子身上观察到生命的进展，反思自己的成长经历，会领悟到更多的人生真谛。通过钻研育儿理论，我们会对自己的成长过程、个性品行有新的认识，在审视自身的过程中，发现自己的问题，从而得到一个修复创伤、改进成长的机会。

教育好孩子，并不意味着父母要完美无缺。对于我自己来说，原本携带着原生家庭给我的自卑与胆怯，但为人父母给了我学习心理学和教育学的机会，让我正视过去，面对自己的潜意识，重新解读自己。通过读书和思考总结，我对自己之所以长成了今天的样子，有了更深刻的理解。我知道了我的父母做对了什么，做错了什么。我又应该做什么，纠正自己的缺点，把我小时候所不曾得到的给予孩子。儿子并不是这个过程中唯一的受益者，永无止境的学习和成长改变了我，令我重拾自信，越活越明白，心理越来越强大。

"好孩子来自好环境"，除了推自己，父母还要尽自己的所能，给孩子选择好的、最适合他发展的外部环境。包括择校、买学区房；帮年幼的孩子选择玩伴、为孩子的同伴问题出谋划策；选培训班、选老师；提供游学、夏校、社会实践的机会；等等。

2. 无条件养育

父母的第二个职责是无条件养育，给予孩子无条件的爱。孩子不是我们炫耀的产品，孩子不是为了取悦我们而存在，我们就是无条件地爱孩子这个人，而不是爱他取得的成绩，这种无条件的爱与支持会成为孩子一生中最大的力量来源。家理应是避风港，我们要完全地接纳孩子——接纳他的情绪，接纳他的性格，接纳他的缺点，把缺点看作特点。给孩子一个理想的环境，让他长成自己，而不是长成我们理想中的样子。养育不是雕琢，不是像木匠那样把材料精确塑造成符合计划的成品，照顾孩子更像是园丁培育植物，提供最适宜的环境和养料，让植物绽放自己的美丽。每一个生命都是千差万别的，孩子有权利长成他们本来的模样。[1] 一些中国家长喜欢让孩子"听话"，喜欢乖巧的孩子，然而在这种环境长大的孩子，价值感、创造力会被大大削弱，很容易忽略自己的追求、困惑于自己的选择、迷失在纠结的自我中。

父母对孩子的爱是不能有附加条件的。一些父母对孩子总是提出交换、要挟：考100分才爱你，给我"长脸"才爱你……这些要求会破坏和孩子的亲密关系，让孩子觉得家长的爱是有条件的，导致孩子失去安全感和归属感。害怕被父母遗弃，为了不犯错，孩子经常选择撒谎和逃避。这样的孩子长大之后，内心仍会缺乏爱与安全感，跟别人相处时也会用交换、要挟与恐吓的模式。他会变得抱怨现状又不敢去改变，将自我价值和安全感建立在别人的肯定上。

童年时代"安全感"是如此重要，父母，尤其是母亲，有责任与孩子

---

[1] 参见《园丁与木匠》。

建立一种安全的依恋关系。当婴儿哭泣时，妈妈及时回应，喂奶、换尿布，孩子就会感受到大人对他需求的理解，对沟通建立信心，不断确定妈妈是爱他的，从而形成安全依恋。

壮壮对于我的依恋建立得特别好。由于我非常关注并准确回应他，婴儿期的他甚至都不怎么哭，有什么需要，只需"啊"地叫一声。而且他特别爱笑，一逗就笑。小时候在院子里晒太阳，同院的老奶奶对我说："我就喜欢这孩子，看着就那么喜性！"会走路了以后，壮壮就成了我的跟屁虫，我走哪儿，他跟到哪儿。6岁前他和我睡一张床，总是紧紧地挤着我。上小学期间，我每晚会给他"晚安吻"。上中学时，我曾对他表态说："妈妈永远爱你，永远不会抛弃你。即使你进了监狱，妈妈也会去看你。"

安全依恋的建立，可以让男孩子心底有安全感和自信，敢于尝试各种各样的新事物。心里充满爱，就会对周围人充满善意，敢于社交，开朗阳光。幼儿园时期的壮壮在院子里玩，会主动和所有在场的小朋友兴高采烈地问好、道别，不管认识不认识，不管人家理不理他。他交朋友特别快，无论什么新环境，都能"哧溜"一下钻进去，迅速适应。

男孩与妈妈的关系是他将来与女性关系的排演，是未来婚姻幸福的保障。男孩与母亲关系的内化，将决定他以后怎样与其他的女性相处。男孩从母亲那里了解女性的世界，学习怎样接受爱，学会表达感情，探索感情的深度与高度，发展对世界、他人和自己的信任感。

为了儿子的人生幸福，妈妈应该致力打造牢固的亲子关系，不吝惜让儿子享受纯粹的爱。母子一场，我们追求的不就是亲情吗？儿子成年以后，他什么时候回家就是我们的念想。我们终究会成为那个节假日盼儿归来、翻相册回忆过去的老母亲。18岁之前，要好好珍惜与孩子一起生活的点滴欢乐时光，记住那些美丽的成长片段。男孩和妈妈之间的"热恋期"也就八九年的时间，男孩一天天地长大，不到10岁就疏远了妈妈。如果青春期的男孩还能主动给妈妈一个拥抱，妈妈就算成功了。

虽然安全依恋重要，妈妈也要掌握好火候。小时候给他亲密，长大了就要放手。让儿子逐渐靠近父亲，走进男人的世界。亲子关系不能充满控制，也不能没有边界。读书能使我们明智，知道界限在哪里，让我们把最好的、无条件的爱给予孩子。

3. 孩子心灵的第一任教师

家长的第三个职责是家庭教育。作为孩子的第一任老师，其意义主要是社会生活和心理方面的，人生观、价值观；生活态度；待人接物、处理问题的方式；语气、说话方式。

孩子基本的是非观念和价值观来自家长。每个家长都有自己的人生观和世界观，孩子的观点不可避免地带有家长观点的烙印。我觉得这无可厚非，但别一味洗脑灌输、闭目塞听，要允许孩子有跟自己不一样的观点。比如，壮壮的朋友当中，有的孩子跟着妈妈吃素，我对这种做法就不太赞同。妈妈是成年人，她有权因宗教原因选择吃素，但孩子还未成年，还未形成自己的判断力，他的成长需要动物蛋白，不应因妈妈的影响而受到限制。再比如，在如何看待"公德"的问题上，不同家庭的看法是不同的。在室内公共场所，比如在本来很安静典雅的餐厅或酒店大堂，几个孩子突然打破安静，到处疯跑，大声喧哗，大多数人都会感到不舒服。我就曾多次看到这样的情景，家长放任孩子在公共场所追打尖叫，根本不管，有的家长甚至还含笑望着自己的孩子，好像在想：看我孩子，多有精神头儿啊。

我们常听到这样的话："这孩子家教好。"这个"家教"，通常指有礼貌、会说话，有同理心，有责任感，会处理社会关系，知对错、知进退，让人舒服、让人喜欢，即社会智能（Social Intelligence）高、情商（Emotional Intelligence）高。这些技能是需要家长通过日常生活的点点滴滴，不断教授给孩子的。例如，如何解决争端，如何真诚待人，爱自己也爱别人，承担责任。

家长还需要培养孩子不畏困难、勇于接受挑战的能力，即抗挫能力。有一个"吓坏了的小鸡"的比喻，就是说如果突遭变故，小鸡会被吓呆。这时小鸡旁边的其他小鸡的反应就非常重要。如果其他小鸡也被吓呆，那么小鸡的恐慌就会加倍；但如果其他小鸡若无其事，那么这只小鸡就会从恐慌中恢复过来。我们家长的作用就类似其他小鸡，或者是更加镇静的老母鸡。在生活突然出现的打击面前，家长要示范遇事不慌，冷静地分析问题、积极地解决问题，这样，孩子才能不怕困难、不怕事。如果家长还能做到用幽默化解问题，有轻松、乐观、进取的态度，那就更棒了。

家长还要赋予孩子足够的价值感，让他感觉自己是一个有用的人，让他感觉自己是可以为这个家庭、为社会做出贡献的人。有了价值感，孩子才能建立自尊，有自尊心，他才会有动力改正自己的缺点。如果他能够保持温暖的内心和快乐的天性、强大的心理与积极的态度，他的成长之路便会更加顺利。

家长是孩子的第一任教师，家教的主要目的是培养一个能顺利融入社会、拥有健全人格的社会人。发展心理学说，这种个体至少要具备以下几种特质：爱与被爱的能力、联结的能力、独立自主、价值感以及安全感。那我们的责任就是让孩子学会爱与被爱、学会沟通、学会独立、拥有价值感和安全感。

4. 为孩子离家而培养技能

我认同这句话：成功等于有效的自我管理。家长教育孩子时，应随时想：我这样管教，有利于孩子"自我管理"能力的提升吗？有利于孩子今后的成功吗？越俎代庖、大包大揽的做法，直升机式盘旋在孩子头顶的父母，跟"自我管理"的目标南辕北辙。孩子迟早会离开父母而独立，家长的第四个责任是赋予他们独立生活的勇气，培养孩子独立生活的技能。

1) 教孩子做家务

家长应教会儿子做饭、洗衣、收拾房间等基本家务。试想，在现在这个年代，还有哪个女孩愿意当衣来伸手、饭来张口的男孩的老妈子？共同承担家务会得到女孩子的青睐，艺不压人，生活必需。那种"什么也不用管，只学习就行了"的想法是害孩子，大学毕业后零经验开始自己的生活，才是输在起跑线上。

阳光男孩是我树立的培养目标

但是，对于大部分"小皇帝的臣民"来说，这种观念的转变可真不是说变就变的。"惯孩子"的惯性是如此之大，我让上初中的儿子自己做早餐，都被壮爸说成"懒"，不起床，不是合格的妈妈。尽管有阻力，我还是坚持主张儿子上大学之前要学会做家务。从 8 岁起，我就给壮壮报名参加国外的夏令营，在夏令营里他完全独立生活。15 岁，我让他参加寄宿夏校后，自己乘飞机回国。

2）教孩子如何花钱

独立意味着知道怎样挣钱和花钱。关于花钱，最重要的是教给孩子量力而行：既不要给孩子不必要的"匮乏感"，一花钱就内疚，也不要纵容"穷人家的富二代"的产生。家长需常跟孩子讨论有钱该怎么花，什么地方值得花。

对于男孩来说，小时候的玩具，青春期时的球鞋，常会让他有"贪得无厌"的趋势。家长不能什么都给买，要充分地沟通，讨价还价，达成约定，遵守约定。关于要不要追求"品牌""名牌"，也要充分地表达家长的价值观，和孩子交流。

从高中开始，可以让孩子学习理财，参与讨论家庭资产的投资，让他知道自己家在哪些领域不用省钱，哪些钱需要省。壮壮从 16 岁起开始研究股票，正式学习投资。他与同学合作，设计了一款运用 AI 的荐股软件，获得了"全美最酷项目"（Coolest Project USA）比赛的一等奖。

壮壮 14 岁时，我支持他办演讲培训班，挣了人生第一笔钱。15 岁时他又办了辩论培训班。通过两次讲课挣钱的经历，他深有体会地说：当老师真不容易。

3）教孩子如何与人打交道

孩子需要有好的情商和社交能力，才能在今后的工作中顺利发展。面对未来的各种不确定，孩子需要应对现实的能力、跟人打交道的能力、识别人心的能力、沟通表达的能力、协作的能力。家长要帮助孩子融入同龄人，帮助他社会化。带孩子参加各种活动，创造各种社交场合，培养他的社交能力。教他听取建设性的批评，向厉害的人学习。培养孩子的同情心、爱心和善良的品质，让他更受欢迎。

4）培养孩子的超强适应性

世界在巨变，未来会有4亿岗位被人工智能替代，再加上社会变局的风险，我们下一代所需要的生存技能和我们这一代会有很多不同。以后不分白领蓝领，那些能够被标准化、程序化的技能都会被替代。比如原来蓝领工人的搬运工作，现在基本上都被机器替代了；白领行业中，类似税表填写、证券分析等也会被人工智能替代，会计、金融或将变成夕阳产业。不要认为孩子选了一个行业就能够保证一辈子衣食无忧。应对未来最好的办法是一个人有两份工作，一份主业＋一份精通到可以作为职业的技能，这个技能可以辅助主业，使主业增值。一旦失业，可以用这项技能谋生。对于教育来说，孩子学得越杂、越跨界，以后的生存能力可能越强大。

那么，如何把孩子培养成为一名擅长跨界的"多重潜力者"呢？在能力储备上，第一重要的就是通用能力（或者说可迁移能力）的储备，比如，沟通能力、信息获取、运用科技和数据的能力、创新意识、解决问题的能力、时间管理……这些能力都是通用的、可迁移的。第二，要让孩子经常做跨界组合的锻炼，培养能够结合两个或两个以上领域并从结合处寻求创新的能力。鼓励孩子多接触新事物、吸收新信息、不轻易设置标准答案，让孩子知道"天马行空的想法"也是可能落地的。不要轻易否定孩子尝试新事物，鼓励他把感兴趣的事尽快钻研透彻。培养孩子勇于走出舒适区，快速学习、学以致用的能力，将之前所学用于新领域。家长要审视自己的养育方式，避免孩子成为完美主义者，允许孩子失败。追求完美的孩子，因为害怕失败会避免尝试新事物，而适应性是通过尝试过程中遭遇挫折来打造的。允许孩子失败，鼓励他大胆尝鲜，可以帮助他了解适应新环境和新事物的感觉，建立迎接新挑战的信心。

未来职场上的超强适应性意味着，能够迅速融入新环境，可以随时切换自己的角色，满足公司和客户的需要。世界的变化迅速且难以预测，只

阳光男孩是我树立的培养目标

有那些紧跟市场需要进行调整的个人才有可能成功。在日常交流中，多和孩子聊聊他在各种团队里承担的角色、对团队的贡献、什么是领导力，让孩子意识到自己可以发挥的各种作用。当孩子遇到挫折时，家长要出谋划策，帮助孩子调整自己、积极面对并解决困难。多和孩子聊社会的变化，成功人士的资质和经历，关注社会热点和经济新闻。

三、人生目标是幸福，理性育儿是手段

当我们讨论育儿时，首先要想好目标。什么是人生的最终目标呢？我认为是幸福。让儿子"一生都幸福"是我的育儿目标。

我想让儿子人生的每个阶段都幸福。我愿18年的原生家庭生活，带给他的是幸福满满的回忆，给他奠定一生幸福的基础。"幸福的童年治愈一生"，童年时代幸福与否，关乎一生的幸福。然而，传统观念总让我们牺牲童年，比如，"吃得苦中苦，方为人上人"；"学海无涯苦作舟"……这些古训都离不开一个"苦"字——学习是苦的，但为了未来必须苦学；要想成功，必须忍受痛苦。我认为这些古人的观念不该被今天的家长拿来作为牺牲童年以确保成年成功的理由。因为它们只强调结果，不重视过程，认为只有成功本身可以带来快乐，让孩子沦为"未来的奴隶"。谁说成功就一定要以牺牲童年的快乐为代价呢？

学习应是快乐的，童年应是快乐的，痛苦的学习模式应该被摒弃。应试教育下，很多尚年幼的中国孩子过着或忙碌奔波，或单调痛苦的生活，承受着过于沉重的压力，这是不对的。我希望能让孩子过上既享受现在又对未来有益的生活。童年不是成年的排演，它是人生的重要阶段，不能被牺牲，我从一开始就下定决心捍卫儿子的童年。为了他的童年、少年与青年都幸福，我不惜大费周折，安排转学、出国，万里折腾。

人生目标是幸福，那育儿的具体目标是什么呢？妈妈心目中的理想男人，是影响育儿目标的主要因素。我在有了儿子后，经常思索：什么样的男人才是我喜欢的——什么是我喜欢的男同学、男上司、男下属、男同事？什么是我想要的爱人、丈夫、娃爸？年少时，动画片中曾有白马王子；成年后，电视剧里有高富帅男主，这些固然令人憧憬，但在周围的芸芸众生中，却没有完美的男人，倒是有一大堆的反例。18岁时，我把一个什么样的小伙子交给社会、交给他的女朋友呢？他是什么样的人，最能拥有人生的幸福呢？

◎霸道总裁？——No。冰着一张面瘫脸耍酷，在我看来不适合做丈夫，家要温暖。

◎妈宝男？——No。没有女人喜欢这种长不大的恋母男人，我也不要当恶婆婆。

◎不感恩的白眼狼？——No。成人了还啃老、与我关系不好，就是教育的失败。

◎不善言辞的木讷男？——No。乏味、了无生趣，不会沟通、不会表达爱，女朋友不会喜欢，职场上也难以晋升。

在思考了一大堆反例后，我确定了我最喜欢的男孩类型：温暖快乐，热情亲切、大方得体、礼貌自信、风趣幽默，如同正午的太阳一样照耀着他人，使周围的人也感受到快乐，燃起对生活的热爱——对，我想要一个阳光男孩！他大大的笑容感染所有人，他的谈吐令人如沐春风，他知书达理、幽默可爱。我喜欢这样的儿子、男孩、男人。在学校里，他是打篮球的帅气男生；在职场上，他是受人拥戴的上司、受欢迎的同事、受信任的下属；在家里，他是温柔的丈夫、称职的娃爸。他散发自然的亲和魅力，吸引人、团结人，让周围的人感到幸福，周围的人也给他幸福。是的，我的育儿目标是18岁的阳光小伙子。我要向着这个目标，努力培养18年。

阳光男孩是我树立的培养目标

在探讨了家长的职责和育儿目标后，接下来说说育儿的手段。作为一个搞教育的知识分子，我推崇科学、理性育儿。

1. 博览群书，为我所用

我看过、听过近150本育儿书，个人推荐的书单在附录里。我认为最值得看的是医学、心理学、教育学方面的书。读书的好处我已说了很多，这里想强调"关键期"这个概念。我是搞英语教育的，听到的最多的后悔，就是妈妈们感叹错过了孩子的语言学习关键期，英语启蒙抓晚了。如果家长爱看书，那么就不会错过孩子的各种关键期。

在博览群书的同时，也要独立思考，用自己的头脑判断正反方极端观点的适用性。比如，严格管教和"爱与自由"就是一对相反的观点。新一代的家长都会被"爱与自由"的观点所吸引，但一些畅销书的内容也会使人存疑。比如，畅销书《好妈妈胜过好老师》的作者说，"自由的孩子最自觉"，"不陪"才能培养好习惯，"不管"就是最好的管。举的例子是作者的女儿圆圆在高一时，经常一边做作业一边听歌，作者心里很着急，觉得女儿学习态度松懈。作为家长她很多次产生去"管"的冲动，但最终还是忍住了。一段时间以后，圆圆学习时不再听音乐了，有一天作者发现她书架上的CD机落了很多灰尘。作者的观点是：给孩子自由，孩子自己就会实现自觉。"坏习惯"不用家长管，要相信孩子能改正。

作为一个三十年前的乖巧女孩，我知道，这种观点在我身上是成立的，我父母就没怎么管我。对于对自己有高要求的女孩来说，家长相信孩子、不管孩子是明智的。但这很明显是"抓到了好牌"（运气好）的"一娃妈"，尤其是女孩妈的个人经验。咱们暂不讨论一边做作业一边听歌究竟是不是"坏习惯"，就说有那么多有游戏瘾的小学男生、中学男生、大学男生，甚至已婚男人，他们的存在充分说明了一点：自由的男孩可不一定自觉。

对于教育男孩，我觉得既不惩罚也不娇纵的"正面管教"方法更合适。这种折中的"有规则的爱"和"有界限的自由"，和善与坚定并行，有权威也有尊重的方法更值得模仿。"正面管教"主张温柔但有边界，在给予孩子无条件的爱的同时，制定简单明了的规则，让他知道什么事情可以做，什么事情绝对不可以做。家长要解释为什么可以或者为什么不可以，讲道理让孩子信服，然后温和又坚定地按照定下的规矩执行。

每个作者都有局限性，这就是我们要博览群书、比较各种观点、自己进行思考的必要性。市面上有那么多"成功"小孩的父母写的育儿经验，声称"我孩子的成功，你可以复制"，以至于买书前，很多家长会先打听这位作者专家的孩子是否优秀，希望专家拿出一套完美步骤，把自己的孩子也培养成优秀的小孩。然而，孩子是不同的，环境（包括父母）也是不同的，养育孩子不是做菜，没有菜谱，没有神奇大法，看书必须判断是否适合于自己家的情况，提取那些真正有用的通用性原则，而不能生搬硬套个性化的做法。

2. 反思自己的成长经历和育儿的关系

看过育儿书以后，我们可以反思自己的成长经历和育儿风格之间的关系，认清自己为何是这样，哪些行为是源自自己的原生家庭，哪些是复制，哪些是改变，哪些是我们的优点，哪些是我们的缺点。这些反思对于了解自己、提升自己、使自己成为更好的父母很有益。

比如，我在育儿方面的想法，就严重地受我小时候的愿望影响。我和很多家长一样，总想让儿子过上我小时候希望过的生活。我少年时早慧，但没有得到培养，无书可看，无处可去，总觉得生活很无聊。父母忙于生计，无暇关注我的感受。我回忆中的童年，记不起来什么令我兴奋的事情。只记得无事可做的我经常站在家里的阳台上，看着眼前一成不变的破楼和烟囱里缓缓冒出的白烟。

于是我的育儿理念中，一个强有力的主流观点就是消灭无聊，把让儿子感到充实作为自己的责任。最好每天都让他接触新的东西，为他创造多姿多彩的生活，带他体验各种事物，给他提供读都读不完的书，给他寻找玩伴……总之，我不能让儿子感到无聊。

阳光男孩是我树立的培养目标

关于童年，我还有一个灰暗的印象，就是不被重视。作为家里三个孩子中的老二，我的成长也符合大多数老二不受重视的规律。好像没有什么活动是专门为我举行的，我也很少被表扬，或是成为关注的焦点。虽然天资聪颖，算是个学霸，却在灰溜溜的气氛里长大，致使我自我评价极低，胆小悲观、毫无灵气、没有期待、甘于平庸。所谓缺什么就最想要什么，我动辄为儿子鼓掌，表扬起来不遗余力，费尽心机给儿子办生日会，花钱给他照生日相，时时拿他作为我生活的重心。唉，心理学家说得对啊，养育儿女其实常被父母做成补偿自己"心中的小孩"。

看了育儿书和心理学的书后，我对于自己的成长经历、自卑心理、社交障碍进行了剖析，看清了原因。因为不喜欢自己的过去，我常有一种反其道而行之的执念。比如，我在兴趣爱好方面一无所长，所以我特别想让儿子有文体特长；我小时候缺关注、鼓励、肯定，我毫不吝惜地给予儿子关注、鼓励、肯定；我木讷寡言，所以我关注儿子的表达能力，天天跟他对话、亲子阅读，记录"壮壮名言"，让他有爱就要说出来……

我很清楚自己在育儿方面背负着沉重的个人烙印，但我选择原谅自己。正如儿子不是完美的小孩，我也不是完美的母亲。因为我能看清自己的哪些做法是感性的、无意识的，我就能用理性控制自己，选择改变。比如，壮壮小时候我给他买了太多的书、太多的衣服，我感到自己是在补偿"心中的小孩"，做得太过分了，就停止了。通过十多年不断的学习和成长，我自己的个性也发生了转变，变得越来越自信了。有一天，上高中的壮壮说我是一个"strong independent woman"，令我耳目一新，深受震动。三十年前那个胆怯自卑的女孩，三十年后居然被儿子称为坚强独立的女性，我百感交集，又十分欣慰。

3. 放松心态

独生子女的妈妈、新手妈妈经常陷入育儿焦虑，总觉得自己的孩子跟别的孩子比落后了，自己的孩子缺点太多，为他的未来忧心忡忡。其实很多所谓的"问题"都是孩子成长过程中必然要经历的，焦虑有时候是庸人自扰。孩子的很多行为是阶段性的，是他发展的需求，过了这段时间自然会改变，这些都可以通过读书了解。孩子所谓的缺点，不如看成是"个性"。要接受孩子的很多特点都是天生的——他是个独特的人，他有自己的生长节奏、学习能力、优势劣势、性格特点，这些都有基因的强大作用。不拿他和别人比，也不和父母小时候比。

壮壮小的时候，我也曾为他的种种"缺点"焦虑过。比如，学龄前他天天卧佛式躺在地上开小车，什么培训班也不想上，什么也不想学，就爱那么躺着，手里拿着个小汽车玩具，在地上蹭来蹭去，浪费时间；还有，他坐不住、站都不能好好站着，晃来晃去，纪律不好，太爱说话，幼儿园老师甚至让我带他去医院检查是否是"多动症"；他阅读落后，一块儿学英语的同学，阅读比他高好几级；上学后他速算不行、除法好多天也学不会……

性格活泼的男孩适应当今安静的教学体制尤其困难，我们要理解男孩。回过头来看，在儿子的幼儿园和小学阶段，我没有变得歇斯底里，能够把心中升起的各种焦虑及时放下，客观地看待儿子，仍可归因于大量的阅读。如今的我不再焦虑，无论听到多少牛娃的故事，都觉得和我无关，心里不起半点波澜。平静地从故事中摘取有用的信息和经验，武装自己，使自己更有知识和智慧。正视儿子是个独立的个体，可能有不如父母的地方，但也有强于父母的地方。只跟孩子的过去比，引导他形成"成长型思维"，指出远期的可能性和近期的目标。用各种例子向儿子证明：跟自己比他进步了，告诉他下一个目标是什么。一旦达成目标，就及时鼓励、庆祝。

妈妈要用放大镜寻找孩子的优势，指出他的优势，帮助他强化优势，给他自信。心里列一张表，记录孩子的优点，如果像我一样在博客里写出来，可能会更清晰地看到孩子的优点。和孩子讨论他的优点、他做得好的地方。如果给孩子贴标签，用他最擅长的事情贴，如"游泳健将""钢琴小王子"。妈妈下的定义，会成为孩子给自己的第一个定义。这世上就没有完美的人，所以我们不强求儿子完美，也不追求当完美的妈妈。我们要做的，只是个"good enough"——够好的妈妈就行啦。

阳光男孩是我树立的培养目标

SMELLY SOCKS

retold

by Oaky © 2019

第二章

阳光健康的个人形象

当我们在脑海里想象一个阳光男孩,首先想到的是健康、富有魅力的个人形象:高大挺拔,干净矫健,笑容明朗,牙齿洁白整齐。不肥胖,不驼背,不书呆子气,不戴眼镜。所以,我们培养阳光男孩的第一步,是让孩子身体健康、外观帅气、朝气蓬勃。

一、高大健美的体态

1. 1米9的"长腿欧巴",有后天的努力

身高对于男孩很重要,高大挺拔最具有男性魅力。男孩家长一般都重视孩子的身高,想让孩子长大个儿。壮壮从小个子就高,7岁1米4,9岁1米5,10岁1米6,11岁1米7,12岁1米8,14岁1米9。我总被人问:"你都给他吃啥啦?!长这么高!"大概被问了800遍。在这里,我再总结一下儿子长个儿的经验。

遗传方面,壮爸身高179厘米,我162厘米,遗传因素还算可以,但也不是多高的爸妈。壮壮长到191厘米,有较大的后天努力因素。

在介绍经验之前,让我们先看一下男孩身高增长的一般规律:2岁幼儿身高一般85厘米,其后每年长5—8厘米。青春期(9岁至18或20岁)每年长7—9厘米。再看一下影响儿童身高的因素:刺激骨骼生长的

激素有生长激素、甲状腺激素、性激素，维生素 D 等。抑制骨骼生长的激素是糖皮质激素。儿童身高增长的关键时期是青春期早期（第二性征开始出现至男孩出现首次遗精，年龄约为 9—13 岁），壮壮在这个时期每年长 10 厘米。**注重营养和维持刺激骨骼生长激素的分泌**是促进生长的关键。18—20 岁后，骨骺线闭合，身高增长停止。

在饮食和营养方面，我觉得壮壮长得高有几个关键的点：特别能吃，不怎么挑食；营养充足、均衡，不缺钙。

壮壮从小胃口极好，特别爱吃。上幼儿园一天吃四顿饭，上小学午餐添五次菜，去哪儿旅游吃了什么记得最清楚。三四年级时吃成了胖子，又用了三年才减下来。他特别爱说话，但吃饭的时候不说话，闷头吃，吃得极其专注认真。我观察，长得高的孩子都能吃。家长若想让孩子长高，就得提高厨艺，让他爱上吃饭。

长骨头长肉得有原材料，钙和蛋白质就是最主要的原料，要做到供给充足。壮壮是肉食动物，从来不缺蛋白质，肉、蛋、奶什么也不缺，我反倒担心这几类过剩，逼他吃蔬菜。不好好吃饭就没法儿长个儿，壮壮有一些同学挑食严重，平时总吃垃圾食品，拿薯片当午餐，长不高也不奇怪了。钙是骨骼的主要成分，奶制品富含钙。《美国居民膳食指南》推荐每天喝 3 杯奶（脱脂奶或低脂奶，可替换为酸奶、奶酪、强化了钙的豆奶或杏仁奶），我估计很多中国家庭都做不到。2—3 岁小孩的推荐量是 2 杯（主要考虑牛奶喝太多，小孩会不吃菜了，会缺铁），4—8 岁是 2.5 杯，9 岁以上，推荐量都是每天 3 杯。想长高，一定要把牛奶喝够量。

关于每一餐怎么搭配，实现营养均衡，我参照了《美国居民膳食指南》建议的 MyPlate 这张图。关于此图我在后面还会详细讲。

《美国居民膳食指南》的建议中，中国孩子较难做到的是每天 2—3 杯牛奶，两杯水果。乳制品的摄入要重视，想让孩子长个儿，钙一定要补足。很多中国家庭不吃奶酪，比起外国人，摄取乳制品少了很多途径，只能喝牛奶、酸奶了。牛奶建议喝脱脂或低脂牛奶，以防长胖。品种上我建议选巴氏消毒奶，也叫鲜奶，这种低温消毒的奶营养价值最高。酸奶我建

议喝不添加糖的原味酸奶，自己加一些水果块进去调味儿，这样也就顺带吃了水果。有的家庭不喝牛奶喝豆浆，但豆浆的含钙量只有牛奶的三分之一，要达到建议的量得一天喝9杯，很难实现。

在睡觉方面，壮壮在小学每天睡10小时，初中每天睡9小时。充足的睡眠确保他长成了"长腿欧巴"。

现有的多项研究已证明，人体在睡眠时会大量释放生长激素，生长激素的释放刺激骨骼的快速生长。孩子在睡眠中长个儿，所以睡觉是很重要的大享，一定要睡足。缺乏睡眠不仅影响长个儿，还影响记忆力和学习效果，导致长胖、抑郁，可谓坏处多多。沉迷手机等电子产品会造成青少年睡眠时间过晚，家长需要控制，在睡前不要让孩子玩电子产品。

体育锻炼是我常抓不懈、百折不挠的一项长期工程。壮壮在长个儿期间，基本保证了每天运动一小时以上。除了学校的体育课，上小学时我陪他晚上跑步，初中开始让他参加课外篮球训练和比赛。运动可以刺激生长激素的释放，促进骨骼的生长。跑、跳、拉伸等动作有利于身高增长，户外日晒有利于钙的吸收，还有利于保护视力，防止近视。

壮壮是乐天派，总是乐呵呵的。精神愉悦也有利于生长激素的释放，促进长高。压力不但耽误生长，也是导致肥胖的原因之一。家长的紧张情绪容易导致儿童情绪压抑，所以要注意缓解自己的焦虑，别给孩子施加压力，使孩子在轻松快乐的环境里成长，有助于孩子的生长发育。

频繁的疾病容易导致生长发育停滞。家长在季节变化时需要当心，防止儿童生病。壮壮在幼儿园小班时经常生病，我广泛阅读医书，把自己培养成了半个大夫。壮壮在 8 岁时突发阑尾炎，就是我"确诊"的。在学习了各种医学常识后，我对如何保持健康、对付疾病有了科学的认识。壮壮从幼儿园中班起体质增强，身体越来越强壮，感冒基本休息一天就好。他在 10 岁时，个头就超过了我，并很快成为我家最有力气的壮劳力。所有需要卖力气的搬运工作，壮爸都要喊上儿子。

每个第一次见到壮壮的成年人，都会感叹一声"这孩子真高啊！"，使我感到很自豪。在小学和初中，年级最高一直是壮壮的标签，鹤立鸡群，使他很容易被人记住，成为校园风云人物。在高中，同年级近 600 名学生，没有不认识他的，这对于他当选"返校节国王"（Homecoming King）起到了关键作用。

2. 防止发胖，培养运动习惯

一胖毁所有，阳光男孩不能是个跑不动的胖子。家长要关心孩子的卡路里摄入，不要喂太多米面，重视肉蛋奶、蔬菜水果的摄入。一旦有发胖的迹象，就要积极减肥，控制饮食，戒冰激凌、戒果汁、戒蛋糕点心，戒一切甜味零食，即不吃添加糖。摄入过多糖，不但使人发胖，还会使人体对脑激素瘦素的反应减弱。瘦素是一种抑制食欲的天然激素，高糖饮食者会出现一种被称为"瘦素抵抗"的反应，大脑不再获取停止进食的信息，导致吃撑，体重增加。吃糖多，还会加重青春期粉刺。在吃糖方面，我有一个教训，就是在壮壮的婴儿期，我给他喝的"惠氏"配方奶太甜了。有一次我喝了一口壮壮的奶，发现甜得发齁，但当时并没有引起我的重视，没给他更换奶粉，致使壮壮的口味一直偏甜，爱吃甜食，很容易发胖。《美国居民膳食指南》的建议是：两岁以前，避免给孩子吃任何形式的糖。

抓体育，家长要拿出百折不挠的精神，绝不放弃。壮壮从小爱吃不爱运动，我推体育费了老劲。从 4 岁开始，带他体验过轮滑、跆拳道、击剑、滑冰、滑雪，学习过足球、游泳、篮球、羽毛球、乒乓球，没一个他喜欢、能坚持下来的。没有运动细胞，动作笨拙，踢足球踢不到球，打篮球摸不到球，只会跟在别人后头瞎跑。但是我不放弃，仍锲而不舍地把他往球场上带。多少次我坐在观众席上，看着表现差极了的笨儿子，只能自我安慰说："运动了就好，跑出汗了就好。"

就这么从来不曾放弃地培养，也架不住他太能吃。他在三四年级时吃成了胖子，跑也跑不动了。他五年级时，我下了大决心，每晚监督他跑步，陪他去公园绕大圈，跑了一年。六年级时开始让他规律地参加校外篮球俱乐部，训练、比赛，我和壮爸不辞辛苦地来回接送。这两年的锻炼，使壮壮体质增强，并成功减肥。七至八年级，他进了学校篮球队打中锋，成为正牌运动员，打了两年校际比赛。九年级，进了校水球队，打了一个赛季的水球。十年级不打球了，改为练室内健身器械。十一年级因新冠疫情在家上网课，为了防止发胖，让他每天绕着小区跑步，在家举哑铃、做俯卧撑。初中和高中期间，壮壮通过不间断的运动，保持住了体形，练出了肌肉。

如果让我们在头脑里想象一个阳光男孩的形象，大家想到的八成是个穿着运动服、拿着篮球的少年。家长一定要培养孩子运动的习惯。花时间，花精力，花钱，在所不惜，百折不挠。如果男孩肥胖、体育差，一定是家长重视不够，不怪孩子，怪家长。

3. 重视形象

我观察过很多中学生走路，总爱低头，耷拉肩膀，加上戴眼镜、没表情，穿着不合身的校服、袖子长过手，看着没精打采、形象不佳。

家长要提醒孩子挺直后背，不要驼背。打开肩膀，抬起头，显示自信。治疗青春痘，少吃甜食，让脸干净清爽。高中以后可以练健美，在家举举哑铃，使胳膊、肩膀鼓出肌肉。摒弃书呆子形象，做一个健美、强壮、自信、没人敢欺负的男子汉。

研究发现，遭同学霸凌的孩子有75%是因为外观问题。面对屡屡发生的校园霸凌事件，最要紧的事情就是教导孩子保护自己，避免成为受害者。比如，讲卫生，每天洗澡，不要散发异味；平时着装方面，要保持整洁的仪表，穿大多数学生认为好看的衣服和鞋。外观有缺陷的孩子，家长要积极改善。比如，牙不齐就去整牙，皮肤不好就去看皮肤科。外观形象好的男孩容易交到朋友，有朋友的人就不会被孤立。

壮壮在进入青春期后，开始爱"臭美"。衣服必须自己选，头发的发型也是他自己设计的。参加活动的话，头发要打摩丝，衣服上要喷香水，穿哪件衣服配哪双鞋也是折腾来折腾去。有时候他迟迟出不了门，我取笑他像"大姑娘上轿"，但心里知道这是正常的，比有个不注意形象的邋遢儿子强。壮壮因为个子高，跟别人说话总低头弯腰的，走路时经常后背和脖子挺得不直。只要我跟他走路，看见他驼背就伸手拍他，一拍他就挺直一点。这么多年也不知拍了多少次、说了多少次。可怜天下父母心，可是除了我们当妈的，还有谁会操心儿子的形象呢？

二、灿烂的笑容

每次我在朋友圈发壮壮的照片，都会收获一大堆"阳光大男孩""笑容总是这么灿烂"的评价。是的，壮壮的笑容非常富有感染力，看着就开心。还总会有人夸赞壮壮"牙白""牙真好看"，问我是不是给他整过牙。

涉及一点一滴的养育问题，很多都是重视下的因果关系。在孩子的眼睛和牙上，该花的钱，该做的投资，绝不能犹豫。我在壮壮的眼睛和牙上花了很多精力，在曲折过程中学习了很多知识，有很多经验。下面我分别介绍一下，希望对大家有用。

1. 积极应对近视，七年度数没变

对于中国孩子来说，近视几乎逃脱不掉。最新的医学研究说，中国学

生近视率85%。不近视的人那真是基因好，稀缺资源。对于85%的大多数孩子来说，18岁时，若能把近视控制在300度以下，就说明父母这方面做得很成功了。因为近视不能治愈，只能从小控制。幼儿园时期就要看眼科医生，测量眼轴。培养阳光男孩，要争取让孩子不近视，或只有300度以下的低度近视。儿童时期预防近视，要保证每天两小时阳光下的户外活动。上学后孩子一旦近视，第一时间选择角膜塑形镜（英语叫Ortho-k或CRT）和/或低浓度阿托品滴眼液，不能耽误，耽误必后悔。压制住眼轴的不断生长，目标是青春期结束之后的眼轴不超过25毫米。18岁后，送给孩子近视矫正手术的礼物，扔掉眼镜，形象满分。

1）近视的原因

目前学术界的定论是近视主要受遗传因素影响。遗传率以0—1衡量，根据孪生子研究，近视遗传率高达0.89。高度近视的人当中，90%是遗传来的，目前已发现几百个与近视相关的基因位点。近视受遗传的影响比一般人想象的要大得多。如果父母两人都是近视，子女近视的可能性是33%—60%；父母只有一方近视，子女近视的可能性是23%—40%；如果父母两人都不近视，则子女近视的可能性为6%—15%。如果父母双方都是高度近视，下一代近视的可能性是百分之百。这意味着如果你没有近视基因，那么不管你在多么恶劣的条件下频繁用眼，也不会得近视（虽然你的眼睛可能会有其他损伤）。而如果你有近视基因，那么就会逐渐变近视，环境因素不是主要原因，但有可能是"诱因"。基因的表达离不开环境因素的作用，目前比较确定的环境因素是户外活动时间长短。通常人们认为，近视是因为小孩看书太多引起的，现在还要归罪于看电子屏幕太多。但科学研究对此还没有下定论，只是说"有可能"是近距离看书太久或者看电脑电视太久导致的。而"户外活动太少，接触自然户外光线时间太短"这个原因已有定论，所以我们一定要重视户外阳光下的活动时间。为什么光线的刺激能够预防近视呢？可能是强烈光照刺激了视网膜中多巴胺的分泌，或影响了多巴胺的代谢，而多巴胺能够影响眼睛的发育。

2）近视治疗的误区

孩子一旦近视，父母会特别焦虑，一些缺乏科学知识的家长就会盲目轻信广告，让孩子尝试各种仪器和药物，致使花费了许多时间和金钱，也没有使孩子的眼睛得到有效的治疗。近视是不可逆的。那些号称治疗近视的仪器和药物都是骗人的，眼科医生是不推荐这类产品的。所有这些东西，只解决两个问题：一个是疲劳的问题，比如一些仪器让孩子模拟看远处，使眼睛的肌肉放松，对眼睛暂时疲劳造成的近视有一定效果，但这并不意味着视力的真正改善，还不如让孩子到户外玩一玩，也能让眼睛得到调节和休息。每个人眼睛都是变化的，早上起床可能是0.8，一上午都在看书，再一测视力，可能就只有0.4了，但是眼睛的屈光度并没有变化，也就是说，近视度数没有变。另一种是通过药物刺激神经，使人的神经细胞兴奋性增加，也没有治疗作用。视力的好坏受很多因素的影响。人吃了某些药，视力就有可能从0.3到0.6，但是维持不了，因为并不是焦点落到视网膜上了，而是人的神经的兴奋性提高了，同样还是接收那么多信息，但敏感性和反应性高了，看物体似乎就特别清楚了。不用药就又回去了。

3）近视的控制

父母的意识和知识，决定了孩子的近视度数。因为预防近视的关键时期是学龄前，孩子上学之前就要做全面的视力检查。四五岁时，有200度左右的远视，这是大多数孩子的正常状况。如果这个年龄的孩子没有远视，或者说只有50度的远视，那么这个孩子将来就会是近视眼，或者说可能性非常大。从预防角度，学龄前就应该进行视力检查和屈光检查，以便及时发现孩子是否有近视眼的倾向。如果孩子已经上学了，在一年级

阳光健康的个人形象

时一定查一次视力，并且散瞳验光。对近视的重视，在 7 岁之前关注，比在 7 岁之后关注更有意义。

一旦近视，我建议立即考虑给孩子配戴角膜塑形镜。这种晚上戴的眼镜，除了能矫正第二天白天的视力，还能延缓近视的发展。我的理解是眼镜每晚压着眼，不让它增长变长。壮壮在没戴角膜塑形镜之前，戴的是普通框架眼镜，一年增长 100 度。从四年级开始戴角膜塑形镜，至今已经七年，在高中学习特别紧张、用眼特别狠的情况下，七年度数没变。我十分后悔，当初一年级发现他近视时，没有立刻给他配角膜塑形镜。

配角膜塑形镜的缺点是如果卫生不好，容易引起感染；年龄太小的孩子不懂事、不配合，摘戴困难大。壮壮在小学期间感染过三四次，感染就得看医生，停戴，滴消炎用眼药水，等炎症好了再戴。长大了就好了，自上初中以来，壮壮自己摘戴、清洗眼镜，不用我管了，也没再感染过。

有的家长嫌戴角膜塑形镜麻烦，害怕眼睛感染的副作用，犹犹豫豫地不愿配。我想说，这么多年，我看到的例子都是——没及时配的家长都后悔了，因为孩子的近视突飞猛进地发展。近视度数若不断加深，眼轴会被过度拉长，导致各种眼病高发。600 度以上的高度近视人群，易发生视网膜脱落、白内障、青光眼、黄斑变性等疾病，这些眼病均可导致视力严重下降，严重的会导致失明。还有，如果度数过高，超过 600 度，就不能再配角膜塑形镜了，一些"削薄角膜"类的近视手术也不能做了。近视一旦发生就不可逆，眼轴一旦被拉长就无法再恢复，越早干预越好。

角膜塑形镜是目前眼科医生公认的控制近视主流手段。近几年有些眼科医生推荐用低浓度阿托品眼药水延缓儿童近视。阿托品在国外属于处方药，在国内尚没有用于儿童近视控制的阿托品滴眼液上市。阿托品是一种副交感神经抑制剂，滴入眼睛后，睫状肌彻底放松，在眼科常用于散瞳。近年来，的确有研究发现，低浓度阿托品可以延缓近视发展。一般来说，该药适用于每年近视加深 50 度以上，或在短期内近视加深速度较快的儿童。要注意并非人人适用，需在医生的指导下使用。

4）控制用眼时间，保护视力

美国儿科协会推荐一岁半以下儿童不看屏幕。一岁半至两岁，需家长陪伴看。两岁至五岁，看屏幕时间要限制在一天一小时。鼓励户外活动，儿童每天户外两小时，能减小得近视的风险，已近视了，也能减缓近视发展。

上学后，家庭作业是防近视的重点。孩子埋头写作业的时间每次应该少于40分钟。有很多孩子经常连续学习两个小时，总在近距离地用眼，使眼睛的肌肉很紧张，这是对视力有害的。所以家长要求孩子做完作业再玩，是不科学的。孩子写作业一段时间后，就应该休息10—15分钟。休息的时间，不应该看电视或玩电脑，否则会使眼睛负担加重。帮助父母做点家务，往远处看一看，或者出去溜达一小圈。这样，眼睛也休息了，脑子也休息了。父母要训练孩子短时间用眼睛，在短时间内提高效率。

2. 洁白整齐的牙齿，是造访牙科诊所50次的成果

培养阳光男孩，想让他笑容完美、下颌侧面好看，就一定要让他的牙又齐又白。我很重视孩子的牙齿，因为拥有一口好牙，是富裕、文明社会的标志。从小监督孩子认真刷牙，规律看牙医，修补蛀牙，窝沟封闭。该正畸就正畸，家长要毫不犹豫地掏钱！

我在壮壮的牙上花了很多精力。从小就带他去牙科诊所拔乳牙，就怕恒牙被挤歪。但恒牙出齐后，仍没有逃脱拥挤的命运。四年级听信北京某著名但无良医生的建议，戴一种"扩弓器"牙套，试图避免拔牙正畸，最终却毫无作用，白花时间白花钱，还得拔牙。五六年级戴钢丝正畸一年多，牙齐了，还得戴保持器。壮壮懒得戴，一年后牙又不齐了。又去配了个新保持器，这回总算在流水一般花出去的银子的感召下，晚上开始戴了。刷牙这件事我也是从小抓。小孩刷牙就是对付，能不刷就不刷，能偷懒就偷懒，只能靠家长盯着。我经常在壮壮说话的时候，突然插嘴说："你今天早晨没刷牙吧？快去刷！"因为他太懒，我给他买了电动牙刷。戴钢丝矫正器的时候，我给他买过冲牙器，让他先冲再刷，以防刷不干净。定期洗

牙也很必要，治牙期间我带他半年洗一次牙，正畸后改为一年一次。

在我的重视和努力下，壮壮的牙齿洁白整齐，笑容灿烂，其他家长见了都羡慕、夸赞。这是在他5—13岁期间，我带他造访牙科诊所不下50次的成果。

三、为孩子把好健康关

1. 做最会喂养的妈妈

自从打算给儿子减肥起，我就开始关注饮食结构方面的知识。经过一番研究，我发现凡是做营养科普的，都绕不过《美国居民膳食指南》。这个膳食指南是美国农业部每五年颁布一次的指导性文件，网上可以免费下载（最新2020—2025年版链接 https://www.dietaryguidelines.gov/sites/default/files/2020-12/Dietary_Guidelines_for_Americans_2020-2025.pdf），是我能找到的最权威的营养指南。照这份指南喂养孩子，肯定是没错的。

在这个膳食指南中，我觉得最有借鉴意义的是 MyPlate 餐盘图（见第26页），这张图非常直观地展现了每一餐的最佳构成比例。

我们可以看到，每一餐中，水果蔬菜占一半，谷物和蛋白质占另一半，每个区域有大小区别。旁边一杯奶。

1）MyPlate 五部分的解析

· 每餐一杯奶（或相当于一杯奶的乳制品）

每餐一杯牛奶，每天三杯。具体的牛奶选择前文已做过说明。

· 每天两杯水果

两杯可以理解为两个整个水果，如一个大橙子和一个大苹果，或者小个的水果填满一杯，如一杯草莓或一杯葡萄。我自从看了指南，就加大了水果的购买量，而且注重品种丰富。果汁不能代替水果，上面说过，果汁缺乏膳食纤维还添加了糖，不是营养饮料还增肥，减肥要戒果汁。

- **蔬菜**

蔬菜和水果的量，要占每一餐的二分之一，其中蔬菜的份额更大。蔬菜要换着吃，颜色、品种要丰富。

- **谷物，其中一半是全谷**

《美国居民膳食指南》关于碳水化合物主食的建议是把一半的谷物换成全谷：白面包换成全麦面包，白米换成糙米。全谷物（燕麦、糙米、全麦、玉米、高粱、小米等）比精加工的米面有营养，含有多种维生素和矿物质，热量低，消化得慢，升糖指数（GI 值）低，扛饿又减肥。一开始我觉得一半全谷挺难做到的，后来习惯了也挺容易实现。买切片面包就只买全麦的，蒸米饭一半白米一半糙米混合。糙米不好熟，就事先用水泡，或用高压锅，有时候我还往米里加各种豆子和红薯之类一起蒸。早餐我有时会让壮壮吃燕麦粥，把原味燕麦泡奶里，在微波炉里转三分钟，或者用锅加热盛出来，上面加香蕉和蓝莓吃。这样，奶也有了，全谷物也有了，水果也有了，很有营养，可惜他不太爱吃，不能常做。

- **蛋白质**

肉、蛋、鱼、豆换着吃，每星期吃两次鱼。不吃肥肉。吃各种颜色的豆子。我每星期至少给儿子做两次豆腐、两次鸡肉、一次三文鱼、一次虾。牛肉和猪肉这类红肉壮壮最爱吃，但当妈的要控制次数，注意少吃，因为毕竟是致癌物。

2）膳食指南的其他建议

- **限制饱和脂肪、糖和盐的摄入**

饱和脂肪、糖、盐——健康的三大敌人！一定要控制。这三样都导致心脑血管疾病，是人类第一大死因。能少吃肥肉就少吃肥肉，最好不吃。糖，除了要小心各种包装食品里的添加糖，还要小心中国式食谱——我发现太多食谱中，炒菜都让加一勺糖，别加！控盐，其实是要控制盐里的钠。大家都知道酱油含盐高了，还要小心醋。拿起醋瓶子上的原料表看看，你会发现醋里面钠含量也是很高的。

- **把动物油换成植物油，如黄油换成橄榄油**

《美国居民膳食指南》不推荐所有固体油（fat），包括椰子油和棕榈油。膳食指南明确地说，做饭要把固体油换成液体油（oil）。所以，不要吃猪油，也不要把饱和脂肪含量最高的椰子油当成营养品，高价买来吃了。选哪种油最好呢？我对比过各种食用油的营养数据，选择了加拿大低芥酸菜籽油（Cancla oil，也叫芥花油），作为我家主要的炒菜油。这种油脂肪酸结构优异，而且很便宜，是美国心脏学会推荐的家庭烹调用油。

- **把冰激凌换成自制水果奶昔**

不买冰激凌。奶昔我不会做，就吃水果、喝奶。

- **把薯片换成原味坚果**

不买精加工包装食品零食，唯一的零食是每天一小把坚果，不过这很不好控制，容易吃多。把原味的杏仁、腰果、开心果什么的，放在一个小盘里摆在外面，把大包装收起来。

总结一下，按膳食指南吃，按 MyPlate 餐盘图吃，就是最健康、营养最全面的饮食啦。做最会喂养的妈妈，脑子里要记住这个盘子图！

3）警惕各种保健品

作为一个崇尚科学育儿的家长，还要看清市场上的各种骗局。不迷信，不上各种所谓保健品的当。下面是一些常见的营养品骗局：

蛋白粉： 没有特殊的营养价值，其价值不会高于奶粉等其他蛋白质制品。所有的蛋白质口服后都将在消化道中被分解成氨基酸，然后被人体吸收。市场上的蛋白粉多数是大豆制成，而大豆蛋白并非品质最好的蛋白质。

氨基酸： 可从便宜的肉等蛋白质食品里大量吸收，只要你吃肉，就不会缺乏特定的氨基酸，不用买昂贵的营养品。

蛋白质类保健品： 如号称能抗氧化的 SOD、酵素（酶），号称能增强免疫力的牛初乳……保健品中的蛋白质不管其原来的功能多么神奇，都无法被人体利用，因为蛋白质作为一种大分子，不能被人体直接吸收利用，而是消化成了氨基酸才被人体吸收利用。保健品中的蛋白质只有营养价值，没有保健价值，吃它只是相当于高价吃营养素，其营养价值还不如鸡蛋、牛奶。

生长激素： 垂体分泌的激素。口服无效，必须通过肌肉注射才有作用。可用于治疗由于体内缺乏生长激素导致的侏儒症。长期使用会有严重的副作用，增加患癌症、糖尿病、高血压等疾病的风险。

花粉、蜂王浆： 没有特殊的营养价值，没有确凿的证据表明能治疗任何疾病，有导致过敏的危险。

蜂蜜： 主要的成分是糖，吃蜂蜜等于吃糖，没有什么特殊的营养价值。

红糖： 就是有杂质的糖，和白砂糖在营养上没什么区别，没有号称的补血、缓解痛经等作用。

冰糖： 不能润肺止咳、清痰去火。冰糖是白砂糖的再结晶，这个结晶过程只是发生了物理变化，并没有发生化学变化，冰糖的化学成分和白砂糖是一模一样的，都是蔗糖，是不可能有和白砂糖不一样的功效的。

枇杷、梨、银耳百合： 不能"润肺""清肺"，通过饮食不能排出肺的污染物，也不能消除呼吸道炎症。古人没有解剖学常识，分不清食管、气管，以为吃的东西能让肺清到、润到。现代人应知道食物进的是食管和胃。止咳药里起作用的不是枇杷，而是里面添加的兴奋剂或麻醉剂。

有机食品： 高价的有机食品并不一定意味着安全，也有很多健康风险。有机农业并非完全不使用农药，只不过用的是源于细菌、植物的所谓天然农药。有些天然农药已被发现具有一定的毒性，例如天然杀虫剂鱼藤酮具有肝毒性，能诱发帕金森病，天然杀虫剂除虫菊酯具有神经毒性。有机农业通常使用铜盐作为杀真菌剂，导致有机农产品中铜的含量要比常规农产品高。如果人体摄入过量的铜，对健康有害。植物自身会分泌一些天然毒素，抵御病菌的感染和害虫、鸟的食用，这些天然植物毒素有的对人体也有毒性。在常规农业中，由于使用化学农药能有效地消灭害虫，农作物没有自己制造毒素的压力，产生的植物毒素比较少。而有机农业中使用的天然农药不像化学农药那么有效，植物就不得不多分泌一些毒素来保护自己。有机农作物中的天然毒素含量通常要比常规农作物高10%—50%。害虫和其他动物对农作物的伤害还会导致另一个更严重的后果，在伤口处容易滋生霉菌，而霉菌会分泌毒性更强的毒素。例如，一种叫镰刀霉的霉菌会分泌一种致命的毒素叫伏马毒素。伏马毒素是一种致癌物质，能够干扰人体细胞对叶酸的吸收，孕妇如果体内缺乏叶酸，会显著地增加胎儿神经管缺陷的发生率。有机农产品由于难以控制病虫害，其伏马毒素的含量可能高于常规农产品。最后，有机农业不使用化肥，但是要使用有机肥，相当一部分的有机肥来自家禽、家畜和人的粪便。如果粪便中含有病菌、寄生虫虫卵，它们就会污染农产品，生吃农产品或没有煮熟的话，就有让食用者食物中毒或被寄生虫感染的危险。施用粪便肥料还隐藏着抗生素滥用的问题。饲养场大量地使用抗生素来预防家禽、家畜生病并刺激它们的生长，这些抗生素大部分会随着粪便排泄出体外，粪便又作为肥料施到有机农田中，粪便中的抗生素就有可能被农作物吸收。[1]

凉茶： 凉茶的成分中，夏枯草、甘草有明确的毒性。夏枯草有肝毒性，可导致免疫功能受到抑制和过敏。甘草可导致水肿、高血压、低血钾症、心律失常、肌肉无力、心肌损伤。甘草还有类似雌激素的作用，孕妇服用甘草能导致早产，儿童服用甘草甜素片能导致乳腺发育。甘草能降低男子血液中睾酮的含量，导致阳痿、睾丸和阴茎萎缩。广告宣传"上火就喝王老吉"，然而"上火"是中医对许多症状的一个笼统、模糊的说法，因素很多，在现代医学中没有对应的称呼。口腔"上火"症状，有的可能是因为缺乏维生素B_2导致的唇炎、口角炎，有的可能是缺乏维生素C导致的牙龈、黏膜出血，更常见的可能是细菌、病毒感染引起的炎症（例如口腔炎、口腔溃疡、急性牙周炎、牙龈炎等）。天气炎热、干燥引起的脱水，也会让人觉得"上火"。针对不同的病因要做不同的治疗。缺维生素引起

---

[1] 参见《有机食品是健康食品吗？》。

的要适量补充维生素，细菌感染引起的要使用抗菌、消炎药。病毒感染无特效药，通常几天内会自愈，但是病毒仍然在体内潜伏，在某些情况下（例如精神压力大）会被再次激活，所以这类"上火"不能断根。至于脱水，当然要补充水分。没有证据能够证明凉茶对上述种种"上火"有什么疗效。你喝了凉茶觉得"火"降下去了，可能是身体的自我康复，也可能是心理作用，还可能是因为凉茶补充了身体欠缺的水分或某种维生素——在这种情况下，喝水、吃维生素片更为安全。

苦瓜： 含有毒素。实验发现苦瓜能降低小鼠生育力，能导致儿童低血糖昏迷、痉挛，并能导致类似蚕豆中毒的症状——急性溶血性贫血。我们觉得又苦又涩，或者有奇怪味道的植物，通常含有有害物质。这是人类进化出来的本能，在警告我们那个东西有毒。

椰子油和棕榈油： 这两种固体油饱和脂肪含量非常高，相当于吃肥肉和猪大油。有明确证据表明饱和脂肪能导致心脑血管疾病，是人类第一大死因。

保健品除了孕妇要补叶酸，缺乏特定维生素、微量元素的人群根据诊断按需补充以外，其他什么保健品都没必要吃。孩子只要好好吃饭，饭菜注意营养搭配、花样多，就不会缺什么。

2. 孩子生病了怎么办？

为了弄懂各种与孩子健康相关的育儿知识，我阅读了大量医学类科普书和科普文章，学了十几年。这里向大家介绍一些我的学习成果。

首先是感冒。感冒分为普通感冒和流行性感冒。引起普通感冒的病毒有200种左右。只要被其中的一种病毒感染了，就患感冒了。孩子刚上幼儿园时，不可避免地一病再病，因为接触到了家里没接触过的新病毒。所以幼儿园小班时期的那个冬天是最难熬的。只有当孩子对很多病毒都产生了抗体，到了中班、大班才不怎么生病了。

流行性感冒，也就是一般说的流感，是由流感病毒引起的。目前已知的流感病毒有甲乙丙三类，每类下面有很多变异的亚种，"甲流"就是甲型流感病毒的一种。流感症状会发展得比普通感冒重，会发高烧，如果治疗不当可能致命。所以对于流感要重视。

不论是普通感冒还是流感，都是由病毒引起的。网上时而会出现"细菌性感冒"这种不伦不类的名词，估计是受到"细菌性上呼吸道感染"影响产生的误会。细菌感染发生情况不多，当人患上了普通感冒，因感冒造成的血管扩张等症状会使机体更容易被细菌感染，所以细菌感染往往继感冒之后出现。这在抵抗力弱的儿童身上更常见。细菌感染会造成更严重的疾病，如心肌炎、肺炎、咽喉炎、中耳炎、扁桃体炎等。这些疾病会引发高烧，严重时可能致命。这时就已经不单单是感冒的问题了。感冒是纯粹的病毒感染。如果没有病毒，多冷也不会使你感冒。

感冒时出现的打喷嚏、流鼻涕、鼻塞等症状都是免疫系统消灭病毒引起的。免疫系统分泌大量的白细胞（主要是T细胞和B细胞）用于消灭病毒，同时让血管扩张，使更多的免疫细胞到达患处，也会促使鼻腔分泌鼻涕和引发喷嚏，把病毒冲出体外。这一系列动作造成了鼻塞和流涕等症状。如果情况更严重一点，比如现有的免疫细胞不足以消灭病毒，那么机体就会开始提升体温抑制病毒的生长。这就是发烧了。你会觉得很冷，但是体温却不断攀升。这个情况会持续到免疫系统生产出足以抵御这次感染的白细胞为止。当免疫系统找到了适用的白细胞，淋巴结会开始充血，让你有喉咙肿痛的感觉。

不论是普通感冒还是流行性感冒，都是自限性疾病。自限性疾病是指可以通过机体自行抵抗，不必使用外力就能治愈的疾病。现代医学对于自限性疾病的态度是不鼓励用药、通过充分的休息让患者自愈。普通感冒病毒有200多种，病毒间差异很大，根本没法研发出有效的药物消灭病毒。所以实际上市面上是没有任何用于治疗普通感冒的药物的，一种也没有。那么市面上售卖的白加黑、康泰克是什么东西呢？这些都是感冒症状缓解剂，用途只有一个：缓解鼻塞、流涕等让人不舒服的感冒症状，对于感冒病毒本身完全无效。看包装内附有的说明书，药理都只会写怎样缓解症状，而不会写怎样杀灭病毒。对于感冒药，觉得很不舒服的时候吃点就好了，没有必要吃到感冒自愈。更重要的是注意休息和多喝水，如果发烧出很多汗，记得补充水分。

流感已经开发出特效药物了，目前最有名的抗流感药物是"达菲"，要注意的是，达菲是用来"治疗"流感的，并不能用来"预防"流感，所以没病就别吃。另外，这是用来治疗流行性感冒的，对于普通感冒完全无效，别吃这个来治普通感冒。

抗生素是杀灭细菌的药，对于病毒完全无效。只有在出现细菌感染的情况下才需要用到抗生素。在国外，考虑到抗生素的副作用和细菌抗药性的问题，除非医生确定病人确实有细菌感染，才会小剂量使用青霉素等抗生素。国内由于医药不分家等原因，医生往往会开大量的抗生素，在儿科更加常见。

疫苗可以预防流感。第一代疫苗是已灭活或者减毒、失去了感染能力的病毒，注入体内就能让免疫系统产生出专门的抗体。因为流感很容易变异，所以目前的流感疫苗只能抵御大部分已知的流感病毒，对于新的流感病毒还是没有办法。换句话说，对于新的流感病毒，人类是完全没有抵抗能力的。虽然如此，流感疫苗还是有必要打的。如果没打过，就可能会同时患上数种流感，更容易病重。

退烧药并不是用来杀灭感冒病毒的，是缓解高烧造成的身体不适的。免疫系统的常用手段是升高体温来抑制病毒，但持续高烧会对我们的身体造成损害，尤其是大脑。免疫系统是会不惜一切代价消灭病毒的，而不会管你的身体怎么样。如果孩子发烧38.5度以上，而且有打蔫等症状，可以喂退烧药。如果孩子在38.5度以下，且精神状态良好，就不用服药。当孩子发烧时，医生的做法是脱掉孩子的衣服，让身体尽可能地散热降温，以防体温过高对身体造成损害。而很多家庭的做法不一样，基本上爷爷奶奶那一辈的人都会让孩子穿上厚衣服，盖上棉被捂着，因为他们认为发烧只要"出一身汗就好了"。老一辈人为什么会有这样的想法呢？当人感冒发烧的时候，身体升温对抗病毒，当最终免疫系统获胜，身体就会马上把温度降下来，而身体降温的方法就是流汗。对于不了解感冒的人，这个过程在他们眼中就是，发烧——出一身汗——发烧好了。这是把症状和疾病混淆了。老一辈的人误以为发烧就是病，只要把体温降下去，病自然就好了。他们知道出汗后就会退烧，很自然就会想到尽快让病人出一身汗，病很快就好了。面对爷爷奶奶这种主张，我们要坚持正确的现代医学知识，向他们说明病好了才会流汗退烧，而不是因为流汗退烧病才好的，不能将孩子捂着，会发生高热惊厥。壮壮有一个幼儿园小班同学，一个3岁小女孩，就是因为高热惊厥去世了。

对于流感，最行之有效的预防方法就是接种疫苗。而对于没有疫苗的普通感冒，我们要怎么预防呢？感冒病毒的感染能力极强，注意保暖、锻炼身体也是无济于事的，维生素C也对感冒无效。那是不是就意味着我们只能等着感冒呢？当然不是。我们知道了感冒的根本原因是病毒，那么只要不接触到病毒，自然就不会得感冒了。而要不接触到病毒，关键是注意卫生，特别是注意洗手，因为感冒病毒是可以由手从口、鼻和眼睛入侵的。如果家里有人感冒了，注意隔离，不要摸门把手等公用物品，注意室内通风，以防传染给孩子。如果只是普通感冒，不必带孩子去医院，避免交叉感染。如果学生有打喷嚏、流鼻涕、咳嗽等有可能传播病毒的症状，家长要和学校一起监督这样的患病学生在家休息，不要上学。写这本书的时候，正是新冠病毒流行的2020年，家长们只要想想新冠病毒是如何预防的，就知道应该怎样预防感冒了。

壮壮在婴幼儿时期经常生病，我也经历了老人给孩子捂棉被、一发烧就着急去医院、灌各种药等错误做法。直至我对自己从阅读科普得来的知识越来越自信，才把如何治疗孩子的话语权掌握在手里。我不停地对家人进行科普：感冒由病毒引起，无药可治，感冒药都是减轻症状用的；感冒需自愈，所以不用吃药，需尽量卧床休息；低烧对治病有好处，不用管；高烧可以物理降温，洗温水澡；发烧38.5度以上且孩子打蔫才有必要吃退烧药。在我"不吃药"的主张下，壮壮从小学到青春期，感冒只休息一天也就好了，充分说明吃药是没用的。有的家长一听说别人家的孩子病了，就关心地问"吃药了吗？"还有的家长说，一到感冒高发的时期，她就给孩子"吃点小中药，预防着"，这些都是不懂感冒病理的表现。

童年的儿子生病时躺在床上，我就在旁边陪着，聊天读书讲故事，给他以安慰和鼓励。在他发烧时，就讲他的白细胞正在和病毒英勇战斗的故事。儿子喜欢我的故事，为了打败病毒，很配合地休息、睡觉，每次生病痊愈后，壮壮的心智似乎也成长了一大截。

关于给孩子用药，我们新一代的家长一定要谨慎，多学科学知识，多看药品说明书，不要被老人或保姆牵着鼻子走。我在生活中，遇到很多自以为是的老人和保姆，比如认为湿疹是"湿气"造成的，感冒是"招风"造成的，不懂病理，更不懂药理，却极其自信。孩子病已经好了，基本没有症状了，还要继续喂药"巩固巩固"，全然不顾药品有副作用。

药品有副作用，所以在开发的时候要做毒理实验。对于标注"不良反应：尚不明确"的药品，尤其要谨慎，因为很明显，它没有做毒理实验。比如，马兜铃酸（Aristolochic acid），对肝、肾的毒性已被医学界确认，能导致肾衰竭和肝癌，可以说剧毒无比，没有安全剂量，吃一点就会对身体造成不可挽回的损伤。而市面上有 65 种含马兜铃酸的植物入了药，如关木通、广防己、马兜铃、天仙藤、青木香、细辛、寻骨风、追风藤、淮通、三筒管、杜衡、管南香、南木香、藤香、背蛇生、假大薯、蝴蝶暗消、逼血雷、白金果榄、金耳环、乌金草、预知子、木防己、铁线莲、威灵仙、香防己、白英、白毛藤等。含有马兜铃酸的中成药有复方蛇胆川贝散、鸡鸣丸、鸡苏丸、青果止咳丸、润肺化痰丸、消咳平喘口服液、止咳化痰胶囊、止咳化痰颗粒、止咳化痰丸、止咳青果片、朱砂莲胶囊、冠心苏合丸、猴枣散、清肺口服液、风湿止痛丸、杜仲壮骨丸等，家长们要关注国家药监局公布的禁药名单，慎用。

家长尤其不要同意医院给孩子使用鱼腥草注射液等中药注射剂。近年来中药注射剂经常导致严重不良反应甚至死亡。中药注射剂源自中药，但不是吃的，而是注射的。中药的安全性可能有问题，但因是口服的，有的有害物质没能被身体吸收，排泄掉了。而中药注射剂是直接注射到血液里

的，里面有什么有害物质的话，全部都进入血液里了。所以中药注射剂和同类的中药相比，风险更大。静脉注射是现代医学的用药方式，因为直接注入血液，所以对注射剂的质量要求非常高，必须是高度纯化的，而中药注射剂却没有经过纯化，里面含有大量的杂质，风险大。在杂质里头难免会有过敏原，过敏原进入了血液当中就会引起过敏反应，所以中药注射剂很容易导致过敏，严重的过敏会导致休克、死亡。中药注射剂的另一个问题是很容易被热原污染。热原是细菌产生的内毒素，能刺激身体发热，所以叫作热原。我们被细菌感染后会发烧，就是热原引起的。注射剂在生产、储存时要特别注意不要受到细菌污染，否则热原被注射进血液后，就会让病人发高烧，甚至死亡。目前没有发现有哪种疾病只能用中药注射剂来治疗，还有多种已知的严重不良反应的风险，家长们要坚决拒绝用在孩子身上。

有一次壮壮骑自行车摔倒，胳膊骨折，去某三甲医院急诊打了石膏。医生开了药，我以为是消炎类的，拿来一看却是中成药，医生说是"活血化瘀"用的。让连吃三天。我看了一下成分，赫然印着"冰片""朱砂"这两项在国外禁用的药。尤其是"朱砂"是硫化汞，重金属，在人体里聚集排不出去，用一点就是毒害人体一点。如何"活血化瘀"呢？说明书上没有任何说明，只是有两个"尚不明确"。什么都不明确，那怎么让人相信这药能"明确"地化瘀呢？印了个"孕妇忌服"，还算有点良心。又有"运动员慎用"的字样，说明这药里面还含有兴奋剂。我把这盒药扔进了垃圾桶。后来，壮壮跟我说，壮奶奶又背着我捡了起来让他吃，壮壮含在嘴里去厕所吐掉了。壮壮没吃任何药，胳膊骨头也按时长好了，说明根本没有必要吃这种药。

本着为孩子健康负责的态度，我强烈建议父母们多读科普文章，养成看药品成分的习惯，手里要有工具书，或者通过网络搜索，查阅药里是否含有已被今天的科学界确认有毒的成分。我们没有必要拿孩子的身体冒险。

第三章

轻松有爱的亲子关系

亲子关系是一切关系的基础,孩子会将与父母的互动模式带入与他人、与世界的互动模式当中。亲子关系也是家庭教育的基础,没有好的关系,教育就无从谈起。一个放松自在、幽默可亲的男孩,一定是出自温馨宽容的家庭,肯定与父母关系好。轻松有爱的亲子关系,才能培养阳光男孩。

一、真爱还是假爱?

家是孩子的安全港,家是"谈情说爱"、感受亲情的地方。如今的孩子都被父母和祖父母的爱团团包围着。但是,你知道什么是心理学家所说的"真爱"吗?知道什么是"假爱""非爱行为"吗?作为讲求科学育儿的家长,我们有必要分辨和警惕"假爱",因为假爱是一种打着爱的名义的伤害。

1. 五种假爱举例

假爱1:有条件

"不听话,就不喜欢你了。"

有些家庭中,孩子需乖乖听话、好好表现、考出好成绩、考上好学校、为父母挣得脸面和荣耀……不满足这些条件，父母就冷言冷语，给脸色看。这不是真爱，是控制，是威胁孩子。这种"假爱"会让孩子内心深处没有安全感，对父母随时会"撤回爱"怀有恐惧。无条件的爱是每个人最深的渴求。那些必须通过努力才能换取的爱，往往会使人产生怀疑，害怕爱会消失，觉得不是被人爱，而是被人需要而已。

假爱2：溺爱

"你只要学习就行了，其他什么也不用管。"

有些家长包办孩子的生活起居，无原则地满足孩子的一切要求。孩子要什么给什么，饭来张口、衣来伸手，上学放学家长替背书包，怕孩子累着，不让孩子受委屈，宁肯自己受苦受累，也不能"亏待"了孩子。有了钱先"紧着孩子"，舍不得吃的东西就只给孩子吃。孩子闯了祸由父母担着，挨了欺负由父母出面摆平。生活中这样的家长并不少见。

很多人把溺爱当作一种富有牺牲精神的"爱"，然而，溺爱不是真爱，是假爱。溺爱的背后是控制和阻碍，是无视孩子身心成长的需要。溺爱是自私的、不负责任的、阻碍孩子成长的。在溺爱中长大的孩子，既缺乏独立生活、独立思考的能力，又缺乏爱心、同情心和责任心。他们什么也不会干，吃不了苦，承担不了责任，只想让别人满足自己，认为自己可以心安理得地坐享其成，结果只能在社会上到处碰壁，"遭受社会的毒打"。

心理学家告诉我们，溺爱是家长缺爱的表现。溺爱孩子的父母往往有缺爱的童年，他们希望在新的亲子关系中弥补过去的遗憾，下意识地满足自己"内在的小孩"的需要。溺爱是父母将自己的意志强加到孩子头上，并将之视为爱。譬如，孩子说"我吃饱了"，而大人说"你正长身体，再多吃点"，孩子自己的感觉被否定了，但他却无法清晰地意识到这一点，因为父母和别人都觉得这是爱。

假爱3：依赖

"我太爱你了，没有你我就活不下去！"

孩子是父母的"精神寄托"和"支柱",父母明确地告诉孩子:"我们就是为你活着。"这不是爱,是依赖,是寄生。当一个人需要另外一个人才能生存,就成了那个人身上的寄生虫。这种关系中没有选择和自由,而真正的爱应该是"我爱你,但你是自由的"。

这种依赖型的"假爱"也源自爱的缺乏。这种"假爱"的施加者,多是因为儿时父母没有满足他们对温情、关爱和照料的需求,内心有一种不安全感,总是觉得人生无常,而且觉得自己不够可爱,没有价值。所以他们认为自己必须时时争取爱和关注,找到了爱就死死地抓住它,做出寻死觅活的、操纵性的行为。

假爱4:讨债,要求回报

"为了你我耽误了事业,你可得好好学,才对得起我。"

"我身体这么不好,都是让你气的!"

"我没跟你爸爸(妈妈)离婚,就是因为你!"

家长把自己放在一个"烈士"的位置上,整天唠叨自己为了孩子牺牲了什么,要孩子偿还这些"债务",还动不动就被孩子"气病"了。这些父母实际上是在对孩子说,你要对我婚姻的质量、我的心理健康、我生活中的挫折负责。然而,现代社会的价值观告诉我们,家长是成年人,应该为自己的人生负责。生育子女是父母自由的选择,养育子女是父母应尽的职责,为了子女而放弃一些东西,也是父母自由的选择,谈不上是子女耽误了父母。

"我一把屎一把尿地把你养大,容易吗?"

"将来可要记住报答爸妈的恩情。"

"爸妈这辈子就指望你啦。"

家长把对孩子的爱和养育当作一种投资,期待着高回报。把周围的家长看成比较、竞争的关系,谁家孩子考上好大学,挣了大钱,谁的父母就投资"成功"了。拿别人家的孩子做榜样,教育自己的孩子向其看齐。孩子从小就被教育着,父母花费了大量的心血、大笔的钱财在他身上,他欠父母的情；辜负父母的期望是一种不可饶恕的罪行，一定要为父母争光，要"以实际行动报答父母的养育之恩"。然而，这种要求回报的爱，不是真爱，是利益交换。

假爱5：转嫁压力和焦虑

"我爱学习，学习使我妈快乐。"

"快被我妈逼疯了，一上课脑子里就回响起她的唠叨，根本学不下去。"

"怎么努力都达不到爸妈的期望，我好累，为什么要活在这个世界上受累，真想离开这个世界。"

周末的补习班一个接一个，孩子起早贪黑地赶场，周末的生活就像一场永不停歇的战争，外加妈妈一整天的催促和唠叨。孩子不快乐，不喜欢上那么多课，不想写那么多作业，感觉很累，但不敢违抗妈妈，不想让妈妈批评，不敢让她不高兴。有一个残酷的真实故事：一个小学生跳楼自杀，在遗书中说，自己太笨了，不管怎么努力都不能让爸妈满意，自己活得太累了。他不想累了，所以想去死，摆脱这一切。走之前，他把存了很久的零钱罐砸碎，说把钱都留给爸爸妈妈，希望他们能用这些钱"去买一些好吃的，去坐坐火车，坐坐轮船，去玩一玩……不要再那么辛苦了"。

逼孩子拼命学习的家长，自认为是出于爱，实际上是在转嫁焦虑。在典型的中国社会里，一些父母（尤其是母亲）自己的个人成长停滞了下来，对于自己以后能否适应社会产生了巨大的焦虑。但她们没有自己去努力追求进步，而是通过催促孩子快速成长、取得好成绩来间接缓解自己的焦虑。本该享受童年欢乐的孩子，被迫承担了大人的压力。如果真爱孩子，就应适当地给孩子减压，因为最后一根稻草可能会压死一头牛，把自己的焦虑转嫁到孩子身上，让孩子身上的压力不断增加，很可能会导致精神疾病。[1]

---

1 延伸阅读：《和孩子划清界限——成功训育儿童自律的法宝》《天生非此》《无条件养育》《原生家庭》《为何家会伤人》。

2. 什么是真爱

通过上面几种"假爱"举例，我们已经能看出，假爱导致对孩子的伤害。那真爱是什么样的呢？

1）真爱帮助孩子成长

真爱是尊重孩子在不同阶段的自我成长需求，从有利于孩子成长的角度考虑问题，助力他学会独立。真爱是看到孩子想自己干，就不剥夺他尝试的机会，即便他干得不好，耽误了家长的时间，也支持他的自发行为。例如，在一岁多，孩子开始尝试自己吃饭时，就不要嫌脏，非要给孩子喂饭，因为喂饭会使孩子丧失自我练习的机会，也让孩子无法享受吃饭的乐趣。六岁的孩子开始尝试做家务活时，家长不让干，就会让他丧失习得这些技能的机会。真爱是尊重孩子的意愿，看到孩子真正的需求，不束缚孩子的自由成长。

真爱是向孩子履行我们的诺言：无论如何，都会无条件地爱他、认可他、接纳他、支持他。真爱是家长不求回报地付出时间与精力，帮助孩子成长。真爱是关注；真爱是耐心、包容；真爱是认真地倾听，了解孩子，看到他的需要。真爱是不干涉孩子的人生选择，给予他自由，助力他有能力为自己而活。每个人都想为自己而活，只有当一个人为自己而活的时候，他的内心才是最欢喜、最有力量的。

2）真爱接受分离、鼓励独立

真爱是尊重孩子对于独立的需求。真爱是父母懂得放手，接受并乐于看到孩子自我成长和独立。

这个世界上的爱，大都以聚合为目的，想最后在一起。只有一种爱以分离为目的，那就是父母对孩子的爱。真爱是让孩子作为一个独立的个体，从家长的生命中分离出去。父母必须主动与孩子分离，才能促进孩子的人格成长，让他最终成为一个有独立人格的人。不懂得分离的母子黏在一起，你干涉我的空间，我干涉你的空间，两个人都不能很好地成长。分离指的是心理的分离、生活空间的分离，父母和孩子互不干涉对方的空间，各自作为有独立人格的人活着。如果真爱孩子，就得让他独立，做适当放权的父母，尊重孩子拥有独立空间和时间的要求。

家长（尤其是母亲）愿不愿意忍受与孩子的分离，以及在分离后能不能一如既往地爱孩子，是检验真爱的试金石。中国家庭里经常上演的婆媳大战，多是源于母亲不肯与儿子分离，即便儿子结婚了，也要插手小夫妻的事情。为了儿子一生的幸福快乐，新一代的妈妈，一定要解决好这个爱和分离的课题，修炼自己，多多关注自我成长，不要期望孩子实现自己的愿望。孩子的人生并不是我们的人生，爱孩子，就是帮助孩子成为他自己。把夫妻关系放在第一位，打造和谐稳定的夫妻关系，给孩子以安全的环境，让孩子健康成长，为孩子示范幸福的婚姻和美满的家庭。从青春期开始，注意给孩子独立的空间，尊重他的个性和他的选择，促成孩子与我们的分离。18岁的时候，正式放飞孩子，让他成长为一个独立的人、完整的人、成熟的人。

3）真爱是平等尊重

真爱意味着赋予孩子平等关系，不用权力或权威去压制孩子，协商解决所有的矛盾与问题。孩子是藉由我们而来，但不是为了我们而来。我们必须尊重孩子这个个体，不管他几岁，都平等对待，让他有自己的尊严。对孩子居高临下的说教式教育、批评式教育、欺骗式教育等，都不可取。把握一个原则，在与孩子发生矛盾纠纷的时候，把孩子假设成自己的同辈朋友，设想自己会怎样回应、解决。例如，朋友在你家不小心摔碎了一个碗，你会当场责怪你的朋友吗？你的朋友在你家饭前没有洗手，你会厉声命令他赶紧去洗吗？朋友向你倾诉在公司被老板骂了，你会直接指出他不会办事，还是会指责他不懂得怎样处理人际关系？如果都不会，那也不要这样对待孩子。

4) 真爱是自律

真爱意味着家长要严于律己，不把自己的意志强加于孩子，给孩子自由成长的空间。真爱是家长时常检查自己的言行举止和理念，控制自己的情绪，不居高临下地呵斥、命令甚至打孩子。如果妈妈以焦躁不耐烦、极端情绪化的方式养育孩子，孩子就无法判断妈妈的爱到底是真是假。妈妈心情好了，什么都可以接受；妈妈情绪不好时，什么都是问题。在这样的环境中，孩子无法确定妈妈的爱，会经常感到恐慌，心理上的安全感也就无法建构。如果我们想给予孩子真爱，就要懂得自律、自控，做情绪稳定的家长，不随便发脾气，不歇斯底里大喊大叫，不整天唠叨、抱怨、指责。

真爱是家长愿意改变自己，愿意通过不断学习促进自我的成长。真爱是反思、自省，是深思熟虑之后的理性决定，而不是仅仅依靠直觉反应，随心所欲不过脑子地"管孩子"。

3. 爱要让孩子感受到

好了，现在我们知道什么是真爱了。但仅仅在内心爱孩子还不够，要让孩子感受到我们的爱。中国人通常含蓄内敛，不善于表达感情，总是把爱埋在心里，搞"暗恋"。有人一辈子也说不出"我爱你"这三个字，对方因此不知道。为了孩子的幸福，我们一定要改变，克服拘谨、内敛的个性。请记住，"爱"是个动词，需要家长通过实际行动来表达。

1) 身体接触

幼儿，尤其是男孩，需要很多身体接触，男孩通过身体接触来感受家长的爱。在孩子小时候，多抱他，多抚触。当孩子紧紧地依偎着你的时候，不推开他。孩子学会走路后，经常牵着他的手，手拉手会令他感到安全。在10岁以前，都可以亲吻儿子，妈妈的睡前吻会使男孩感到幸福。在壮壮小时候，我同他道晚安亲他的额头，他会发出"吱"的一声（他喜欢老鼠，喜欢学老鼠叫）作为回应，脸上露出甜蜜的微笑。家长还可以经常给儿子拥抱，当男孩发脾气时，有时妈妈的一个拥抱就能使他安静下来。青春期的壮壮已长到一米九多，我仍偶尔抱抱他，我的头顶才到他的脖子那儿，母子俩都感到了亲情的幸福。至于抚摸儿子后脑勺、拍儿子肩膀这些表达肯定和喜爱的动作，也要经常做，也能使儿子感受到家长的爱。在听孩子说话时，注视他的眼睛，显示自己在认真聆听；经常对孩子微笑。如果这些都做到了，当儿子回忆他的童年时，肯定有一种幸福满满的、被爱的感觉。

2）肯定的语言

家长多用肯定的言辞，包含感谢、鼓励、欣赏和赞美。请孩子帮忙时，说"谢谢"，给孩子以自我价值感。在孩子尝试某事时，给予鼓励，孩子就会把这种支持转化成内驱力。在孩子做成功某事时，给予由衷的祝贺与赞美，表达钦佩，不要因怕他"骄傲"而闭口不提。父母的欣赏和肯定，对孩子建立自信很重要。所有孩子都渴求爱与关注，给儿子以一心一意的关注，妈妈更是要把"我爱你"挂在嘴边，使他有安全感、归属感。男孩童年最重要的是亲密关系和安全感，男孩与妈妈的关系是他将来与女性关系的排演，是未来幸福的保障。

3）精心时刻

家长重视孩子的生日、毕业典礼，当作里程碑庆祝，精心地组织活动，会让孩子觉得自己的一生很重要，生命有价值，值得庆祝和纪念。这些精心时刻会成为孩子珍贵的爱的记忆。当孩子获得了特别的成绩，或赢得了比赛，也要庆祝，让孩子享受成功时刻，留下纪念照。送孩子礼物，不一定昂贵，而是他真正需要的。每当一份礼物送到孩子手上，他都会感受到礼物背后所传达的爱，这比金钱更有意义。

4. 向孩子的"感情银行"存款

心理学家认为，每个人的心灵里都有个感情银行账户（emotional

bank account），就像银行户头一样，有存款与取款。在亲密关系中，如果你经常在对方的感情银行中存款，款项愈多，关系愈稳固。即使偶尔因自私或不够体贴、发火而支款，你也不至于因此透支。如果户头款项很低，则每次冲突都会加剧提款。爱的准备金一旦陷入负债状态，感情就会被推入破产边缘。成功的婚姻与亲子关系都意味着要充满对方的感情银行，直到它的资产远超负债。经常存款，避免支款，是营造成功关系的秘诀。

家长和孩子之间的关系，就好比一所感情银行。如果父母给孩子优质的陪伴、关怀和关注，就相当于往这个银行里"存款"；当家长对孩子提出建议、意见和要求时，就相当于"取款"，孩子会因为爱我们而听我们的话。如果之前没在感情银行存过钱，就无法顺利地取钱。

如何在孩子的感情银行里存钱？除了前面讲过的表达爱的方式外，还要依靠高质量的陪伴。什么是高质量的陪伴？

1）**在孩子年幼时，陪他玩耍**。我和儿子经常做身体游戏（如骑大马、拉大锯、荡高高、摔跤等）、角色扮演游戏、瞎编故事游戏，壮壮每次都玩得满头大汗、兴高采烈、乐此不疲。

2）**陪他阅读，在孩子上小学前坚持亲子阅读**。我给壮壮读过两千本童书（中文加英文），他非常喜欢听，不读都不行。由于上班累，我经常读着读着就昏昏欲睡，嘴里还说着，眼睛却合上了。我越讲越困，壮壮却越听越精神。他喜欢运用从我这儿听来的文学性词语，一边玩，一边自言自语地编故事。

3）**陪他聊天，利用各种时间神聊**。我经常和儿子"卧谈""散步谈"，讲历史社会、生物等各方面的知识。有时不知说什么好，就让壮壮"点播"，让他提一个话题，我就开讲。我认真对待儿子问的"十万个为什么"，每次都尽可能详细地回答。壮壮的求知欲得到了满足，常常思考各种问题，小小年纪就语出惊人。

4）**陪他游玩**。我带儿子去各种公园、博物馆、游乐园、野外山川，每个周末都组织他的发小们一起出去玩儿，北京郊区的景点都让我们玩儿遍了。在幼儿园中大班期间，一到星期五的晚上，壮壮就兴致勃勃地问：

"妈妈，明天我们去哪儿玩儿呀？"

儿童追求的是家长的关注与重视。养儿子我关注他的心情，时刻回应他的情感，专注地倾听，了解他的想法。壮壮什么都可以跟我说，他觉得我理解他，不用担心遭到我的否定和指责。我关注儿子的阅读兴趣，向他推荐的读物和音频资料都是投其所好，让壮壮感到我太了解他了，是他肚子里的蛔虫。

我孜孜不倦地往感情银行里存款，我的存款证明是相册里儿子一年又一年灿烂的笑脸。我在他的感情银行存款足够多、亲子关系足够好，所以儿子一直很愿意听我的话，青春期也不逆反、不抑郁、不把自己关进房间。13—17岁的壮壮，仍是那个阳光灿烂、轻松风趣、超级好沟通的话痨儿子。所以我认为青春期的逆反问题，其实是因为亲子关系出了问题，孩子感受不到家长的"真爱"，"感情银行"已经负债，信任丧失了，沟通就终止了。

二、最佳父母风格

1. 男孩在童年、少年、青春期各阶段的心理需求

打造轻松有爱的亲子关系，需要了解孩子的心理需求，满足男孩在各个成长阶段最看重的需要。

心理学家马斯洛的需求层次理论有助于我们了解孩子的需求。马斯洛把人类的需求像阶梯一样从低到高按层次分为五种：生理需求、安全需求、社交（爱与归属）需求、尊重需求和自我实现需求。这几个层级的关系是逐级递进的。首先，是基础的生存和安全感。其次，是构建安全感和归属感所必需的"养分"：爱、接纳、尊重、欣赏，以及规则和

界限。最后，是心理需求走向精神需求的进阶，通过自我选择和自我超越来完成精神需求。

孩子从婴幼儿到成人这个过程充分体现了需求层次的变换。具体分析如下：

婴儿阶段： 生理需求（Physiological needs）

婴儿期的孩子，他的最基本需求就是生理需求：吃、穿、睡、住、健康。父母满足孩子衣食住行方面的需求，提供健康的食物、干净的饮用水、安全的庇护所。父母对孩子的照顾与关注，迅速并准确地呼应他的哭声，就能使他感到满足。

幼儿阶段： 安全需求（Safety needs）、社交需求（Love and belonging needs）开始觉醒

2—6岁，随着年龄的增长，智力的发育，孩子开始对安全、社交有了初步的需求。孩子希望他生活的环境安全、稳定、有秩序，希望自己能免除恐惧、威胁与痛苦。这时候他们开始在意父母对自己的爱，喜欢霸占父母，黏着父母。他们通过对父母说不，来测试父母对自己的爱。如果这时候父母通过"假爱"来控制孩子，孩子听话就爱，不听话就不爱，会严重伤害孩子的安全感，他会变得紧张焦虑、彷徨不安。这一阶段的孩子开始有社交的需求，认识很多小朋友，并且跟几个小朋友成为好朋友，喜欢跟别的小朋友玩儿。

小学阶段： 社交需求加强，尊重需求（Esteem needs）开始觉醒

上学之前，孩子以家庭为中心，上小学后开始以学校、朋友为中心，对社会有了初步的了解。这时候孩子的社交需求进一步加强，尊重需求开始觉醒。爱与归属感是指人与他人建立情感联系，隶属于某一群体并在群体中享有地位的需要。这一层次的需要包括两个方面，一是友爱的需要，即人人都需要融洽忠诚的伙伴关系，保持友谊。人人都希望得到爱，希望爱别人，也渴望别人的爱。二是归属的需要，即人人都有一种归属于一个群体的愿望，希望成为群体中的一员，相互关心和照顾。缺乏爱与归属感的孩子，会认为自己没有价值活在这个世界上。没有受到父母关怀的男孩，

为了寻找归属感和价值感，会格外积极地在学校寻找朋友。这种男孩为了让自己融入社交圈中，会做出非理性的行为，比如，为别人做牛做马、主动吸烟、参与恶作剧等。

朋友之间最重要的就是相互尊重。当孩子在朋友中体会到了被尊重的感觉，回到家后他同样有被尊重的需求。如果这时家长还沉醉于以前命令式的管教，孩子在家的尊重需求没有得到满足，就会开始对父母产生意见。男人天生对尊严敏感，假如你挑战了他的尊严，让他感到受了侮辱，很可能引起暴力事件。有些时候，男人把尊严看得比生命还重要。男孩最想从妈妈那儿得到的是什么呢？大多数妈妈会说，是妈妈的爱吧。其实，男孩更需要的是尊重。男孩不会对一个看不起自己的人怀有爱和温情，对于总是打击他、否定他、贬低他甚至侮辱他的人，他要么对抗，要么不予理会。这样的做法只会让男孩越来越远离妈妈。妈妈尊重孩子，男孩就学会了尊重别人。家长是如何对待孩子的，孩子也会用这样的方式去对待家长和他人。

中学阶段： 生理需求、安全需求减弱，尊重需求最大化，自我实现（Self-actualization）需求觉醒

12—15岁，随着孩子的性成熟，身体机能基本发育完善，有的孩子已经比父母都高大。这时候孩子从生物学上来说，可以算一个成人了，因为他具备了传宗接代能力，可以初步保护自己，可以脱离父母作为一个独立的个体生存了。这时候，孩子对父母生理需求、安全需求的依赖已经降低。

而随着孩子更多地接触社会，孩子开始更加注重社交需求、尊重需求，同时自我实现需求开始觉醒。这时候如果父母没意识到孩子的需求变化，还继续对孩子采取高压管制措施，那么孩子的这些需求只能从别的地方得到满足。成绩好的孩子还能通过学习成绩来获得尊重和自我实现，而成绩差的孩子只能通过上网、早恋、加入各种小团体获得尊重。同时因孩子对父母依赖性的降低，他们越发不能容忍父母对自己的不尊重，开始对抗父母。自我实现是最高层次的需求，指人希望最大限度地发挥自身潜能，不断完善自己，完成与自己的能力相称的一切事情，实现自己理想的需要。自我实现需求如果没有满足，人就会有空虚感、无意义感。父母要创造各

种条件和机会，帮助孩子在成长中找到自己的天赋、找到自己想干的事情。

关于男孩的心理需求，《养育男孩》这本书里总结说，所有男孩，包括男人，心中都藏着六个愿望：（1）渴望取得非凡成就；（2）渴望保护别人；（3）渴望变得坚强，拥有领导力和决断力；（4）渴望表现出智力优势，能分析问题、解决问题、提供建议；（5）渴望拥有能一起并肩作战的朋友；（6）渴望获取性知识和性观念，能很好地跟异性相处，正确地满足性需求。男孩们终其一生，都努力在这六个方面得到满足。而家长要做的，就是在实现这六个愿望中提供帮助。[1]

2. 四种父母风格

加州大学伯克利分校发展心理学家戴安娜·鲍姆林德（Diana Baumrind）提出了不同的养育方法及其对孩子的影响。简单地说，有以下四种父母风格：

专断型（authoritarian）：高要求，不回应。 这类父母很严格，要求孩子服从，如果孩子不听话，就予以惩罚。

放纵型（permissive）：没有要求，有求必应。 这类家长娇惯孩子，照顾孩子的每一个需求，顺应孩子的每一个请求。

忽视型（neglectful）：不要求，不回应。 这类父母对孩子很冷淡，不管不问，不负责任，有的甚至到了完全忽视和虐待的程度。此类父母往往生活压力巨大，没有时间和精力来照顾孩子。

权威型（authoritative）：高要求，高回应。 对孩子有高标准、高期望和高要求，这一点与专断型父母类似，不同之处在于，权威型父母愿意倾听孩子的想法和感受，给予孩子尊重和温暖，鼓励民主的家庭氛围。此类父母强调推理和解释，帮助孩子学会预期行为的后果，学会理性决策。[2]

---

1 参见《养育男孩》。
2 参见《如何让孩子成年又成人》。

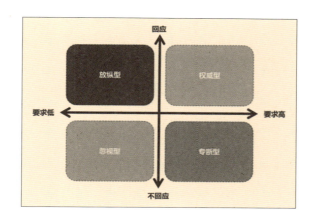

在专断型父母风格环境下长大的孩子，容易形成消极、被动、依赖、服从、懦弱、孤僻甚至不诚实的人格特征。专断型父母养育的孩子往往非常听话、安静，但不开心。这些孩子没有安全感，自我调节能力和适应性较差，多疑、焦虑。在学校的表现一般比放纵型和忽视型好一些，不过一旦到了青春期，很容易变得非常叛逆。一些研究显示，亚裔家庭是使用专断型育儿模式最多的美国族群。

采用放纵型风格的父母，对于孩子过于溺爱，让孩子随心所欲，父母对孩子的教育有时达到失控的状态。在这种家庭环境中成长的孩子，多表现为任性、幼稚、自私、独立性差、唯我独尊、蛮横无理等。这种教育模式下的孩子是最不成熟的，往往具有较强的冲动性和攻击性，而且缺乏责任感，合作性差，很少为别人考虑，自信心不足，自控力和探索力也最差。孩子稍微遇到一些挫折便无法承受，更不会体谅父母的不容易。在一项青少年研究中，放纵型家庭的孩子酗酒比例是权威型的3倍、专断型的1.5倍。

忽视型父母对孩子不关心、不支持。对孩子来说，无论父母出于什么原因对自己缺少关注、不理不睬，对心灵造成的伤害都是巨大的。那种自己生命的无价值感、无意义感，严重影响孩子的自我评价，对孩子的成长造成根本性的消极影响。在这种教养方式下长大的孩子，很容易出现适应障碍，对父母有最强的不满情绪，具有较强攻击性，很少替别人考虑，对人缺乏热情与关心，这类孩子在青少年时期更有可能出现不良行为问题，比如逃学等。1983年的一项研究显示，在14—18岁的青少年中间，对比不同类型育儿模式下孩子的学习成绩和心理发展等问题，家长为忽视型风格的得分最低，权威型的最高。

四种风格中，权威型风格的父母养育出的孩子情绪最健康，学业成就最好。权威型教育方式使孩子形成一些积极的人格品质，如活泼、乐观、直爽、自立、彬彬有礼、善于交往、富于合作、思想活跃等。这种教养方式下的儿童独立性强，善于自我控制和解决问题，自尊感和自信心较强，社交能力更强，且不太会惹麻烦。

权威型风格意味着"高要求，高回应"，父母对孩子抱有很高的期望，对孩子高标准、严要求，坚持目标的达成，同时给予孩子贴心的关心。这类父母会执行规则，但与专断型父母不同，他们会解释规则背后的原因，把孩子视为独立、理性的人，对孩子满怀感情。权威型养育风格兼具严格和温暖，这样的家长能得到孩子的信任和尊重。父母与孩子在家庭中处于一种平等和谐的氛围中，父母尊重孩子，给孩子一定的自主权和积极正确的指导。

权威型的父母会了解孩子的感受，并教他们如何调节自己的情绪。这种家长认为自己在孩子心目中的权威，来自对孩子的理解、尊重、交流及帮助。虽然父母很期待孩子的成熟表现，但对孩子的缺点也表现出足够的宽容，帮助孩子寻找合适的渠道来解决问题。权威型父母鼓励孩子独立，但仍然对他的行动加以限制。他们设立规矩，如果孩子犯错需要惩罚，家长会解释惩罚的原因，惩罚的力度也有一贯标准。孩子明白自己被惩罚的原因，也会了解这种惩罚的合理和公平性，因此更容易从中学到经验教训。权威型父母让孩子了解行为和后果之间的关系，进行充分讨论，让孩子认识到错误不能再发生，而不是简单的因为不想被处罚所以不能做。

权威型的父母既提出合理的要求，也有理解和支持。换句话说，这种育儿方式既严格又宽松，最有利于孩子成长。比如，当你和孩子一起回家时，孩子在途中捡到一块小石头。专断型父母可能会说：把石头扔了，脏死了。放纵型父母可能会完全不限制孩子，让孩子随便玩。忽视型父母不在乎孩子捡了什么。权威型父母可能会对孩子说："这个石头太脏了，回到家时要记得洗手，而且你只能放在院子里玩。"这种做法既尊重了孩子的需求，又明确提出了自己的要求。

科学研究结果显示： 那些在情感、人际关系以及教育水平等方面取得卓越成就的孩子，都有纪律严明、满怀期待又非常体贴、情感连接做得很好的家长。在原则问题不动摇的前提下，这些家长通过沟通交流，向孩子传达爱、尊重与共情。自然，他们的孩子更为快乐，功课表现更好，更少惹麻烦，与人交往也更融洽。

关于网络上经常提到的"原生家庭伤害"，个人认为，除了极端的案例，中国很多问题家庭是"专断型"和"放纵型"两种教养风格的混合：比如有一个严厉疏远的爸爸，和一个大包大揽无微不至的妈妈；或者，在学习时间的安排上专断严苛，在生活起居上无限溺爱——"除了学习，你什么也不用管"。中国家长把孩子所有的时间都安排为学习，监督孩子的一举一动，希望孩子无时无刻不在学习才好。同时，在物质上满足孩子的一切要求，吃好的、穿名牌，手机要买最新型号，照顾过度。与之相对应，孩子也同时具有这两种教养风格的缺点：没有安全感、苦闷、不感恩、"巨婴症"。

个人总结： 家庭中，规则和亲情是同等重要的。亲情，在人的生命过程中发挥着基础作用，是发展的前提；而规则，既是限制，也是引导和保护，是健康成长必不可少的条件。这就好比阴阳、刚柔，两种因素相辅相成、缺一不可。

3. 正面管教：温和坚定

关于权威型育儿风格，我觉得说得最清楚的，就是"正面管教"理念了。正面管教提倡：既不控制惩罚孩子，也不娇纵宠溺孩子，而是在和善而坚定的氛围下，尊重孩子的想法和自尊，让他们参与规则的制定，从而让孩子形成正确的价值观，养成责任感，各方面能力也得到提升。

"和善而坚定"，有的书译为"温和坚定"，简练地指出了当下父母教育孩子最应该持有的方式。既不惩罚孩子，也不娇纵孩子，在坚定基本原则的前提下，通过理解、尊重、协商、激励等和善的方式达到修正孩子不良行为的目的。

正面管教提倡自由又有规矩的家庭风格，提倡有限制的选择，即"在尊重别人的前提下，你可以选择"。提倡父母和孩子一起制定对双方都有利的规则。当父母必须独自做出决断时，会坚定而和善，维护孩子的尊严，给予孩子尊重。正面管教的构成要素包括：相互尊重、理解行为背后的动机（比如孩子不停地打扰你，是为了让你关注他）、积极倾听、有效的沟通、教给孩子技能、专注于解决问题而不是惩罚、鼓励、利用自然后果、积极的"暂停"、家庭会议等。

正面管教既充满尊重和爱，又有着清晰的行为界限。珍视感情，强调尊重，摒弃冲突，拒绝情绪化。在这一过程中，能促进良好亲子关系的形成，能提高孩子的决策能力、共情能力，能使孩子朝着成功和幸福的人生方向前进。

有一条准则适用于任何交流，那就是：要想管教有效，第一步就得与孩子建立情感连接。我们所做的每一件事都应该从亲子关系出发，在玩闹、谈笑乃至管教中，让孩子感受到爱。情感连接意味着不管我们是否赞成孩子的行为，都得给予他关注，带着尊重去聆听他的话，称赞他的决策能力，站在他的立场上进行沟通。

真正的爱是给予孩子真正需要的东西，其中就包括给他的行为设定明晰的界限，帮他规划未来，对他充满信心。正面管教训练可以培养孩子各种优良品质，比如延迟满足、压制过激反应、灵活处事而非一意孤行等。不知界限在哪里是很给人压力的，对孩子说"不"，给他划定界限，其实是帮他在喧嚣的大千世界中，找到预见性和安全感。孩子需要知道他将来在这个世界独立生存，什么可以做，什么不能做。熟知游戏规则，将对他在人际关系和生活工作中取得成功大有裨益。在家庭里学到这些规则，离家之后，他知道如何在规则里行事。[1]

---

[1] 延伸阅读：《正面管教》《父母效能手册》《去情绪化管教》。

4. 养育的度

在育儿过程中，掌握好养育的"度"是很关键的。家长不能走极端，要找到平衡点。例如，"漠不关心"与泛滥的关心、过度养育都不好，都需要避免。理性的家长要给予孩子"有节制的关心"——既关心、支持孩子，又给孩子锻炼和表现能力的机会，不帮孩子做他会做或者几乎会做的事，根据孩子的年龄和能力放手让孩子做事情、做决定，帮孩子独立，建立自信和自我效能感。既让孩子感受到爱，又不妨碍孩子的成长。

在育儿过程中，男孩家长经常听到优秀女孩的家长介绍"放手，放手，再放手"的经验。然而晚熟类型的男孩一旦放手了，大概率不会像乖巧的女孩那样实现自律和自我规划，他会虚度光阴、不求上进。男孩的家长只好一边监督、辅导孩子，一边担心自己插手太多，心里忐忑不安，不断怀疑自己做得对不对。这就涉及怎么掌握"度"的问题。

我个人认为，要根据自家孩子的成熟度和发展阶段，找到"管"与"不管"的平衡点。这个平衡点通常不是父母一方找到的，而是父母和孩子在一起通过互相观察——我观察你对我言行的反应，你观察我对你言行的反应——不断调整才找到的，所以这个平衡点不可能是一成不变的，而是不断发展变化的。随着孩子年龄的增长，他的认知能力和其他各种能力逐渐进步了，父母可以试着慢慢放手。有时候让孩子犯点错也没什么关系，早点犯错，早点吸取教训，损失反而更少。另外，父母和孩子是通过彼此间的互动找到适合自己家的平衡点的，所以它是非常个性化的，并不存在一个普遍适用的平衡点，别人家的模式我们无法复制。每家都不一样，每个孩子都不一样，就是双胞胎也得因材施教。[1]

讲了这么多，我的个人总结是亲子关系要是一种成长型的、平衡的关系：既有无条件的爱，也有是非和规则教育；既有自由，也有边界。

---

1 参见《整体养育》。

三、亲子关系大于教育，先有关系再谈教育

作为父母，我们有必要时时提醒自己：亲子关系大于教育，亲子关系先于教育。任何时候，任何需要通过破坏或牺牲亲子关系才能达成的教育目标，都不值得去坚守。教育是一个生命影响另一个生命。没有接纳、尊重和理解，就没有生命的连接；没有连接，就无法建构稳固的关系；没有关系，就没有影响力；没有影响力，就没有教育。关系越好，对孩子的影响力就越大，孩子就更愿意尊重和追随我们的建议。孩子不会向自己讨厌的人学习，他只会接受自己尊敬、信赖的父母或老师的滋养、唤醒、影响和熏陶，通过模仿、追随来吸收、内化，实现成长。

回想我们的学生时代，是不是遇到喜欢的老师就会喜欢这门课，讨厌一个老师就会讨厌那门课？我们也曾模仿自己敬佩的人，不听讨厌的人的建议。人是充满情感的动物，总是不自觉地"感情用事"，人际关系里最基本的喜欢和信任，要比教学方法更重要。

将亲子关系放在第一位，让孩子感受到被尊重、被关注、被聆听和被照顾。孩子爱父母，对我们充满感情和信赖，那他就会自愿听我们的话，当我们告诉他做某些事真的很重要时，他就会按照我们的话去做。

举例说，我和儿子的关系很"铁"。我经常听到中年妈妈抱怨旅游的时候，青春期的儿子拒绝照相，只能拍到愤怒的后脑勺和背影。好多青春期大男孩不让妈妈拍照，我家旅游时却没这个问题。青春期的壮壮虽然也对狗仔一样的妈感到无奈，但顾及与老妈的感情，还是很配合地面对手机镜头，露出灿烂的笑容。想想挺感动。

1. 关系不好，后果很严重

《原生家庭：如何修补自己的性格缺陷》中总结了七种"有毒的父

母"：1）天下无不是的父母；2）不称职的父母；3）操控型父母；4）酗酒型父母；5）身体虐待型父母；6）言语虐待型父母；7）性虐待型父母。

　　中国式家长最常见的就是操控型父母。"妈宝男"基本上就是操控型父母行为模式下的产物。"妈宝男"从小到大，没有独立的自我，习惯了被安排、被照顾。父母对他人生的操控都会被伪装成"关心"，他坐享其成，父母享受掌控子女人生的快感。操控型父母需要子女永远的依赖，子女成年后，对自我的身份认知模糊，很难把自己视为脱离父母存在的独立个体，也不懂得区分自己的需求和父母的需求，有着深深的无力感。

　　我们身边随处可见的是言语虐待型父母，俗语说"棍棒底下出孝子"，大部分父母觉得我不打孩子，随便说说又不会怎样，哪个孩子没被骂过。在中国，67.1%的家长曾在情感上虐待孩子，羞辱或经常批评孩子，便是最为广泛的表现之一。比如，常见的话有：

◎ 不喜欢你了
◎ 你是妈妈从垃圾箱里捡来的
◎ 再不听话，妈妈就不要你了
◎ 你看看隔壁家的小 X，你什么都不如人家
◎ 跟你说多少遍了，还不记得
◎ 你看看你那么胖
◎ 你怎么这么笨！什么都干不好！
◎ 丢人
◎ 讨厌
◎ 真没用
◎ 就知道吃
◎ 蠢死了
◎ 你一个小孩子知道啥

◎你就是个猪脑子
◎走开走开！
◎我怎么生了你这么个孩子

　　每句话都不陌生，即使你自己没有说过，你身边一定有人说过，有的甚至是在公共场合。作为一个心理健康的成年人，你可能对上面的话选择一笑了之。但是作为一个不谙世事的幼童，每一句话都可能是重磅炸弹，将他对未知世界的美好幻想炸得粉碎。

　　为什么负面评价、语言暴力对于孩子的影响那么深呢？因为在孩子还没形成自我认知的时候，他特别在乎最亲近的人——父母、老师，对他的评价，也就是说，你经常说他什么，很容易就形成了他对自己的认知。比如，你说他是猪脑子，他可能会真的认为自己就是猪脑子；你经常说他是个坏孩子，那么他就可能真的认为自己是个坏孩子，还会刻意做出一些出格的行为来印证自己是坏孩子。言语上的负面评价会进入到孩子的潜意识里，从而"内化"。言语虐待严重损害了孩子作为一个可爱的、有价值的、有能力的人的正当自我认知，毁灭了他的自尊，造成一直延续到成年的自卑、敏感、羞怯，以及对别人缺乏信任。

　　除了导致自卑，在家里长期遭受父母责骂、贬低、言语虐待的孩子还会出现抑郁、冷酷、暴躁的性格缺陷，甚至导致犯罪。沈阳市心理研究所的调查人员曾经对沈阳市少管所6名拘押的青少年进行心理调查，发现无一例外，他们都遭受过密集而惨烈的语言暴力攻击。他们的父母常骂他们，拿他们和周围人对比，一旦自己不如人，就要遭受责骂。这些戳进他们心里的话语，后来都一一变成了毁灭他们的凶器，以及他们与父母恩断义绝的断情刀。关于青少年自杀的研究也显示，很多自杀行为都发生在孩子与父母争吵之后。妈妈一句你怎么不去死，孩子就真的死给她看。

家长认为无关紧要的、不经意的一些话语，对孩子造成的"杀伤力"可能是毁灭性的。有一些家长和老师认为，我们说这些都是为了孩子好，我们从小不也是这么被骂大的吗？不也活得好好的吗？现在的孩子就是矫情，太脆弱。需要注意的是，我们家长这一辈的童年时代，生活环境是不同的。那时候，被骂的孩子能看到别人家的孩子也是被打骂的，所以有"爸妈都这样"的心理建设。而且，很多孩子有亲戚、朋友、邻居家这种"避难"的地方，有爷爷奶奶等长辈护着，还有呼朋引伴、共同玩耍缓解压力的小伙伴们，挨骂的男孩不至于感到绝望。所以我们父辈们打骂的"严厉管教"方式，并没有给现在的中年人造成终身的心理阴影。而现在的生活方式是公寓楼独门独户，孩子天天面对的父母，就是他们的整个世界。所以，作为养育者，要避免语言暴力，不可带着自己的情绪骂孩子，孩子做错了事情，批评只能就事论事，不能上升到人格打击，多温柔鼓励。

心理学和认知科学的研究显示，家庭环境和成长经历会显著地影响孩子的内分泌系统和神经系统的发育，这些会影响一个人的性格等非智力能力，而这些非智力能力又在很大程度上决定了一个孩子长大后生活和事业上的成功。家庭里的暴力、纷争、不安全感、忽视会严重地影响儿童非智力能力的发育，比如说注意力集中程度、自我控制能力、情绪调节能力、推迟享受的能力等。所以，想要孩子长大后成为一个心智健康且有优良品格的人，最好的办法就是在婴幼儿阶段建立起牢固、安全、亲密、温情的亲子关系。在婴幼儿阶段，最重要的是关爱和陪伴，让小孩有安全感、其生理和心理上的各种需求都能得到迅速的回应，能与家长尤其是母亲建立起强烈的与稳固的依附关系。这样的孩子长大后才有自信也能自控。对家长安全依恋的孩子，不仅对他人反应热情，同时还更加坚定自信、独立自主，从各个角度上看，都显得富有社交能力，并且心理健康。

2. 不做歇斯底里的妈妈，做支持型温和母亲

我看电视剧，经常觉得国产家庭剧在丑化中国的母亲，尤其是受过高等教育的母亲。贴一段我以前写的博客文章：

我也看《小别离》了，看了没有后悔，很多时候还因演员演得太忧伤，陪着掉了几滴眼泪。我自个儿陪读两年，按说能够体会低龄出国的各种焦虑，但我对三个家庭的留学纠结和子女眷恋都没有代入感。尤其不喜欢女主人公朵朵妈，太歇斯底里，太作，整天哭，烦人。讨厌朵朵妈这种人设，大学毕业吧，职场上有聪明头脑，但一回家庭就理性全无，总炸。那么重视孩子，却不去看心理学书，不学习育儿理论。简单粗暴咆哮，撕本子。签证穿旗袍拜门，秀智商下限。离了孩子就不想活了似的以泪洗面，那你倒是去看孩子呀。孩子的学校全家都不去看看就选了，临走家长也不送孩子，让孩子自己去。这可能吗？编剧你在北京看看，哪个妈不知道留学要特长要才艺的？即便不知道，哪个中介不会为你普及啊？哪个妈光补习语数外，不发展一两项孩子特长啊？要在别的城市我还信，北京的设定我不信。每天脸上就大写的两个字：焦虑。极其焦虑。把生活活成战争，好像一松劲儿就败了，就万劫不复进地狱了，没有安全感。折腾孩子折腾老公。反正这剧的女主模式就是吵架，和好，再吵架，再和好。不喜欢这种付诸极端的人物设计。

我不信这种电视剧里的母亲，但是看新闻，却有妈妈扇儿子耳光导致儿子跳楼的悲惨故事。生活中极其焦虑、经常崩溃爆发的家长还是存在的，我们应该引以为戒，不要做这种歇斯底里的家长。任何与孩子之间的斗争都是不必要并且没有效果的，我们教育孩子的目的是与孩子达成共识，而不是和孩子斗个你死我活。父母和孩子之间的冲突，会对亲子关系造成伤害，应该完全避免。我们做家长的，必须对自己处理问题的能力感到自信，尽最大可能保持克制，避免在孩子面前失控，不大喊大叫，不付诸暴力。

我们要采取温和、支持的养育方式，对孩子进行"温和坚定"的正面管教。让孩子感到父母是和他站在一起的，是帮助他面对困境的。比如，那个上面例子里说的跳楼的初中男孩，是因课间打扑克被罚站的。老师叫来家长，这时妈妈应该站在谁一边？其实，越是在这样的时刻，孩子越需要父母的支持，因为孩子也会感受到来自老师的压力。当妈妈的应该为孩子解压，扛下来自老师的压力，安慰孩子，帮助孩子，并跟老师积极沟通。这才是温和、支持的养育方式。而这个妈妈却恼羞成怒，在学校走廊里，当着那么多同学和老师的面，上去就戳着儿子的脑袋骂，打耳光，这是完全站在了儿子的对立面，使儿子万念俱灰。

当孩子遇到困难的时候，我们越是温和地帮助他、提供温暖的支持，亲子关系就越亲密，孩子越信任我们。

3. 给孩子选择权、自主权

亲子关系中，父母需要放弃自负感、控制欲，给孩子选择权和自主权，才能与孩子建立起亲密和谐的关系。

孩子在乎跟自己有关的事，向往自主选择是人的天性。自主权让小朋友有动力去为自己的选择努力，让他感受到自己的能力。有自主权的孩子，更愿意去发掘自己的兴趣，拓展学习内容，更容易坚持不懈。所以，在非原则性问题上（不涉及安全，不影响他人权益），要尽量让孩子自己做决定。比如穿什么衣服，穿多厚的衣服，吃饭吃多少，亲子阅读想读哪本书，看哪部动画片，约哪个朋友一起玩儿。有些事情，即使孩子不能百分之百做主，也可以尽量给他选择权。比如，作业不能不做，但他可以选择是一回家就写，还是歇一会儿再写；体育锻炼（如跑步）不能不练，但他可以选择什么时候练。如果学习一直不理想，也可以和孩子一起讨论有哪些辅助方法，是在家里多做点题呢，还是请家教？上补习班，还是上网课？选哪个老师？让孩子自己选择他最能接受的方式，往往会事半功倍。

当孩子小时，妈妈让孩子二选一是个好方法。比如问：你想吃煎鸡蛋还是鸡蛋羹?你想穿这件红色的衣服,还是这件蓝色的?不说很多选项,孩子好选,也能有自己说了算的良好感觉。当孩子大一些,做更重要的决定时,如选课、选夏令营,要让孩子充分了解各种信息,如时间、成本、人力、交通,家长会在哪些情况下提供哪些帮助,有哪些后备选择,都一一告诉孩子。家长认真负责的辅助态度,会让孩子知道家长是真心尊重他的选择,相信他的能力,会减少孩子的焦虑和紧张,更自信地执行自己的决定。

孩子通常把生活分成多种控制领域,有些归爸妈管,有些自己做主。亲子关系紧张,常因对哪件事归谁管,双方看法不一致,沟通又不畅。跟孩子关系好的家长,通常在孩子发展的关键方面设定一些规矩,并向孩子解释这些规矩的必要性,为什么要遵守,取得孩子对规矩的认同。而在孩子生活的其他方面,积极支持孩子的自主权,允许他自己做决定。这样的家长与孩子关系最好,育儿最轻松。

4. 中国式"丧偶式育儿"

提到育儿的"猪队友",网上的妈妈们都满腔抱怨,什么"丧偶式育儿""诈尸式育儿",引发大量共鸣。可见,中国爸爸缺席孩子的养育,是非常普遍的现象。

然而养育男孩,爸爸不能缺席,儿子是跟爸爸学习怎样做一个男人的。我觉得关键在于态度要摆正。中国爸爸的借口经常是工作忙,没有时间陪孩子。首先,家庭和事业一样重要,要把家庭也规划进计划里,把家庭的事情列入日程表。比如,一年要抽时间进行一次家庭旅行,这周末送儿子足球训练,下周五参加孩子的家长会。只想着赚钱的人,是不会生活的人,生活应该是多头并进。要意识到育儿的路上没有时光机,在孩子小的时候没有陪伴他,长大了他就不需要陪伴了。

在当爸爸这件事上,要向外国人学习。就不说人家奥巴马了,当总统还坚持陪女儿吃饭,去开家长会。中国爸爸总认为自己比总统还忙。就举我工作中遇到的英国主编的例子,当时50岁左右的英国主编,每当我们开会订工作计划的时候,他都会掏出一个小本子,看着日历说:"8月不行,我和全家要去法国度假……XX日不行,我二儿子要考试……"这是什么意思?意思就是家庭第一,工作要在家庭重要日子之外进行。工作是为了生活,人家的态度摆得正。

　　夫妻俩吵架了该如何处理?我就没见过不吵架的夫妻。实际一点吧,我们都会吵架,家里就这么大点地方,也避不开孩子。非得避开孩子,势必得有一个人不吭声忍着,通常是当妈妈的,而总憋着,也未免太委屈自己了。所以我的做法就是干脆吵,但如何做到不伤害孩子的安全感呢?就是反复向孩子强调:爸爸妈妈都是有缺点的人(爸爸说妈妈的缺点,妈妈说爸爸的缺点),观点也不一样,有争端,我俩必须解决争端,这与孩子你无关。你不必害怕,我们吵完了,会和好的。在这番说辞下,壮壮又目睹了多次爸妈吵架后又和好的场景,他就不在乎了,自己玩自己的。有时,他听到爸妈说话提高了嗓门急赤白脸了,还以一副小大人的口吻警告说:"哎哎!——你俩好好玩啊!"

　　美国发展心理学家马克·卡明斯(E. Mark Cummings)的研究表明,与公开冲突相比,父母冷战的长期影响,实际上对孩子的心理健康更为不利。当孩子目睹了一场公平的争吵,看到父母解决了问题,他实际上放心了,知道父母可以解决问题。当父母为了避免争吵拒绝交流,压抑自己的情绪时,孩子可以感觉到有什么不对劲,但他不明白是什么或为什么,这会导致压力,长期压力让孩子感到担忧、焦虑、愤怒。有的父母开始吵架后为了不让小孩子看见,特地将战场转移到孩子看不到的地方。这对小孩有什么影响呢?他看到了争执的存在和开始,却没看到其解决。于是,学到如何吵架,却没学到如何解决纠纷。

　　所以,如果吵架,最好的办法还是让孩子看到大人间的争执是如何通过协商、让步而和平解决的。让孩子看到父母之间没有口出恶言,最后又重归于好的冲突,可以提高孩子的安全感,学到冲突解决之道,学习如何妥协和解,这些社交技能会让他变得更合群。如果避开孩子争吵,孩子就失去了宝贵的学习机会。父母吵架不一定伤害到孩子，孩子最关心的是父母的反应，远远超过他对父母吵架的关心。

四、情绪稳定、心态轻松

在我们成为家长的这个时代，有两件事情是和以前不一样的：第一，我们这一代家长，大概是迄今为止有着最强大养育实力的家长，我们有能力给孩子提供有史以来最无微不至的照顾；第二，现在资讯发达，人们信息超载，随时可以得知一切，牛娃的故事满天飞，同时自己也暴露在别人的目光之中。总结起来就是：强大的资源 + 强烈的焦虑。当下是个父母对育儿无比焦虑的时代，孩子接受教育的年龄越来越小。出于对激烈竞争的恐慌，家长们恨不得让孩子从刚出生开始，就接受各种智力开发或者技能学习，投入巨大成本去准备标准化考试。中产家长对阶层滑落忧心忡忡，变本加厉地督促孩子参加越来越早的军备竞赛。然而焦虑太多是有毒的，过度焦虑影响整个家庭的幸福感，对孩子的成长极具破坏力。过度焦虑往往导致过度控制，使孩子难以发展出真正的自我，成年后容易出现抑郁、冷漠、消极、暴躁等心理问题。这不是危言耸听，而是心理学研究的结果。家长，尤其是妈妈，情绪稳定、心态轻松，对于培养阳光男孩是必备的条件。

1. 焦虑不安的父母，培养不出快乐的小孩

父母的情绪健康对于孩子的成长至关重要，母亲抑郁的孩子，日后患抑郁症的概率会更高。家庭采取的育儿方式中，最不好的一种就是不是出于爱，而是出于害怕——这种"爱"与"怕"的混淆与纠结，常常让家庭教育陷入误区，带来诸如剥夺孩子活泼的童年、忽视孩子内心需求、教育

孩子是为了不让自己丢脸、一味批评乃至贬低孩子等问题，从而对孩子的童年和后续的成长带来不良影响。

"再这样下去，一辈子扫大街！""如果这个试没考好，你一辈子就完了。"父母这种充满焦虑、危言耸听的话，究竟是在帮孩子呢，还是在害孩子呢？动不动就"一辈子完了"，无限夸大，无限拔高危险性，使孩子总是生活在恐惧和压力中。有些父母把人生当作一场残酷的比赛，于是乎，"不要让孩子输在起跑线上"也就成为育儿界的热门标语，众多家庭更是不惜举全家之力，投入到望子成龙的奋斗之中。别人家的孩子都会认读英语了，我们家的娃还不会 ABC 呢，好焦虑。别人家的孩子报了五个兴趣班，我们还什么都没学，好焦虑。这些焦虑带来的，是各种急功近利，各种威逼利诱，打着"我这是为你好"的旗子，朝子女转嫁焦虑和压力。其乐融融的亲子关系渐渐演变成一种控制与被控制的关系。

家长对孩子的"终极期望"，究竟是什么呢？小婴儿呱呱坠地，家长希望他"平安健康就好"；一岁的时候，希望他"早点说话、早点走路"；上幼儿园了希望他"会一百以内加减法"；上了学就希望孩子各门功课 100 分，考个好高中，再考个好大学，最好还能出国留学；好不容易找到工作，所期望的目标又转移了重点：早结婚早抱娃……可是，如果我们把时间的跨度拉长，到我们年老的时候，我们对孩子的希望是什么呢？那时候，曾经让父母无比焦虑的分数、高中、大学、什么时候结婚生小孩，还那么重要吗？我相信，到了那时家长们的希望都简化成了两点：孩子你过得幸福就好，常回家来看看我！想到这些，我们就会发现：学习成绩固然重要，但是它决定不了孩子未来的幸福；会乐器也很好，但如果过程很痛苦，孩子从中找不到任何乐趣，就是负累；考上重点高中也很好，但也不过是为孩子的未来开启了一扇窗，后面的路还长着呢；如果在孩子的学生时代对他紧紧相逼，破坏了亲子关系，长大后的孩子会离家远远的，不想回来……认识到这些，我们才会思考，哪些东西才是帮助孩子实现未来幸福的呢？——找到内心真正所爱（职业、兴趣、爱人）、身心健康、学会爱与被爱、学会社交、独立、拥有价值感和安全感、具有成长型思维、善良、理性、有责任感、坚毅、自控、乐观、热情、懂得感恩……想过了上面这些问题，你还会在孩子很小的时候，一脸焦虑地对孩子说"你只要好好念书，其余的你都不必管"吗？很多时候，放下对孩子的焦虑和苛责，只在转念之间。

家长们需保持平和的心态，不要过度焦虑。放松自己，享受陪伴孩子的时光。孩子上学后，很多父母忙于指导孩子、辅导他功课、纠正他的过错，却忘记了亲子关系最重要的元素，那就是与孩子共享快乐时光，与他一起欢笑、一起成长。其实，教育的结果在很大程度上取决于家庭氛围，营造轻松幽默、温馨民主的家庭氛围，对于培养健康快乐的阳光男孩至关重要。

2. "视孩子为自己的一切"、过度养育是病态的

家长，尤其是妈妈，不宜把所有的劲儿都使在孩子身上，因为家庭教育对孩子影响最大的不是灌输给他的东西，而是他从家长身上看到了什么样的活法。家长是怎样度过这仅有一次的生命的？成年人的生活有追求、有意思吗？孩子在看着。即使没有极度焦虑，一旦养育孩子成为妈妈生活的全部，就意味着妈妈是在为了孩子而活，而不是在过自己的生活，这无论对妈妈还是对孩子，都不健康。因为一旦孩子长大离家之后，妈妈就会难以接受；对孩子来说，妈妈如果没有自己的生活，势必会过多参与甚至干预孩子的生活。所以，即使是全职妈妈，也不宜放弃自己，也应该有自己的梦想和目标。孩子陪伴我们18年，他迟早会去走自己的路，而我们的路还要自己继续走。

为孩子提供过于精细的饮食、过于丰盈的物质、无时无刻不在的关注，为孩子遮风挡雨，想尽一切办法为孩子"铺路"，减少孩子成长路上所有可能的"挫折"，属于过度养育。对于不愿意放手的家长，英文里有两个称呼：一个叫"直升机家长"（Helicopter parent），顾名思义，就是永远在孩子上空盘旋，帮孩子做决定，监控孩子的一举一动，让孩子没机会犯错。这是最直接的违背自主性的做法。另一个叫"推土机家长"（Bulldozer parent），跟直升机家长不同的是，推土机家长倒是愿意让孩子做决定。但是孩子决定之后，事前为孩子铲平一切困难，事后出现不理想后果，再铲平一切麻烦。虽然给了孩子自主权，但是孩子没有机会为自己的选择负责，依然无法成长。如果想让孩子通过自主决定实现成长，就必须在赋予他选择权的同时，让他自己承受后果。

天下唯有父母的爱，是为了更好地别离。我们对孩子的爱，不应让孩子更加依赖我们，而应让他拥有离开家长依然幸福的能力。因此，在和孩子相聚的有限时间里，尽可能帮助孩子成长，让他独立，找到自己存在于这个世界的价值，过上自己的生活。

作为家长，育儿的同时，要做到不忽视自己。只有家长拥有自己满意的人生，享受生活的乐趣，孩子才会真正觉得安全。家长如果能做自己喜欢的事，拥有更多的空间和时间做自己，内心感到满足，就会情绪稳定，就会进而接受甚至欣赏孩子的状态，孩子就会有更多的自由、更好的环境，茁壮成长。

3. 不做100分妈妈

做个 60 分的及格妈妈就挺好。如果对自己要求高、爱努力，那就把目标设为 80 分，够好了。不要求自己当模范妈妈，取得 100 分。我们知道"不及格"妈妈很可怕，有一系列恶劣后果，所以要"避坑"，要引以为戒。一旦达到及格，就可以放轻松些了。

孩子要的，不是完美的父母，而是正常的父母。我们都是凡人，不要妄图成为完美的父母，只要成为"还不错"的父母就行了。要达到完美，往往成本太高，还可能会犯错误，比如忽略了孩子某一方面必需能力的培养。现在很多父母，牺牲了儿童的社交、体育锻炼、自由玩耍时间，把所有时间都投入到了学习中，一心希望孩子学业有成。这些花在学习上的大量重复性练习时间，对儿童未来发展的影响是有限的，但社交、体育、自主一旦降到了正常范围之下，影响就非常大了。所以，在育儿上正常投入就可以了，别为了某一个目标投入过多的精力，忽略了其他目标。其实，孩子只要有一个正常环境，就能很好地成长。

所以，别给自己太大压力，尽力就好。这世上没有教科书般优秀的妈妈，做到有自己特色的妈妈就行了。正如孩子是各种各样的，妈妈也可以是各种风格的，可以是潮流辣妈，也可以是事业型妈妈，更可以是爱运动的妈妈，只要能与孩子形成融洽的亲子关系，就会度过一段精彩的时光。[1]

4. 反思自己：看清补偿式育儿

中国父母很少对自己的成长环境、原生家庭的教养方式感到完全满意。我是 70 后，成长于物质匮乏、根本没有特长培养的环境，但我对这些并没有抱怨。让我一度耿耿于怀的是不受重视、没有表扬只有批评的家庭教育。我认为这些导致了我年轻时的自卑性格。

当妈以后，我给予了儿子最大的重视。我在他身上无怨无悔地投入时间、精力、金钱。我小时候没有书看，就给儿子疯狂买书，买成了当当网的 VIP；我小时候没有新衣服穿，都是捡姐姐穿小的旧衣服，就给儿子买了太多衣服，很多没穿就小了，只好送人；我小时候经常感到无聊，当妈后就把"消灭无聊"当作责任，陪他阅读、陪他游戏、带儿子玩遍游乐场、公园、郊区山水；我小时候没人给我过生日、没人送我礼物，我就给儿子操办生日会，每个生日都得过；我小时候缺鼓励，就动辄给儿子鼓掌；我小时候缺表扬，就变着花样给儿子肯定。

其实，看过心理学书籍的我很清楚，我这是在补偿式育儿。自己小时候缺什么，就更重视什么，实际上是在补偿自己"内心的小孩"。但是好在，这些都是对孩子好的行为，没有对儿子造成什么伤害。因为我的重视，儿子的安全感和幸福感十分充足，自信快乐，所以我选择原谅自己。我明白自己是个凡人，育儿方式不可避免地带有自身成长经历的烙印。想过幸福

---

[1] 参见《自主教养》。

的人生，需要在内心和原生家庭、和自己达成和解，我早就不抱怨父母了，也不自怨自艾。如果说，人生的前 18 年是由父母创造的，那么在离家后的成年岁月里，我们完全可以自我创造，学会自我接纳、自我尊重、自我关爱、自我满足。为了育儿，我们可以实现"再成长"，填补身上的"坑洞"，成为一个更好的人，为孩子树立做人的榜样，提供健康的成长环境。通过看书和反思，形成正确的教养方法。

一百年前，鲁迅先生写过一篇文章叫《我们现在怎样做父亲》，里面有一段话我觉得非常好，他说："父母对于子女，应该健全的产生，尽力的教育，完全的解放。自己背着因袭的重担，肩住了黑暗的闸门，放他们到宽阔光明的地方去；此后幸福的度日，合理的做人。……这是一件极伟大的要紧的事，也是一件极困苦艰难的事。"是的，身为一百年后的家长，我们更有能力通过学习和反思，把黑暗和遗憾终结在自己的过去，放孩子到光明中去，给孩子以合格的、正向的家庭教育。

在 2020 年的感恩节，17 岁的壮壮口头向我表达了感谢，他说，以前他心安理得地享受着我给他的一切，以为家长都这样。但随着他对别的家长了解得越多，就越觉得我这个妈妈 underappreciated（未受到充分赏识）。壮壮真诚对我说："I couldn't wish for a better mom."（我无法期望一个更好的妈妈，意为你是最好的妈妈。）听到儿子的这个评价，我真是拼命忍着自己的眼泪。2019 年暑假我在父母的金婚典礼上发言，念自己致父母的发言稿，念到最后也是眼泪直流。是啊，我们此生为人，为子女，为家长，最在意的，无非还是一个"情"字。

I GO ON A BUS

by Gary

第四章

开朗受欢迎的性格

一、阳光开朗的性格是重要的软实力

社会是由各种年龄段的人组成的,尤其是工作以后,通常要面对年长的上司和客户,而不仅仅是同龄人。在职场上,与人交往时是否自如、有亲和力,给人以有能力处理好人际关系、好合作的印象,是非常重要的"软实力"。团队合作、建立关系、人际交往这些软技能,有时比学历和资历更能决定一个人的未来发展。

然而我发现相当一部分中国男孩有一个通病,就是仅与同龄人说话,完全不会和成年人对话,更别提什么"忘年交"了。在一些聚会上,我遇见很多孩子对大人很冷漠,不搭理,即使主动和他们说话,也是问一句答一句,应付差事一样,表现得兴致索然。当成年人聊天时,无论聊得多么热火朝天,这些孩子都摆出一副百无聊赖的样子从不参与,他们只与同龄人交谈几句,其余时间就低头看手机。

在美国,我也遇到很多不与成年人打招呼的华裔小学生和中学生。他们板着一张没有表情的"扑克脸",刻意回避成年人的眼神。有家长在场时,他们会在家长的要求下,勉强地叫声"阿姨好",再也不多说一句。我对于这种不会笑、不会主动打招呼、欠缺最起码的礼貌的孩子感到很费解。明明他们的父母都能正常社交,活生生的例子就在眼前,可是他们却似乎什么也没学会,面无表情地拒人于千里之外。

这到底是什么原因造成的，我无法下结论，但我知道在一些家庭中，家长会对凑过来聊天的孩子说"你管那么多干什么，大人说话，小孩不许插嘴"，或"去写作业去，把学习学好，比什么都强"。这些话无疑会严重打击孩子参与的积极性。在家庭聚会上，经常会有孩子因上辅导班而不能出席或晚到，大家都表示理解，总之在中国人的心目中，学习永远要比家庭聚会和社交重要。

从我在国内外遇见的上百个孩子看，有社交问题的孩子占了大部分。相当一部分孩子连"你好""再见""谢谢"都不会对成人说，更别提攀谈交流、表达观点、建立关系。所以，我觉得外国人对中国人的刻板印象——"沉默寡言""不善社交"啦，"没有领导力"啦，不是空穴来风，而是我们家长需要迫切关注的问题。在青少年时期不会社交，不会说话，不讨人喜欢，工作以后不会一夜之间就变成社交达人，将来大概率只能从事技术性的工作了。

"读万卷书，行万里路，见万个人"是我从一开始就树立的育儿理念，我认为"见识"包括人的因素，人际交往、建立人际关系是社会生活不可或缺的技能。人们都说"性格决定命运"，开朗受欢迎的性格能让孩子更适应社会、交到更多朋友，从而更容易获得幸福。

性格一半天生一半后天，壮壮天生外向爱说话，我就顺势而为，通过鼓励、称赞和不断地引导、不断地给他创造机会练习，强化了他的这种性格，获得了非常好的效果。比如，壮壮从小就能自如地与长辈、各年龄段的人交谈。在饭局上，小学时期的壮壮总是积极寻求加入大人们的谈话，一旦听到他能理解的话题，就赶紧贡献几句。等上了中学，知识面更广了，他更是把自己看作一个聊天参与者，简直要与大人们推杯换盏了。所有见过他的成年人，无论中外，从叔叔阿姨到爷爷奶奶，都夸他既可爱又成熟，有礼貌，有思想，会说话，讨人喜欢……最后还夸句"前途无量"，呵呵。

我暗地里给儿子起外号，称他为"师奶杀手"，因为他从小就深受中老年妇女的喜爱。只见过他一面的阿姨，就和我商量定娃娃亲的事儿也有——哈哈！至于姐姐类，那是不论外表多么冷若冰霜的中国姐姐，对他都表现出了与众不同的态度。热情奔放的美国姐姐那更是，一见面就拥抱，高喊"I love you"。他还是"小孩之友"，在小学，只到他腰部那么高的K班小孩，放学时都来和他拥抱告别。我看到壮壮把腰弯得跟个大虾米似的，倾听小朋友说话，小朋友仰望着他，一脸的幸福，画面很感人。

每次到学校接壮壮，都见他一路上与这个打招呼，与那个说再见，人人都是他的朋友，我真是佩服儿子这一点。无论是老师，还是别的家长，都对他赞不绝口。老师们在成绩单上写"Pleasure to have in class"（很高兴他在我的班）；各个种族的妈妈，无论是中国妈、印度妈、白人妈，都跟我说："我喜欢你儿子。"三年级的暑假壮壮去美国参加夏令营，住在美国华人接待家庭里，这家的女主人曾接待过其他来自北京的孩子，她深有感触地说："如果都是像 Gary 这样的孩子，我同时接待 10 个也不嫌累啊！"

壮壮交朋友特别快，走哪儿都有朋友。他曾读过两个幼儿园、三个小学，频繁地转换环境并没有对他造成困扰，他快乐友善、幽默善谈，从第一天起就能顺利融入新环境，一周就能交到好朋友。无论是短期游学，还是参加各种夏令营，壮壮到哪儿都大受欢迎，朋友众多。

壮壮在八年级的暑假参加斯坦福辩论夏令营，共两周。结束时我去接他，旁观了闭营仪式。这是我当时的记录：

我正找儿子想带他走，忽听学生堆里响起了有节奏的击掌呐喊声，叫的居然是'GA-RY！ GA-RY！ GA-RY！"我循声望去，只见所有初中组的男生都围着儿子，拍着巴掌有节奏地喊着，不知在干吗。难道是让他讲话？壮壮笑嘻嘻地做了个 DAB 的姿势作为答复就算了。后来我问儿子，大家喊你的名字干吗？壮壮说："他们喜欢我呗。"哇，这被三四十人集体鼓掌的仪式可是独一份儿呀！知道儿子 popular，没想到这么 popular 呀！临走时儿子的电话不断，很多小孩跟他告别，约明年再见。一个辩论教练看见我们拖着行李往外走，问我是他的家长吗？特地跟我说了句："He's awesome！"

壮壮上高一时我的记录：

壮爸去接水球训练的儿子回家，回来跟我说，哎呀儿子那个受欢迎啊，他可见识了。说有一溜儿女生看见壮壮后，都齐声尖叫"Gary——！Gary——！"那架势，那分贝，就像追星的粉丝在机场见到了明星偶像，把他这种没见过世面的人都吓到了。儿子却很不好意思地不让他爸继续说。我说："我想听啊，干吗不让说？"壮爸又尖着嗓子学了几声"Gary——！"还说实在模仿不来那些女生的样子。壮壮一副"有什么可大惊小怪的"淡然，打断他爸的模仿，草草解释说她们只是认识他，有人是以前乐队的，有人曾是同班同学。壮爸说："你那么受欢迎啊？"壮壮说："那当然。"壮爸说："你得好好管管脸上的粉刺，还要好好学习。"我又接一句："还得练肌肉。"我俩共同的内心活动是：咱当偶像要靠实力。

在高中，壮壮号称认识1000人，在学校里是"大红人""酷小孩"。具体表现就是中午吃饭的时候，要串好几个桌子，因为想跟他说话的人太多了，他必须这桌待会儿，那桌再聊会儿。高二刚开学的时候，壮壮以高票当选学校的"返校节国王"（Homecoming King）。这是一个全体学生投票的popular vote，拼的是人缘、魅力，最后壮壮的得票总数是第二个候选人的两倍。壮壮说，投票那天，无论他走到哪儿，路上、教室里，几乎遇到的所有人都对他说：我投票给你了！华裔哥们儿，没说的，个个都投他。令他感到兴奋的是，白人酷小孩，还有女生也都投他。这一天不停跟他打招呼、告诉他的人啊，得有几百！有位被提名为王后（Queen）的女生，也告诉他投他票了。最令他感动的是，还有铁哥们儿在社交媒体上传了勾选他选票的照片，附上了"Vote for Gary"的倡议。作为一个中国学生，在白人学生占70%的学校，高票当选返校节国王，十分稀罕，在他那个高中可能是第一次。在华裔家长群里，有家长公布了这个消息，家长们纷纷向我表示祝贺。华裔学生得各种学术奖项、当俱乐部主席都不稀奇，但是，当返校节国王却是件了不起的事情！这不是中国男孩擅长的领域，概率跟当校队橄榄球明星差不多。

壮壮当选返校节国王

做孩子最好的成长规划师

二、开朗受欢迎的性格如何培养？

1. 小时候建立安全依恋

小时候给足孩子安全感，让他建立与家长（特别是妈妈）的安全依恋，孩子有了"安全基地"，就会乐于探索世界，有助于形成外向型的性格。安全感、信任感和归属感首先在家里获取，而后不断拓展到学校里的同伴和社会上的人。家长的行为会影响孩子的安全感，骂孩子、打孩子、用"爱的撤回"威胁孩子，会让孩子质疑父母是否安全。如果孩子对父母没有建立起安全感和信任感，他在探索外部世界的时候就会谨小慎微、自我怀疑、自卑怯懦，害怕发问、求人帮忙和冒险。如果父母的行为让孩子在情感上感到安全，那他就会放松下来、兴致勃勃、充满信任地面对其他人。

2. 鼓励孩子与人打招呼，学会搭讪技巧

1）鼓励孩子和所有人打招呼，离别时和所有人说再见

壮壮总是老远看见熟人就叫"阿姨好！""叔叔好！"，并停下来交谈几句。他从小就被同学家长夸"成熟"，就因为他主动问好。要让孩子大方地问好，离不开家长的示范和表扬。家长要让孩子看到自己和各种人打招呼、问好的场面，做好榜样。孩子一旦做到打招呼和说再见，家长就要及时表扬、大大地鼓励一番。

当我带着儿子遇到生人时，我会很正式地给他介绍："这是XX阿姨/叔叔，是妈妈的同事/同学。"儿子就会很尊重地问好。当他觉得自己长大了以后（13岁起），还会很正式地跟对方握手。通常，这一握手的举动会导致中国的成年人笑起来，但也都很认真地和他握了。我尊重儿子的存在，不会忽略他只顾跟成年人聊天，儿子也就觉得自己很有尊严，不把自己当小屁孩，而是社交的一分子。

壮壮很善于表达感情。每年回哈尔滨探亲，在告别的时刻他都会与姥姥、姥爷拥抱，并大声说："我爱你们。"我在旁看着，湿了眼眶。我这个19岁就离家远行的女儿难以当面表达的话，儿子却说得那么自然。壮壮跟他的美国同学、朋友，更是把"love you"挂在嘴边，每次告别都说得那么顺嘴。这种坦荡、无拘无束的爱的表达真好，我又羡慕又欣慰。作为一个性格含蓄内敛的中国人，我做不到的事情，儿子却毫无困难，我觉得自己的引导成功了。

2）笑脸迎人

说话时，要求孩子看着对方的眼睛，脸上挂着笑容。即使孩子比较内向，不擅长与人聊天，也至少要求孩子做出友好和善的姿态，眼睛看着人，微笑。这样的话，即便是话少，也给人以亲切、好交往的印象。

3）与人搭讪的方法举例

◎从周围环境入手，例如："夕阳真美。"一次散步时，壮壮见坡上站着白人父女俩，小女孩正在用手机拍夕阳，他走过去说："夕阳真美，要是有云彩就更棒了。"女孩说："是的。"然后他就和这父女俩聊上了。

◎从爱好入手，例如：谈球。壮壮经常跟男生谈篮球、谈车、谈电影。

◎从赞赏入手，例如：壮壮经常对人说："I like your…"可以是"我喜欢你的发型""我喜欢你的鞋""我喜欢你车的颜色"……总之从对方身上挑一件值得表扬的东西，作为话题。

◎从个人经历入手：壮壮脑子厉害，虽朋友众多，但他会刻意记住每个人的个人信息，如，知道一个人踢足球，就会问他最近的比赛输了还是赢了？如果从上次谈话中，得知一人家里新养了猫，就会问：你的猫最近怎么样了？

◎从学校、职业入手：初次见面，问了同龄人的学校，或成年人的职业后，壮壮就接着向人请教学校的情况，或与职业相关的问题。

◎从共同认识的人和事入手：与邻居、朋友和他们的孩子见面，通常问几个问题就会找到一个共同点，如都认识某个人，都听说过或上过一个学校，就可以互相交换信息。

◎从社会问题入手：壮壮从14岁起从事辩论，对政治、经济、社会问题都很关注，每天听新闻，所以他知识面广，能参与的话题多，有自己的观点和见解，能和大人自如地聊天。

壮壮擅长找破冰话题，擅长 small talk（闲聊），能与人聊得热火朝天。有一次我们旅游，在犹他州的拱门国家公园照相时，偶然遇见一对美国白人老夫妻。那时候的壮壮才12岁，就和老爷爷聊得飞起，我都有点跟不上节奏。老爷爷明显是逗他，一脸狡诈地问："你看不出来我是从哪里来的，对吧？"壮壮笑了笑，随后一本正经地摇着头说："看不出来，绝对看不出来！"然后两人都哈哈大笑。我一时没理解两人在说什么，就像很多人看情景喜剧 get 不到笑点。又过了一会儿，我忽然发现，老爷爷穿着的 T 恤上，赫然印着美国一个州的州名。不由得感叹壮壮的反应真是太快了，什么笑话都能接住，与外国人谈笑风生，比我厉害多了。

有一次，我和壮壮坐火车去哈尔滨探亲，卧铺车厢一共四人，我们对面是一对来自哈尔滨的老夫妻。他们的票有一个是上铺。壮壮主动说：如果他们不方便爬上铺，自己可以和他们换。把老夫妻感动坏了，连连夸赞他，一路上相谈甚欢。还有一次也是坐火车，壮壮发现坐对面的大妈拧不开瓶盖，就提出帮忙，一把就给拧开了，大妈乐得直向我夸奖"还是生儿子有用"。在与陌生人的相处中，壮壮总是笑眯眯的，善解人意、讲礼貌，又擅长聊天，讨人喜欢。

壮壮还有一个法宝，就是记住每个认识人的名字，打招呼的时候称呼人家的名字。这在刚认识的时候特别有效。当别人发现，只见过一次面的壮壮，已经记住了他的名字，就会对他有亲切感，有利于进一步交往。在遇到一大帮人的时候，壮壮也与人一一打招呼，亲热地称呼其名字，不会漏掉人、忽略人，也不会叫错人，这显示了对人的尊重和重视，所以他能跟很多人维系关系。

4）如何帮助害羞怕生的孩子

如果孩子是害羞、怕生的性格，怎么办呢？我个人的沉痛经验是：家长千万不要打击孩子，对外人说出"这孩子不会说话""认生""胆小"等为孩子下定义、贴标签式的话。这种评价会给孩子造成毁灭性的打击，让孩子彻底放弃努力（比如说我小时候）。而应该这样做：

◎做榜样：给孩子示范社交生活的乐趣，带孩子参加集体活动。多带孩子去户外，带孩子跟其他人一起玩，见识多的孩子不会过分认生。家长自己以身作则，对所有人都有礼貌，打招呼，说谢谢，孩子会模仿我们的态度和行为。

◎充分准备：和孩子玩角色扮演游戏，预演和陌生人的见面场景，事先教他怎么说；鼓励孩子和成年人交流时进行眼神交流，面带微笑。

◎有同理心：如果孩子一时没有做到家长的要求，要给予孩子同情与理解，要有耐心。可以说"有时在刚开始的时候，我也觉得不好意思""我知道你不喜欢吵闹的环境"。不要强迫孩子变得活泼外向，也不要逼着他和人交流。而是表扬哪怕是

做孩子最好的成长规划师

> 微小的进步，如孩子笑了一下，看对方的眼睛了，主动道别了，都要高兴地肯定说："你今天进步了！"
>
> ◎多鼓励：参加完聚会后，和孩子及时"复盘"，注意不要批评，表扬他做得好的地方，提帮助性的建议，如"下一次你要是笑一笑就更好了"，并加以鼓励，引导他在社交场合不断进步。

如果看到孩子很想加入其他孩子的游戏，又不知道如何加入，也要练习。和你的孩子一起观察游乐场上的小孩，帮他挑出看起来开放友善的小孩，告诉他那种脸上挂着笑容的小孩是比较容易接近的。预先设想该怎么说，帮孩子打好底稿，再让他自己走向那个小孩，提出"我也可以玩吗？"的请求。

有些不懂儿童心理学的大人，见到小孩总爱"逗一逗"，目的是让孩子着急，或让孩子尴尬，要不就是吓唬。看到孩子着急生气或者害怕，这些大人就高兴了。比如在壮壮4岁的时候，壮壮的堂哥就笑嘻嘻地讲"大老虎"的故事吓唬他，吓得他直哭。一旦遇到这种情况，家长要制止对方："请不要这样逗他！"如果不杜绝那些貌似友善实则残忍的"逗"，对孩子就是一种伤害。总是这样被逗，孩子会对他人失去信任，产生严重焦虑和社交障碍。

3. 帮孩子交友

1）组织活动

社交技能需要在和小朋友的交往中体验和学习，想要孩子合群，家长就要帮孩子找第一批玩伴。

壮壮是独生子，为了给他找好友，我从他上幼儿园中班起，就主动联系他所在幼儿园的家长，组织各种集体外出活动，逐渐固定了几家"同玩小团体"。几次活动下来，孩子们成了"发小儿"，家长们也成了朋友。一到周末，我们这个小团体就兴奋地出发，玩遍了北京郊区的山山水水。孩子们拖着木棍子在山上跑，在小溪里捉蝌蚪，在农家乐过夜。一起逛公园，看博物馆，泡温泉，滑雪，吃大餐。在快乐的游玩中，孩子们结下了纯真的友谊，后来他们尽管上了不同的小学、不同的中学，但这五六个孩子仍然每年聚会，已经坚持了十多年。从幼儿园起就体会到了有伙伴的好处，和小朋友们一起度过了那么多快乐的时光，这使壮壮很愿意交朋友，性格非常开朗。

我建议家长积极组织集体活动，让孩子在集体中学习相处。观察孩子在小朋友当中的表现，及时表扬好的行为，遇到困难时为孩子支招，帮孩子交友。如果孩子比较内向，无法长时间与人交谈、对话，可以安排如溜冰、看电影或是参观动物园等活动，这一类的活动不需要太多对话，一般不会成为有社交障碍孩子的负担。不鼓励孩子带电子游戏，屏幕游戏并不是与真人互动，要限制这一类游戏的时间。

2)"见一万个人"

只要有可能，我就带着儿子参加类似同学聚会这种饭局，让他认识各行各业的叔叔阿姨，开眼界。单位组织郊游活动时，我也带着儿子参加，让他认识我的同事。我带他去世界各地旅游，看各种各样的人，体会不同的生活方式。鼓励他多交朋友，跟各年龄段的人、跟不同种族的人交朋友，跟优秀的人学习、合作，把人看作资源。父母的交际圈，其实也是孩子的起跑线的一部分，我们做家长的要有这个意识。

寻找机会，增加孩子跟不同类型的伙伴交往的直接体验。社会是多元的，所以儿童社会化的环境最好也是多元的，有不同的社会经济地位、不同的教育背景、不同的文化氛围、不同的价值观念等。儿童社会化的起点是跟不同类型的儿童交往，即不同的能力水平、不同的性格特点、不同的经济地位和社会阶层的同伴。体验不同阶层的酸甜苦辣，既能增强孩子的社会忧患意识，又增强其社会责任感。有的家长嘱咐孩子"别跟那些不三不四的人来往""跟好学生做朋友"。我从来不设这样的禁忌。儿时的壮壮在小公园里跟打工子弟一起玩，把自己的滑板车借给他们骑。在高中他也有学习不好的黑人朋友，他还给几个打橄榄球的黑人朋友补习数学。

有时，我会带壮壮去见网友和她们的孩子。对于妈妈口中的"别人家的孩子"，搁别的孩子身上，都会很反感，不愿见。但壮壮不一样，他被我的"人力资源论""合作论"影响，不但不妒忌，反倒很欣赏佩服这样的同龄人，非常愿意和优秀的孩子交往、合作。他还引用古训说："三人行，必有我师焉。"

3）示范、分析、演练社交技巧

我经常给壮壮分析我见过的他的同学，谈我对他们的印象和看法，分析每个人的优点和缺点。壮壮说，我的分析使他很受启发。我也分析壮壮，经常告诉他什么事、哪方面做得好。在交友方面壮壮有困惑时，我为他分析什么是真正的朋友——朋友是当你失意的时候安慰你的，而不是取笑你的。当他受到朋友的不良影响时，我提醒他要和价值观相似的人交朋友。

如果孩子有社交困难，建议家长用角色扮演的方式与孩子做游戏，在家中演练社交技巧。如，记住对方的名字，见面热情地打招呼，不要假装没看见；在倾听别人说话时点头，时不时说"嗯"；保持目光接触，看着别人的眼睛说话；学会赞美他人。为孩子示范如何应对讽刺、挖苦、争执，告诉他可以怎么说、怎么做，然后分角色扮演、演练。一旦孩子掌握了技巧，就鼓励、表扬。

引导孩子向不同的人学习，善于发现对方的优点。引导孩子尊重他人，不要因为经济地位或者外表而歧视别人。

4）告诉孩子：热心肠的人朋友多

要成为一个朋友众多、处处受欢迎的人，需要情商高，愿意倾听他人心声；敏锐地体会别人的情绪，设身处地为他人着想；乐于助人，不计较自己是否吃亏。

想要阳光儿子，就告诉孩子，交友不要斤斤计较，得失心太重。以爱心面对世界，世界就会还你温暖。家长以身作则，做个正直善良的人。与人为善，宽以待人，乐于助人，大方慷慨，孩子会看在眼里。

壮壮经常当同学们的"知心姐姐"，安慰那种与家长关系不好的沮丧的同学，能安慰一小时，赶上心理医生了。朋友来借自行车，壮壮会把自己较好的那辆借出去，还教人家怎么换挡，护送到家。壮壮说，正因为他爱帮助人，别人也爱帮助他，他因此朋友众多。他帮学姐搬东西，学姐就把自己以前的历史课笔记送给他，他翻着学霸记得清清楚楚的笔记，心里美得很。学习上有什么问题，也是问一圈师兄学姐，有大把愿意回答他问题的人。

4. 培养幽默感

壮壮是个乐天派，整天笑呵呵的。他灿烂的笑容收获了很多好感和表扬。记得当他还是童车里的小 baby 时，小区里的老人们都认识他，有一个著名的国际友人叫爱泼斯坦，90多岁了，见了壮壮就微笑着挥手。有一个老太太说："我就喜欢这小孩，看着就那么喜性！"

初中时壮壮放学回家，我问他："今天过得怎么样啊？"他的回答经常是"Fantastic！"有时吃美了，壮壮会摸着肚子发出幸福的感叹："啊——这才叫生活！"他对生活超级满意的态度感染着家人，听着洗澡时他大声唱着欢乐的歌，我也不由得高兴起来。朋友看我们一家三口的照片，评论说："你们一家都笑开花了。"我一看，可不是吗，我们仁的笑容是一模一样的——都是那种毫不偷工减料的、露出很多牙齿的大大的笑容。

儿子擅长以幽默化解紧张气氛，让本来剑拔弩张的时刻，化作：扑哧一笑。比如有一次他和爸爸赌气，从饭桌上愤而站起来说："不吃了！"壮爸也生气地说："不吃拉倒。"壮壮拂袖离席而去，到另一个房间转了一圈，又笑嘻嘻地回来了，一边坐下一边说："不能不吃！饿的是我自己。"

我和壮爸都被他变脸之快逗笑了。因儿子的存在，我们家充满了笑声，氛围温馨轻松。

关于幽默感，固然有天生性格活泼的原因，我觉得后天的重视和强化也是很重要的。脱口秀主持人和相声演员台上的妙语连珠，其实是日积月累的有心记录和写稿时冥思苦想的成果。小孩都喜欢看有趣的动画片、节目、书籍，在他哈哈大笑的时候，家长可以提示他一下，记住作者这个幽默的句子和手法。如果孩子在交谈中偶尔幽默了一把，一定要大加赞赏，告诉他这句说得很妙。在听有声书和演说时，家长评论一番，说这个人讲得真好，多幽默啊；那个人讲得不好，死气沉沉没感情没意思，也不开玩笑，让人听得都快睡着了。这样不断地正向强化，孩子就很重视幽默这件事，很重视向这方面努力。他幽默，别人就有回馈，有肯定有掌声，孩子能体会成功，就能正向循环，不断进步。在初中，壮壮为自己的课堂 presentation（当堂演讲）定下的目标是：必须哄堂大笑若干次，必须得满分。

在家里营造轻松好笑的气氛，也有助于培养孩子的幽默感。我和壮爸有时会说一些怪腔怪调的方言来逗趣地表达自己，比如故意说蹩脚的东北话、上海话，制造好笑的气氛。我们也经常互相取笑，比如我说壮爸唠唠叨叨的，像老太太；壮壮出门磨蹭，像大姑娘上轿。壮壮接茬说："对，咱家就你是真爷们儿！"我有一次抱怨肚子疼，他们父子俩夸张地说："别别，这么细声细气的，太不习惯了，你是咱家唯一的男人，还是粗声大气地正常说话吧。"在家里常进行轻松的调侃，使壮壮对开玩笑驾轻就熟，特别善于活跃气氛。别人拿他开玩笑，他也不生气，而是想着怎么机智地回击回去。在学校他的这个特点深受老师的喜爱，尤其是男老师，都非常喜欢他，上课拿他举例讲题、开玩笑，因为知道他不生气。有壮壮在的课堂，就有勃勃生气、欢声笑语，老师纷纷在期末鉴定上写：Pleasure to have in class。

家长还可以借嘲笑自己的缺点，来教导孩子如何自我解嘲。出错时，用幽默的方式取笑自己，帮助孩子看见错误是生活中的一部分，犯错不要紧，从错误中学习，然后继续过日子。幽默可以帮我们换一个轻松的角度去看待事物。

　　壮壮爱讲笑话，但其实他小时候的"屎尿屁"笑话很不入流。我会评价他的笑话，对他无聊的笑话板着脸说："Not funny。"他如果说了真正幽默的话，我就会笑，并说："这句我得记下来，写在博客里。"壮壮参加"希望之星"等英语演讲比赛，在才艺表演这个环节，一律讲笑话。我会积极为他找素材，有一次为了让他练成正宗的东北话，我还让哈尔滨的妹妹和妹夫录音示范，让他一遍遍模仿。最终，他讲的笑话使他晋级决赛，观众都夸"这个小孩幽默"。

　　由于我对幽默的重视和鼓励，壮壮以 funny 定义自己，致力于为他人带来快乐，这个性格特点使他到哪儿都大受欢迎。

5. 学会夸人

　　人人都喜欢嘴甜的人。中国男孩有一个需要提高的社交技巧，就是学会表扬人。其实何止是孩子啊，我们家长里面，有几个是擅长夸人的？

　　而外国人夸人简直太常见了。在加油站，路过的人能冲我一笑，说一句"我喜欢你的裙子"，让我"受宠若惊"。不认识的小学生能主动走向我，打招呼说："你是 Gary 的妈妈吧？我很喜欢和 Gary 在一起，他非常幽默。"让我又惊又喜。我深知这是一种本事，经常鼓励儿子掌握这种了不起的本领。我向他转述每一句我听来的"夸人高招"，对壮壮说的每一句得体的夸人话提出表扬，并鼓励他："再使劲儿夸！"

　　壮壮练就了一手夸人绝技。前面说过，他非常自然地运用"我喜欢你的……"句型，嘴可甜啦。据他自述，他一见到某个印度裔同学，就大声说："你！为什么！这么迷人？！"（Why are you so attractive?）男生笑答："天生的。"这是他俩的见面程序。有一次，我被一个华人妈妈在路上拦住，述说在她家举办的聚会上，她问孩子们："食物怎么样啊？还可以吧？"别的孩子都支支吾吾地嗯嗯了几声，只有壮壮说："非常丰盛！谢谢阿姨！"这个妈妈就因为壮壮说了句"丰盛"，感动地向我表扬了半天，让我直琢磨别的孩子（都是华裔）是多么不会说话呀。壮壮最会夸的领域是"好吃"，那真诚又夸张的赞美，绝对使做饭的人有成就感，劳累瞬间烟消云散。小学寒假去美国插班时，他深受美国寄宿家庭的妈妈喜爱，与他猛夸人家的厨艺分不开。

我们中国的家庭里盛行批评，互相之间的赞赏太少了。家长如果想让孩子擅长夸人，在家里也要刻意地增加表扬的频率。其实，夫妻之间如果能多一些表扬、肯定，能增进亲密关系，也能在彼此的"感情银行"里存款，何乐而不为呢？赞赏孩子，会增加孩子的安全感、归属感、自信，使他更愿意为自己设立较高的目标。

6. 跨文化游走自如

壮壮跟绝大多数中国留学生和土生土长的 ABC 相比，有一个突出的特点，就是他拥有各种族的朋友，不把自己限定在华人圈里。有一次我从一个华裔家长的嘴里听说，她家娃称壮壮为学校"cool kids"（酷小孩）中的一员，不是他们小团伙的，我听出了"羡慕嫉妒恨"。壮壮其实是朋友多、交往广，什么种族的朋友都有。

作为家长，我觉得就得有开放的心态，对各种族一视同仁，对孩子交友不设限。壮壮小时候，我给他找北京的发小，他有邻居好友和公立幼儿园、小学的同学朋友。上双语学校时，他最好的朋友是韩国孩子。到美国后，白人同学、印度裔同学的生日聚会，只要邀请了壮壮，我都把他送去。他在白人同学家过夜，玩儿得兴高采烈。他和印度裔同学组队参加科学比赛。他和犹太裔、东南亚各族裔、黑人同学也挺要好，当然交往最多的还是华裔。

从小学英语的壮壮，除了有双语交流能力，更具备了一种跨文化交往的能力。他没有了文化方面的禁忌、羞涩、胆怯，也不会像我们长期生活在一种文化中的人那样，把另一些人划分为"外国人"。他更有"世界大同"

四年级的春节假,壮壮去美国插班,在一所私立小学学习了两星期,临走与全班同学合影

观念,在他眼中,人真的都是一种人——homo sapiens(智人)。他区分朋友,看的是"心肠好""会玩"等性格特质,不以族裔和文化画地为牢,这真的是一种令我羡慕的素质。

7. 活泼外向

2003年,我带国内英语辩论赛的获奖队,参加在南非举行的世界大学生辩论赛。在舞会和聚餐等社交场合,来自国内大学的四个男生,不会跳舞,靠边站,说话声小、腼腆、内向、放不开,很难与其他国家的学生打成一片。十几年过去了,这种闷闷的男孩,仍然是中国学生的主流。

跟这些男生相反,壮壮嗓门大,活跃,每次露营(camping)或看校队比赛回来,嗓子都喊哑了。虽然不太会跳舞,但夏令营的老师写道:Gary跳得嗨翻天。高一时,刚学会弹吉他,就背着吉他去学校嘚瑟,不但在班里（home room）唱歌，竟然还去了其他班弹唱，就这么脸大！美国学生爱夸人，收获一大堆夸奖，还引发了大合唱。有同学对他说：You make my day! 美得呀，回家说起来，还合不拢嘴……他可一点儿也不腼腆。

要养成活泼外向的性格，就要让孩子觉得社交很容易、很友好。出头露面并不可怕，还会收获赞赏，是件很爽的事情。

为了锻炼社交，家长除了经常带孩子跟小朋友们游戏，促进与同龄人的交往，还应给孩子创造与成年人直接对话的机会。不知大家注意到没有，成年人常常当着孩子的面，问家长问题："他喜欢去幼儿园吗？""幼儿园伙食怎么样？"在这个时候，家长可以指着孩子告诉问问题的人："你问他。"或者对孩子说："阿姨问你在幼儿园吃得好吗？"让孩子参与到成年人的谈话中，尊重孩子发表的意见，让他觉得他也是有尊严的沟通对象之一。这样从小锻炼的话，孩子就勇于社交，乐于社交，擅长与人对话。

家长也要多多创造让孩子表现自己的机会。在家的时候，可以让孩子给长辈们表演节目，表演之后大家热烈鼓掌鼓励。在壮壮上幼儿园的时候，我给他报过戏剧表演班。在他学英语的过程中，也经常有表演英语小剧的机会，他当过演员，也当过解说员（narrator）。在希望之星英语大赛中，他登上过千人观众的舞台，也对着摄像机表演过。我还曾让壮壮做PPT，在公立小学的英语课上给全班同学做报告。这些锻炼使得他到三年级的时候，就对人前讲话、当众表演完全不怵了。

家长也要以身作则，让孩子看到自己在台上表演、把大家逗笑的样子。壮壮9岁时，我们全家在奥兰多环球影城旅游，我曾被叫上台表演节目，下面是当时写的游记：

……到了锯胳膊的环节，男演员说：I want to find a woman whose family no longer wants her. 然后他就满场巡视了一番，说就是你吧，the lady in ecological green, 天哪，指的就是穿绿衣服的我！（坐第一排真的很容易被请啊！）于是我成了"很可能是在奥兰多环球影城第一个上台表演被锯胳膊的中国大陆来的人"。

男演员问我叫什么，从哪来，让我表演scream，我喊了一声，男演员不满意,我又提高嗓门叫了一次,观众都笑了。然后男演员掏出很多残肢让我抱着运到一个桌子上,我把胳膊、腿往桌子上扔时,一只会动的手伸了出来,抓我,我吓了一跳。

男演员拿出许多刀来,问我害怕吗?我说不怕。男演员说:Let's wait and see。说胳膊切掉了以后,你还可以这样做饭,然后他表演了一下残疾人的样子。演员给我卷起袖子,让我把胳膊放在铺着白毛巾的托盘里,他摸着我的胳膊,不怀好意地感叹 Ahhh……观众又笑了。然后他就拿刀开始切,只见"血"哗哗地往下流,刀子也入肉了的样子,我一点儿也不疼,都是假的。最后他举起刀来,那个刀有一个弯的弧形口,他说:Made in China。观众大笑。

两个人谢了我,我下了台,壮壮还冲我竖了个大拇指。我以为完事了,谁知男演员把我的名字记住了,表演后段有一个遥控怪兽的环节,又把我叫上去了。给我穿上一个 fancy 的马甲,戴上一个看起来高科技的帽子,把手伸进一个黑套里,说这衣服帽子里面有电流。让我听口令做动作,那个怪兽就和我做一样的动作,好像是个机器人。结果我下台后,怪兽就追着男演员满场跑了。如此我上了两次台,面对几百美国人一点儿也没紧张,也算是给儿子做了个勇敢的榜样。

三、如何培养一个人见人爱的"面霸"?

关于亲和力在实际生活中的作用,我请大家看两篇文章。第一篇是我在壮壮高二时的记录:

我研究了壮壮所在的校辩论社领导班子换届选举结果,高四毕业,高三换血。看到韩裔高三男生 N 几乎什么也没捞着,只当了个安慰性质的

"外联部长"，有点吃惊，问壮壮是怎么回事。壮壮曰："他不受人喜欢呗。尤其现在辩论社里高一新生多，高一的都不太喜欢他。"这个N曾是公共论坛式辩论的队长（captain），管理四十多人，分组、上课、报名参赛、赛前演练，事无巨细安排得井井有条，显示出强大的管理能力。另外他是辩论夏令营的主讲，还曾在自家豪宅里，承办了多次辩论社成员聚会，可谓出工出力，我还以为他能升任主席（president）呢。可见，在一人一票的民主选举制度下，"能干肯干"并不是决定因素，"讨人喜欢"才是。N为人比较高冷，我听搭我家车的高一女生说过"怕他"。再想，三届辩论社主席，都是笑容甜美的华裔女生。看来，能不能笑脸迎人、给广大群众以和善可亲的印象，是在高中社团里"叱咤风云"、拿到领导岗位的关键。

第二篇是我在网上看到的，一个拥有名校学历的华人女孩的求职感想：

一个华裔"模范生"从切身经历谈起

我面试了18位行政长官，我觉得做得比较顺利，当我得知很多行政长官对我的评价比对其他同僚差的时候，可以想象我的失落感有多沉重。对一名注重分数的华人女孩来说，这相当于得了"不及格"，对我来说是毁灭性的。我已经做了父母、老师和导师建议的所有事情，怎么会"失败"呢？真相很伤人。

从一些面试过我的公司老板那里得到反馈，我经历了一个痛苦的过程。我了解到，夸耀自己的成绩和学历并不能使我成为更有吸引力的求职者。事实上，这可能会被视为骄傲和精英主义。我了解到，我在与人交往时不太自然，有点像"机器人"，"缺乏亲和力"。我曾经认为，闲聊和谈时事没什么意义，我想直接进入工作话题。但我从来没有想过，这些轻松的对话可以增进人际关系，从而促进团队合作。我意识到，团队合作在学校里并没有被强调，学校里的态度往往是"人人为自己"。事实上，在学校我们经常互相竞争，争着拿最好的成绩和最好的工作等。这种对待他人的态度，显然不能培养团队精神，而团队精神是在职场上取得成功的关键因素。

最后，我学习到为他人着想的重要性。当有谁像我一样，以目标为导向时，有些人可能会把我们看成是一个为了完成任务不惜一切代价的人——哪怕是以牺牲他人为代价。虽然我曾经把这种成功之道看作是积极正面的，但我现在意识到，如果你不带着大家一起干，事情就做不好。这是一个从"如果你想把事情做好，就得自己干"转变到"如果你想走得快，就一个人走，但如果你想走得远，就得跟人一起走"的心态。我不得不改变我处理问题的方式，让别人也参与进来，这对我仍然是学习的过程。但是，我知道，这种协同合作的态度会帮助我们大家走得更远。

我的父亲从台湾移民到这里，在密歇根大学获得了机械工程博士学位。成长期间，我一直知道他是一个非常聪明能干的人，所以当我得知他的白人同行会在管理和领导岗位上超越他时，我总是很惊讶。他也从不理解，因为他认为自己的技术专长更强。是不是因为他是华人，英语又不好，所以他错过了升迁的机会？也许是吧。另一个原因也许是他从来没有重视过社交技巧。是的，我相信努力对找工作确实有很大的作用，但我现在看到的是，团队合作、建立关系、懂得处理人际交往等软技能也能让一个人脱颖而出，帮助人们在职场上更上一层楼。

我认为，高等教育如果不教授、强调或奖励团队合作与社交技能的话，它就对不起学生。事实上，这个教育系统鼓励个人成功超过帮助他人。学术界可能会认为，在期末考试期间选择和朋友去看电影而不是学习是"偷懒"或"懒惰"，但事实证明，从这种经历中获得的友谊与社交技能，分量要超过考试成绩。当然，毕不了业也不是办法，但需要有个平衡。我现在相信，学历有助于求职，因为一个人已经达到了最低的教育要求；但我同时了解到，在找工作的过程中，你的人际关系网比什么都重要。事实上，我的所有工作都是通过我的人际关系网找到的。我知道这不是必需的，但拥有这个人际关系网肯定会有很大的帮助。

就像一位前老板曾对我说的："我更愿意雇用一个加州州立大学（Cal State，不是UC）的学生，他们很容易合作，而不是一个认为自己比他人更优秀，却连复印都不会的斯坦福毕业生。"现实是，"能做"的态度让你走得更远。我明白，这些软技能在与人打交道的职业中，例如政府工作和政治上等，尤为重要。或许不是每个人都会同意这些建议，比如说，对工程师而言这些建议可能就不适用。不过，我相信这些"人际关系技能"，加上勇气、决心和毅力，与名校的好成绩同样重要，甚至更重要。

从这两篇文章中，我们可以看出，亲和力、人际交往能力对于在高中社团担任领导岗位、求职面试，都是特别重要的软实力。

我培养孩子的目标之一是想让孩子成为"面霸"。这个面，是面试的面。所谓面霸，就是凡求职面试都过，没有不成功的。向这个目标努力，以这个目标倒推需要的面貌和能力。

比如，面试时给人的第一印象要好。需要有令人欣赏的外貌、风度和礼仪。我觉得一个18岁的男孩，如果能兼具东方的儒雅和西方的热情，那一定很有魅力。重视健美，打造令人赏心悦目的形象。衣着重视全身颜色搭配，体现个人审美。再倒推，从小养成讲卫生的好习惯，每天洗澡，每天换衣服，保持清爽干净的形象。

礼仪能赢得他人好感。亲切友好、礼貌大方、说话得体这些特点会令人如沐春风，人见人爱。为孩子树立可以学习的榜样，为他分析榜样是如何说话的。肯定他做得好的地方，及时总结鼓励。告诉孩子人脉是资源，多认识人，多结交有成就的成年人，开阔眼界。与孩子多讨论社会现实问题，鼓励孩子深入社会，理解人性。扩大知识面，参加辩论训练，练习什么话题都能侃侃而谈的能力。告诉他跟老师相处的最高境界，是让每个老师都愿意给你写推荐信。总之，就是要成为一个有魅力的个体，要有软实力，将来做人人都喜欢的"面霸"。

目前壮壮正按部就班地为成为"面霸"积累经验。从初中起，他跟陌生人在正式场合见面，就一一握手，擅长说破冰、攀谈、感谢的话，礼仪无可挑剔。壮壮说，他摸到了见什么人说什么话的门道，对老师、对同学，用词都不一样。对老师，用词要更正式。他跟老师的关系都很好，一些原本就幽默的男老师格外喜欢他，爱和他开玩笑。高中数学老师说他有

big personality，我问壮壮这是什么意思？他回答，就是人们很难不注意到这个人的存在的意思。有一次壮壮迟到了，数学老师走进教室，发现教室里很安静，没人在上课前说笑，就奇怪地问："今天怎么回事？Gary 没来吗？"2020 年疫情期间，在家上网课，壮壮积极发言、活跃课堂气氛的作用更突出了。因为其他同学都躲在屏幕后面不爱发言，壮壮几乎包揽了课堂对话。他幽默的发言，逗得女老师和同学们哈哈大笑，拯救了枯燥的网课。老师给他"发言附加分"，使他的成绩超过了 100。从高二起，壮壮担任学校辩论社的议会制辩论队队长，每周给队员讲课，组织模拟训练，组织报名参赛，充当了老师和领队的角色。高三时，壮壮加入了学校商业社团 DECA，担任领导岗位，为该社团招收四十多人，组织同学参加商赛，因为表现出色，升任社团主席。他还计划在高三期末竞选学校另一个百人大社团 Link Crew 的主席，进一步锻炼为人处世、待人接物的能力和领导力。

四、关注中学生的社交

在这一章的开头我曾提到，我国中学生普遍不与成年人说话，在社交场合保持沉默、一副忍受无聊的样子。在我到美国之后，发现很多白人、印度裔、菲律宾裔的孩子，都能较为得体地与成年人沟通，即便是内向型的孩子，也有礼貌，会感谢，会寒暄。反之，华裔孩子即便长在美国，也有一大半的概率，长成不会社交、不愿和成人说话、不会笑、不讨人喜欢的年轻人。

我认为，中国家长对孩子如何进行社交、以积极的心态融入成年人的世界引导不足，鼓励不够。好像孩子会学习就行了，能和同龄人说话就行了。待孩子毕业进入社会，期待他突然就会社交了，会微笑了，受长辈喜爱了，侃侃而谈了，八面玲珑了？——那是不可能的。硅谷码农被困在技术岗位升迁无望、华裔男孩在婚恋市场最不受待见说明了一切。

中国家长对如何把孩子培养成为一个"有魅力的个体"关注不够。如果说人有硬实力和软实力两项素质，家长们普遍把关注点放在学业这个硬实力上。对形象、气质、谈吐、亲和力、合作能力这些软实力缺乏关心。我见过的一个极端案例：孩子胖，不管；体育差，不管；脾气暴躁，不管；不会说话，不管。这孩子以后怎么找对象，怎么找工作？他会不会处处碰壁？他能过幸福的人生吗？再看华裔男，在美国婚恋市场处于底层，社会固有偏见是不健美、没有魅力、无趣不会玩的书呆子。是偏见吗？关键连我这个本来挺富有爱心包容心的老阿姨，都对这些不理我、视我为空气、不给我好脸的小年轻喜欢不起来，何况其他人。所以，我们家长一定要关注孩子的社交问题、为人处世问题。

我曾在微博上问大家中学生不爱说话的原因，读者们回答说，有以下这些原因：

◎因为孩子一开口就被家长怼。我就是这样被怼大的：大人说话小孩不许插嘴。当然，他们这些话不会当着客人的面说出来。

◎小时候我爸爸最常对我说的一句话就是："你吃我的穿我的用我的，在这个家你没有资格说话，轮不到你说话。"

◎中国家庭内部更多的是权力关系，孩子容易遭到打压，没有活力，也不被鼓励活出生命力。

◎感觉国内从小学高年级到高中的孩子都明显对与大人沟通不感兴趣甚至抵触。低龄儿童还会对大人本身及大人聊天的话题有点好奇，会有参与询问。大一点的孩子会变成"我对你们不感兴趣，你们也啥都别问我"。大人总提孩子不想聊的，孩子感兴趣的都是不务正业，说啥都是为了教育孩子听话。

◎没办法，家长一言堂，脾气大，沟通主要靠骂。

◎因为他们本来不想参加这个聚会，是被强迫来的，如果可以他们宁愿不来。有的人天生不喜欢和不熟悉的人打交道，宁可自己安静看书，一些社交在他们看来是浪费时间。

◎我青春期时也是不爱跟大人说话，不喜欢待在一起，能回避就回避。男人们说的话我又不懂，女人们讲的八卦我又不屑。所以就有了隔阂。

◎神采飞扬的精神面貌，背后一定是爱的支撑。

◎我觉得好像是生长发育的阶段性问题。年龄小的时候觉得跟父母在一起有意思，年龄大了和父母思维能对等讨论。初中最不爱跟父母在一起，这时候不服你又说不过你，不喜欢你那套又不得不依靠你。

◎看电视剧里，日本韩国的年轻人也有同样的问题：内心看不起成年人。

◎相当一部分中国人，潜意识里不认可八面玲珑、热爱社交，甚至认为是个负面的品质。

◎我们没有这个教育，国外是贯穿到骨子里的，如果有很多相关的书，幼儿园也教育这些就会好很多。

◎家长们觉得孩子大了自然就会了，啥也不用教，不会是孩子不争气。

◎感觉主要是家庭和社会文化共同示范的问题，好像美国的成年人对比中国的成年人，在社交这件事上开放程度不一样，行为方式也不一样。实话实说，我遇到很多华人男孩子，都不会跟人打招呼的，完全不说话。国外的男孩都是特别有礼貌的。

◎我认为跟青春期无关，跟孩子的阅历有关，这个年龄段孩子的阅历主要体现在有阅读、有思想、爱思考，对发生在周围的事物感兴趣且话题广泛，这都是我们大多国内孩子所缺乏的。很庆幸我家12岁娃没有走进这怪圈，每次聚会跟壮壮一

◎样皆能表现得体，让客人如沐春风。

◎以我个人的判断，跟青春期有很大关系。我身边的孩子也这样，从小时候叽叽喳喳、爱热闹、好奇心强、乐天派，长大变成了忧郁的紫丁香。当然，青春期只是一个引子，跟家庭教育、学校教育也是分不开的，人是生活在社会中。

◎与青春期和教育环境都有关系吧，各占50%。除却青春期的因素，有些孩子是被关闭在课本里的，因为时间有限，要出成绩，若不是智商超群，被关闭在课本里的概率比较高。教育环境里缺乏集体项目的活动和协作，缺少与非同龄人的沟通，也是个因素。

这些读者说的原因都很具有参考性。我们家长可以引以为戒。

既然我们认识到了社交能力是成功的必需，而社交能力可习得，主要靠家庭的培养，那我们就带孩子多参加各种社会活动，让他进行社会实践，教导他如何在成人的世界里生存。在家多向孩子传授经验，告诉孩子如何和不同的人打交道，如何维护个人的合法利益，帮助孩子在走上社会以后，游刃有余地穿梭在各类复杂的社会组织之中。

让孩子练习与成年人沟通，可以从家族内部开始。不要放任他在每次家族聚会时都埋头玩手机，引导孩子先与家族内大他10岁左右的年轻人对话，了解刚入社会的年轻人的求职、工作和生活，了解当下社会的种种情况，积极地寻求信息，练习社交。掌握这些信息，有利于指导孩子今后的学习，找到奋斗目标。如果想做得更好，家长可特意为中学生找一个身边能模仿、能当顾问的榜样，即《养育男孩》里说的mentor（导师）。这种能沟通的榜样，会引领中学生的奋斗目标，为学习提供自驱力，让他开始规划自己的人生。如今的留学生在申请大学时纷纷高薪聘请顾问，其实每个中学生都需要一个顾问，帮助他在18岁时真正地成人。

第五章

积极的心态

一、培养孩子的成长型思维

让孩子成为乐观向上、朝气蓬勃的乐天派，有积极的、终身成长的心态，第一条就是培养孩子的成长型思维。所谓成长型思维，就是认为自己的能力是可以通过努力来提升的。拥有这种思维的孩子会把挑战视为学习的机会，即便遇到了挫折也不会放弃，而是不断地学习，发展能力，他的目标是终身成长，成为更好的自己。

与成长型思维相对立的，是固定型思维模式，即相信人的智力、个性、能力等是固定不变的，聪明的人是天生的，自己不聪明的原因是爸妈没把自己生聪明。觉得自己没有数学天赋，没有画画天赋、体育天赋等，都是固定型思维。拥有固定型思维模式的孩子，做任何事首先想到的就是行还是不行，输还是赢，这样的孩子不敢尝试新的事物，不敢于接受新的挑战，遇到了挫折就会痛苦。

经常有父母课堂这样告诫家长：在表扬孩子的时候，一定不要夸他"聪明"，而是要夸他"努力"。不要夸他成绩好，要夸他为了准备考试而付出的努力。有一个著名的实验，研究人员将4岁的孩子分为两组，一组事先告诉他们"你很聪明"，而另一组告诉他们"你很努力"，然后给出一系列不同难度的拼图游戏，让他们自由选择。结果发现，"聪明"组的孩子都表现保守，倾向于选择相对简单的游戏，而"努力"组的孩子则倾向于接受挑战，选择相对更难的游戏。为什么会这样呢？当夸孩子聪明的时候，很多孩子会放弃有难度的事情，因为可能会导致失败，他们怕失去"聪明"这个标签。

《终身成长：重新定义成功的思维模式》这本书里面有一段关于大脑的描述："新的研究成果显示，大脑更像肌肉——它会发生改变，而且你越使用它，它就变得越强壮。而且科学家已经证实，当你学习的时候，大脑会成长，会变得更强壮。"也就是说，越学习，大脑越发达。孩子越是相信能力是可以通过努力和坚持培养起来的，就会越不怕失败、勇于尝试。拥有了成长型思维的孩子，无论做什么都更容易成功。

那么，如何培养成长型思维模式呢？除了表扬"努力"，让孩子明白通过努力自己可以越来越进步，还可以在日常生活中，引导孩子这样想：

与其这么想……	不如试着这么想……
我不擅长这个	我还缺少些什么？
我放弃	我再换一种策略
够好的了	这是我最好的表现吗？
我也就这样了	我永远都可以做得更好
太难了	这件事会花费些时间
我犯错了	错误能帮助我学习
我干不了	我要训练我的大脑
我永远也不会那么聪明	我要学习如何干这件事
A 计划行不通	永远有 B 计划的
我朋友能干这件事	我要向他们学习

也就是说，培养成长型思维，是让孩子这样看待问题：我将来一定会比现在更好；我能从错误中学习；我能学任何我想学的东西；别

人的成功能给我带来启发；努力和态度非常重要；我要终身学习，挑战自我……

培养成长型思维，家长要注意强化孩子积极的、正向的心理体验。让他有这种心态："嗯，我很能干，这件事我干得很好！……这次这一点还不够好，我换个方法重新试；试了几次之后，我成功了，耶！"让孩子在一次次"努力后达到目标"的过程中，充分感受自己的学习力，体验到自身的力量，体验成就感和掌控感，从而建立起强大的自信。有这种自信作为基础，就可以在下一次面临困难和挫折的时候，提供强有力的支撑，让孩子可以就事论事，把注意力集中到分析困难、解决问题上，而不是归咎于"我不行"。这样，孩子就不轻言失败，愿意多次尝试，寻找方法，克服困难，不断提高，达成目标，于是再一次体验"我可以！"继续增强信心，良性循环。

壮壮在打篮球和辩论的过程中，经常遭遇失败。我和壮爸总是从"努力不够"角度帮他找原因，鼓励他继续练习，多付出时间。对他说："那些发挥好的选手，背后肯定付出了更多的时间和努力。"壮壮接受了这种思维方式，输了比赛时，自己就检讨说："今后我得多练。"

壮壮从小擅长文科，对数学兴趣不大，不求甚解，不肯刷题，成绩忽上忽下，不稳定。高二学微积分时，一开始测验得了几个低分，影响了GPA。16岁的壮壮仿佛一夜之间长大，自己认识到问题的严重性，开始很卖力地复习、刷题，经常学到后半夜。在老师的答疑时间，勤找老师问问题。后来他在AP考试中得了5分满分。这样的经历使壮壮树立起了"我虽然不聪明，但我能靠努力取得好成绩"的强大心态。待到高三学AP统计学时，小测验也认真对待，成绩一直保持在A。壮壮激励自己说："别人学1小时，我就学3小时。"

作为家长，推自己，和孩子一起成长，不断提高，就是在以身作则地示范成长型思维模式。为了给儿子树立终身学习的榜样，我从没停止过学习。儿子学到哪儿，我就研究到哪儿。比如，壮壮从事的议会制辩论，对辩手的知识储备要求极高。辩题无所不包，很难预测会碰上什么话题，政治、经济、外交、教育、人权、环境、贫困……全靠平时积累。为了能辅导儿子，也为了能当议会制辩论的合格裁判，我大量阅读政治、社会类文章，每天看新闻时事。生孩子前，我是一个不关心时政的普通人，通过陪伴儿子成长，我自己也成长为一个知识丰富，博闻强识，讲求逻辑、统计数据与证据的辩论裁判。听以英语为母语的学生们辩论，当场填表打分，写输赢原因，也让我进一步提高了英语听力和写作能力。我经常对壮壮说："我要终身学习，争取老了也不被社会淘汰。老年的我会比现在的我更睿智、更有见识。"家长跟孩子一起学的例子很多，比如我的同事，为了辅导孩子弹钢琴，自己先练起了钢琴。有的家长能够陪孩子学奥数、练体育。我养育了孩子，才去研究英语启蒙、心理学、医学等领域，写了两本关于英语启蒙的书，现在又在写关于育儿的书。

二、养出自信的孩子，家长需要这么做

1. 给孩子自主权

让孩子的决定生效，能够培养出自信心。从小给男孩一些自己决策的空间，让他有"我说了算"的感觉。权利和自立会让孩子感到自信满满。让孩子决定压岁钱如何花，小的时候挑玩具，大了以后自己买衣服，初中以后让他自己进行时间管理。家长不要去检查每个细节，不要挑剔每个结果，让孩子慢慢懂得为人生做规划。让孩子掌控自己的人生，对自己的人生负责，是我们的养育目标。

研究表明，有权参与家庭决策的孩子，会更信赖家长，乐于分享自己的想法。他还会对自己感觉良好、更喜欢学校，喜欢更富有挑战性的任务。如果自主权足够充分，他会在教训中懂得趋利避害，不去招惹是非。小时

候受家长鼓励独立自主的孩子，上大学后会比同龄人更自信。

男孩的自信心还来源于生活自理能力。生活自理能力的培养，并不是什么鸡毛蒜皮的小事，它关系到孩子将来的生活是否舒适，也关系到孩子自信心的有无。具备生活自理能力的孩子，什么事情都会做，什么事情都难不住，他的自信心就会很强。这种自信心还会迁移到学习和工作中去，使他将来的工作富有成效。而缺乏生活自理能力，事事不会做、处处有困难的孩子，不仅生活上会遭受许多磨难，还会逐步滋长自卑心理，以至于在学习和工作中也觉得自己处处不如人。

让孩子有"我觉得我可以，我觉得我行"的心态，在心理学的表述叫"自我效能"。自我效能意味着相信自己有能力完成任务、实现目标、把控局面。自我效能的建立取决于童年时期有反复试错的机会。如果家长过度帮助，过度保护，过度指导和过度关怀，就剥夺了孩子建立自我能效的机会。这么做的家长实际上给孩子传递了一个信号："嘿，孩子，没有我你什么都干不成。"孩子要建立自我效能，就需要为他自己的人生做更多思考和规划，亲身体验做决定、试验、犯错、应对困境等过程。

想要孩子自信，就不要否认孩子的感受。有一种冷叫"妈妈觉得你冷"，这在心理学上叫否认感受，我们不应否认孩子的感受，因为感受是孩子内心自然产生的，没有对错。我们可以规范孩子的行为，矫正孩子的想法，但是对孩子的感受，只有接纳。接纳之后再解决问题，也会更容易。家长总是否定孩子的感受，他就会琢磨自己是不是不正常、有问题，这会导致他压抑自己的感受和想法，怀疑自己的价值，进而导致他不够自信，无法形成独立的自我，以后会出现两个极端，要么在心理上彻底依附父母，要么产生更多的叛逆行为。

想要孩子自信，就不要总否定孩子的行为。有的家长经常脱口而出：别碰那个杯子，不要跑，不要洒了……孩子听了一箩筐的"不"。如果伴随着设限而来的，还有家长的愤怒和攻击孩子的负面批评，孩子除了有做错事的感觉，还会产生一个痛苦的认知——"我有缺陷"。这种觉得自己不够好的想法特别顽固，会持续整个童年，甚至会被带进成年。长大了的男孩会难以应付亲密关系，觉得自己毫无价值，即使迎来人生的成功，也难感到满足，没有幸福感。

孩子需要父母的关爱、尊重、倾听、鼓励和支持。如果孩子能够确认无论他是什么样子，父母都一成不变地爱着他，那么他就获得了最牢固的安全感；如果孩子能够确认，父母永远鼓励他自由地探索世界，接受他的独立性，支持他解决问题，那么他就获得了最坚实的自信心。

2. 不满6岁不要提前上学

要培养男孩自信，就不要让男孩在6岁之前入学。《养育男孩》一书中说：给男孩最好的礼物是晚上学一年。畅销书《异类》里说，优秀运动员出生年月都集中在年初的几个月（按自然年入学的地方）。月份小的运动员在起步阶段就被淘汰，丧失了表现机会，真正"输在起跑线上"。有些家长事事怕自己的孩子落后，希望孩子学什么都比其他孩子早一点，"抢跑"，靠早出发先声夺人。只是，如果孩子因自然发育的原因，比大一点的孩子学东西慢，进而觉得自己天生不如人，丧失了信心，这岂不是弄巧成拙吗？

几乎每一位儿童发展权威都承认，现在的学校并非为满足男孩的需要而设立，尤其小学课堂，是不适合男孩的气质和学习方式的。男孩在6岁时发育一般比女孩滞后6个月，这使他们中的许多人对安静地坐着、用纸和笔做作业、应付突如其来的压力感到难以适应。太多男孩起步就不顺，进而导致觉得自己笨。男孩对忍受长时间的安静、禁止喧闹、一切都有严格的约束感到极其痛苦。他们渴望奔跑、跳跃、摔跤、欢笑和攀爬，而学校体系对这一切都不容许。

男孩在适应学校生活的过程中，要比女孩经历更多困难。有学习障碍的男孩比女孩多6倍。男性身上的睾丸素（雄性荷尔蒙）为女性的10—20倍，这解释了为什么男孩在教室里"如坐针毡"，扭来扭去。另一种荷尔蒙血清素的作用是使情绪平静安定下来，如果睾丸素是赋予大脑力量的

"汽油"的话，那么血清素的作用就是降低速度，帮助人掌握方向。女性身上拥有的血清素比男性要多。

男孩的大脑发育较女孩缓慢。因此，男孩不仅难以控制自己的行为，语言表达上也不及女孩。男孩的耐久力较女孩差，注意力持续时间比女孩短，做事也更毛躁，经常没听清指令就行动，因而错过很多重要步骤。男孩在读写能力上发育比女孩晚，5岁男孩的大脑语言区发育水平只能达到3岁半女孩的水平。在阅读方面，男孩会3倍困难于女孩。

在整个小学阶段，男孩的生理发育总体落后于女孩。在动作发展上，男孩的精细动作协调能力差，手工是男孩的弱项，扣纽扣、系鞋带、拿剪刀这样的动作显得笨拙。男孩经常会因为书写差而失去信心，家长要多鼓励，让他们多拿铅笔或彩笔涂涂画画。量化研究指出，到11岁时，男生口语能力、读写能力、计算能力的发育水平分别比女生晚11个月、12个月和6个月。不仅如此，他们无法集中精神，不能老实坐着，在发音的准确性和流畅性上也不如女孩。一直到青少年晚期，男孩的生理发育才能赶上女孩。但问题是，很多男孩在这之前已经对学习丧失了信心。

孩子上小学后，最感困难的家长就是8月份出生的男孩的妈。因为孩子在班里年龄最小，又是男孩，在小学的前三年，会大概率落后于同学。男孩的妈们要做好心理准备，全力帮助儿子。

3. 小学阶段，帮助儿子不丧失信心

在小学阶段，女孩全面领先，她们懂事乖巧，守纪律，学习好。而男孩糊里糊涂，连作业都记不清。如果再纪律不好，常受老师批评；学习不好，被扣上后进生的帽子，就会使男孩失去信心，对学习丧失兴趣。作为男孩家长，一定要对小学低年级的打击做好心理准备，同情自己的儿子，接受儿子发育落后、心理脆弱的事实，对儿子学业上的暂时落后表现出宽容和耐心，尽心尽力地提供帮助和鼓励，等待他长大。在小学阶段保护好男孩的信心，是每一个家长的课题。

1）学业方面的帮助

在学业方面，重点培养男孩的语言能力、沟通能力，弥补男孩天生在表达能力上的弱势。要确保语文不落后，从陪孩子说话开始。男孩妈要多陪孩子聊天，注意自己用词的丰富性，天南海北地多说多聊，鼓励孩子发言、提问。经常给男孩讲故事，每晚都亲子阅读，书中的语言是书面语，不同于口语，有助于帮助他积累词汇，丰富表达。学龄前坚持多说多读，会帮助男孩上学后在语言和阅读方面不落后。

从小帮助孩子学习如何表达情绪。男孩不善于察言观色，不善于体会并表达自己的情感和感受。妈妈要通过示范和沟通，引导孩子说出自己的感受，用语言而不是暴力表达愤怒等情绪。亲子阅读有关情商的故事、读后讨论分析故事内容，也是一个帮助男孩学习如何表达情绪、示范如何处理各种矛盾冲突的好途径。

了解并尊重男孩的学习方式，多给男孩创造动手、实验操作、使用计算机、参与体验和实践的机会。男孩更喜欢用动作来学习，可以让他一边走一边背，一边比画一边说。利用散步时间跟儿子沟通，让他讲讲在学校都学了什么，家长随时提供指导和补充。

让男孩爱上读书。阅读能力是学业的关键，抓阅读会极大地改善男孩的小学生活，必须给予最大的重视。给孩子选择课外书的自由，让他从读自己喜欢的书开始，养成阅读的习惯。关注男孩的兴趣点，给孩子荐书。有的男孩喜欢听书，那么就利用碎片时间让他多听。无论中文还是英文，强大的阅读能力会正面影响孩子整个求学阶段和整个人生，可以说只有好处。家长要多学一些关于阅读的知识，比如说分级阅读、适合孩子年龄的畅销书等。

引导男孩练习写作，小学阶段可以让他自由创作，写他喜欢的打仗、飙车故事，给他喜欢的小说写续集。当我读儿子小学期间的英语"创作"时，经常发现儿子会用那么多我不会的动词，男孩真是喜欢动作描写，跟女孩很不一样。当调动起他的写作热情时，男孩会给你惊喜。

2）培养一项特长

每个孩子都需要一项特长，用来建立自信。男孩最好有一项运动特长。男孩天生活泼爱动，而小学通常不让学生课间去室外活动。从生物学的角度来看，男孩一天至少需要四次较为充足的课外活动，但事实上能得到一次就算不错了。学校出于安全和安静的考虑，常常禁止学生在课间奔跑，不让出楼。如果不能获得充分的活动，男孩就会感到厌烦、分心、多动，导致他们没办法认真听课，很难记住和吸收学到的知识。运动是男孩的天性，如果在学校运动不足，家长就要创造机会，让男孩在业余时间多活动，释放他旺盛的精力。帮助男孩养成运动习惯，找到一种能坚持下去的运动项目，如长跑、打篮球、踢足球、游泳等。周末或假期多带孩子进行户外活动，如爬山、远足、骑车等。男孩一定不能宅。

除了必须让男孩运动之外，还要让男孩找到自己的强项，培养一项特长。有特长的孩子，就有良好的自我认同感，有一种"舍我其谁"的独特气质，这种自信会激发孩子的内在动机，令他持续主动地努力进步。每个孩子都有自己的特点和长处，家长要细心观察，帮助孩子发现并确立优势，精心培养，坚持下去，让其成为特长。无论是小提琴，还是游泳、数学，都需要兴趣之上的长期投入，家长要做好坚持十年的准备。

我为小学阶段的儿子确立的特长是英语。英语特长不需要天赋，是一种成功率很高、因而性价比很高的特长。壮壮5岁启蒙，上学前已经能和外教流利对话，看原版动画片无障碍。上学后被班里同学称为"英语大王"，老师同意他英语课不听课，在座位上看英语小说。英语老师还请他帮忙判卷子、给校长当翻译。虽然壮壮的语文和数学一般，在北京海淀区的小学里不算学习好的学生，但出类拔萃的英语给了他自信。转到双语国际学校后，他的英语名列前茅，一跃成为拔尖学生。到美国后，他五年级的英语成绩超过了99%的美国学生，获得了最高分。英语特长使壮壮没有丧失自信，一路健康成长。

3）替儿子扛批评

若儿子属于活泼好动、精力旺盛型，家长要做好在小学阶段挨老师批评的准备。我建议家长替儿子扛批评，不把受老师批评的气发泄在孩子身上。家是孩子的避风港，妈妈是孩子的安全基地。孩子只有在家感到安全，知道妈妈无论如何都爱他，他才能有自信。

在壮壮上小学一年级时，我曾接到老师打来的电话，老师一点儿不客气地说了儿子注意力的问题，还说："你儿子语文和数学都差"，"你们两口子是不是都特别忙啊？"（谴责我不管儿子）我当时在工作单位，听了这些话，心情很糟糕。我从小学习好，活了三十多年，从没被人说过"差"，感觉自尊心受损，心烦意乱一小时都缓不过来，什么也干不下去。但我回到家时，已调整好心情，没有对儿子说什么，只是更尽心地辅导他做作业。

4）成功案例准备一打

家长要记着孩子的成功案例，遇到挫折的时候就搬出来举例，鼓励儿子。例如，"你看，你二年级的时候……遇到了什么什么困难，后来，你不克服了吗？你现在不是做得很好了吗？"这样的案例准备一打，以备不时之需。

用这些成功案例向孩子证明，他可以取得了不起的成绩。也要告诉他，必须要非常非常努力，才能实现目标。不用跟别人比，暂时落后不要紧，自己跟自己比，一直在进步就好。

男孩都本能地渴望赢得妈妈（长大后是妻子）的肯定和赞许，渴望妈妈为他感到自豪。所以我们要用赞许和尊重去激励孩子积极向上，而不能打击他的信心。努力关注他做得好的地方，帮助他认清自己的长处以及天赋所在。赞美要具体、有细节、不敷衍，要让孩子看到我们花了心思，看过孩子究竟做了什么。

三、乐观向上的心态

阳光男孩最让人喜欢的，就是他身上散发的那种乐观快乐、蓬勃向上的气质。我们家庭教育的目的之一，就是培养儿子乐观的处世态度，不厌学，不抑郁，不脆弱，不悲观。

2018年，7500名在校学生的调查显示，51.5%的学生曾出现过抑郁症状，也就是说，平均每两人就有一人抑郁。物质条件越来越好，我们的孩子为什么却不快乐了？心理问题越来越普遍，如何养育乐观的孩子呢？

1. 家长不当悲观主义者

首先，家长不要当悲观主义者，不怨天尤人。心理学家告诉我们：孩子的悲观并非与生俱来，和现实生活环境也并非有直接联系，比如许多人生活在较差的环境里（贫穷、疾病……），但他们仍能保持乐观。更多的时候，孩子是受父母的影响，可以说孩子不乐观，父母有责任。

孩子是父母的复印件，父母有什么负面心态，孩子会模仿吸收。如果我们自己本身就消极悲观，爱担惊受怕，愁眉苦脸，唉声叹气，一惊一乍；在遭受挫折时，沉浸在毁灭性的情绪中不能自拔；面对难题时，试都不试就放弃；对什么事都看不顺眼，抱怨、怀疑、发牢骚……那我们的孩子也很可能会用同样的方式生活。这种悲观的心态，会在生活当中不断重演，成为他终身的心理习惯。好在，凡事有正亦有负，悲伤会被习得，乐观的性格同样能被感染。身为父母，我们虽然无法改变孩子的基因，却能够改变自身的养育方式，帮助孩子避开悲观，从小习得乐观。

乐观的父母向孩子示范正确的归因，比如，他没跟我打招呼——是他没戴眼镜，没认出我，而不是"他看不起我"。我自己年少的时候受母亲影响，挺悲观的，凡事儿总往坏了想。人到中年有了阅历，心理才越来越强大了。壮爸跟我相反，人到中年变成了悲观主义者，我被迫扛起了家里乐观的大旗，与他的论调相抗衡。我深知，乐观的父母才能养育出乐观的孩子。

当妈妈的要情绪稳定，没事的时候不要悲观、不庸人自扰、不多想，做"心大"的妈；遇到事了不慌张，从容面对，冷静处理。比如天灾人祸，由于概率问题我是不怕的。面对2020年的新冠病毒、离家几十英里的山火，我都不恐慌、不惊慌，保持着镇定，当家里的定海神针。我对壮壮说，即使大火烧了房子，只要我们人没事，什么都可以从头再来。三十年前我一个人到北京，只有一个皮箱。我带你从中国到美国，也只有一人一个皮箱。真的，从头再来，只要有一个皮箱的东西就可以。

男孩没有肢体不受伤的。当男孩的妈必须乐观，因为男孩会不停地给你制造麻烦：打球磕破膝盖，摔倒把门牙磕坏了，骑车把胳膊摔骨折了……当妈的都要坦然面对，不恐慌，安慰自己"男孩都这样"，没什么大不了的。膝盖破皮了，贴创可贴；门牙磕掉了，去牙科诊所补牙；骨折了，去医院拍片、打石膏。至于老师和小组长打电话告状，作业没写这样的事，也不值得急火攻心、气急败坏，让儿子补上就行了。淡定，一定要淡定，做家庭的中流砥柱。你处理事情的方法和态度，直接影响儿子的心态和他将来为人处世的风格。比如，由于我的淡定，儿子骨折打完石膏，回家就笑了，还让我给他照相留念。一个外表平和、内心镇静的母亲，在愉快的时候笑容满面，在遇到困难的时候态度乐观，肯定能培养出有自信、抗打击的男孩。

不用悲观性的语言否定孩子、威胁孩子。比如，"真没用，你还能干点儿啥？""不好好学习，将来扫大街去。"——我从来不说这种话。儿子还在上小学时，我就为他找了三个未来可能的职业：英语好，将来能当英语老师；个儿高人帅，能当淘宝男模，拍广告卖个运动服什么的；能说会道，可以当市场推广或销售人员——何至于扫大街呢？我总是对儿子的前途持乐观的态度，壮爸说我"爱做梦"，我不以为然。乐观是一种处世态度，会影响孩子的世界观。拥有"天生我材必有用"的乐观精神和自信心，不是比被一事无成的恐惧所驱动好太多了吗？

2. 警惕习得性无助带来的悲观

"习得性无助"是美国心理学家塞利格曼的研究成果,指当屡屡面对无法控制的事件,或遭受不公正的评价时,人会产生无助感,感到无望和无可奈何,于是放弃尝试,屈服于现状。人的悲观性格形成,很大的原因是"习得性无助"造成的:长期接受负面解释,低成就感、低自尊的孩子会认为"我的努力没有意义""我不行,我放弃"。"习得性无助"跟从小的养育脱离不了关系,大部分孩子的悲观,都跟成长过程中经常遭受挫折和打击有关,跟父母或老师的负面评价太多有关。在遇到新问题时,这种无助的感觉还会扩展到新的情境之中。在学习和生活上问题重重的孩子,也许并非能力有问题,而是一路伴随的挫折感连连,让他们对学习和生活充满了悲观情绪。

那么如何避免"习得性无助",养成"习得性乐观"呢?关键就是帮孩子建立和强化"掌控感",让孩子感觉到自己"有能力""有价值""表现出色",认可自己的行为,建立自尊自信。

家长要让孩子多有"我行"的体验,放手让孩子去做。小时候不喂饭,让孩子自己吃,教孩子自己穿衣服、系鞋带。失败了,对孩子说没关系,再试一次。考试没考好,家长不批评指责,帮助分析错在哪里,找出问题所在,加以练习。下次考好了,孩子就能重建自信。通过帮助和鼓励,真正提升孩子的能力,让孩子获得自己做事的掌控感,有克服困难最终成功的体验,进而获得乐观的心态。

3. 培养乐观的解释风格,让孩子学会反驳悲观想法

想让孩子乐观,要教会孩子积极的"解释风格"。所谓"解释风格",就是父母跟孩子说话的方式。孩子对待事物的看法,是从儿时父母的一言一行开始形成的。父母对于事情发生原因和结果的解释方法,最终构成了

孩子看待世界的视角。父母不恰当的解释，是形成孩子悲观性格的重要原因。同一件事情，不同的解释风格带来的结果天差地别。例如，行走在沙漠中无比干渴的人，发现了半杯水，乐观的人会说："太好了，杯子里有一半都是水啊""我太幸运了，总能遇到好事""我肯定有能力走出沙漠"；悲观的人会说："太糟了，只有半杯水""我太不幸了，总是那么倒霉""我肯定走不出沙漠了"。

《教出乐观的孩子》这本书说，一个人的解释风格有三种维度：

> 1. 永久性，即偶尔 vs 总是
> 2. 普遍性，即特殊 vs 一般
> 3. 个人化，即内部归因 vs 外部归因

悲观的解释风格，自带阴雨天。所有遇到的困境都会被解释为是永久性（永远这样）、普遍性（总是这样）、个人能力无法改变（我做不到）的。如：

> ◎ 我永远也考不好，总不及格，怎么努力都学不好。
> ◎ 我没有篮球天赋，每次比赛都会输，我努力也没用。
> ◎ 被老师批评的总是我，我毫无优点，真是个不可救药的差学生。

积极的解释风格，则是将碰到的困境都解释为暂时的（短期）、特殊的（偶然）、可以改变的（我可以）——"虽然这次发生了，但我很快可以改变。"如：

积极的心态

◎我只是一次没考好，这次是复习不到位，下次更细心就好了。

◎输了一次球，主要是投篮不够准，下次勤加练习就好了。

◎老师批评了我，是我这件事做得不好，我要有所改进才行。

永久性、普遍性、人格化对坏事件的解释风格会加深悲观心态。暂时性、偶发性、对事不对人的解释风格有助于形成乐观心态。乐观的解释风格，会让遇到的拦路虎都变得不带杀伤力，让人有信心去应对。父母就是孩子的镜子，当孩子面临挑战时，父母正向乐观的解释、引导和鼓励，无形中向孩子传递了一个信念：办法总比困难多，所谓的失败，不过是暂时没成功罢了。乐观解释能让孩子更有耐心、勇于尝试、采取积极的行动。事情成功后，家长再通过赞赏强化孩子的成功经验，让孩子拥有更多面对挑战的勇气和信心，进一步习得乐观。

总结说，家长在解释问题时，

◎不要将具体问题在时间上永恒化——你"总是"……，你"永远"……；

◎不要将具体问题在范围上扩大化——你"什么都"……，你"每一样都不好"；

◎不要用具体问题的表现评价整体人格——"这个事都做不好，你是不是脑子有问题，你是个坏孩子。"

家长不悲观，但孩子仍旧冒出了悲观的想法，怎么办？《教出乐观的孩子》这本书说，要教会孩子反驳悲观，让孩子学会自我反驳。当悲观的念头袭来时，要学会质疑，抵制负能量，不盲目接受对自我的低评价，而是将注意力集中在客观事实和解决问题上。

反驳步骤：

第一步：收集证据（引导孩子思考此刻脑中的想法是否带有情绪化色彩）
◎我的想法是真实的吗？
◎我有没有消极解释这个事件？

第二步：做出选择（教会孩子从其他角度来看待不好的事情）
◎有没有看待这件事的其他角度？
◎第三者会怎么看这件事？

第三步：化解灾难（学会正确地评估坏事所产生的影响）
◎最坏的结果是什么？
◎最好的情况是什么？
◎事情往往不是最坏也不是最好，常在两者之间。

第四步：策略（将精力投入到最可能发生的结果中）
◎我做什么最有帮助？
◎我现在能够去做的是什么？

具体怎么反驳，我们来看一个例子。不好的事：壮壮认为他的朋友看不起他，说他打球很烂，不给他传球。

我是这样帮助他反驳悲观想法的：

嗯，他这么说你一定很生气。但除了他还有人这么说吗？没有吧。我觉得你虽然不是篮球队的明星，但是跟普通学生比，你已经是球打得好的了，看跟谁比了。上次你不是说跟班里其他同学打球，独孤求败吗？他为什么说你很烂呢？可能他在气头上，一时气急败坏才脱口而出的。这件事，最坏的结果是他真的看不起你、再不传球给你了，但我觉得不太可能，你们还在一个队里，还需要互相配合，教练也会干涉的。最好的结果呢，是他来给你道歉，我想你一定会原谅他的。不过眼下这两种情况可能性都比较小。现在你们都在生气，他又气性大。就先冷静一段时间吧，过些时候你可以主动找他谈谈。

4. 珍惜生命、自爱

我从小就告诉儿子：对我而言，什么都不如他的生命重要。没有任何人、任何事、任何伟大的口号，值得他付出生命的代价。自从当了母亲，我就成了一个反战的人，我向儿子讲战争的荒谬。我还知道，想自杀的人，但凡周围有一个人能理解他、爱他，他就不会绝望到想死。我对儿子保证说："妈妈永远爱你。无论你做了什么，妈妈都不会停止爱你。你就是进了监狱，妈妈也会去看你的。你永远都可以回到妈妈这里。"

我向儿子表明：他学习是为了他自己，努力读书考大学是为了他自己。父母是对他有期望，希望他过上好的生活，但只要他尽力了，他上哪所大学、走哪条路我们都接受。他来决定自己的命运，父母会永远支持他、帮助他。壮壮从不怀疑父母的爱，我也不逼他达成什么目标，这是我相信他不会去自杀的原因。

新闻里总有这样的悲惨事件：2020年11月，扬州14岁男孩因作业没写完，被妈妈责怪，发生口角，跳楼自杀；2020年9月，武汉14岁男孩因在学校被妈妈当众扇了耳光，从5楼跳下；2019年4月，因为和妈妈吵架，上海17岁男孩跳高架桥，当场身亡；2019年2月，因为和父母吵了几句嘴，郑州12岁的女孩跳楼自杀……中国每年有约10万青少年死于自杀。平均每1分钟就有2人自杀死亡，有8人自杀未遂。这个数据真是触目惊心。我注意到，这些自杀大多与父母有关。

2005年，北京市某区抽样调查了3000多名中学生的心理状况，其中"对待父母的态度"一项中，近七成学生表示"反感父母"或"极度反感父母"。其中，56.28%，也就是超过半数的孩子都投给了最强烈的选项：极度反感或痛恨父母。只有4.75%的孩子表示喜欢自己的父母。也就是说，辛辛苦苦养娃十多年，到了青春期时，只有5%的父母能真正闯关成功，和孩子始终保持良好的关系。这真是个少得可怜、少得可怕的数字。

让我们看一看中学生们反感父母的原因。在这个调查中，近四成的孩子认为父母不是一个很好的倾听者；67%的孩子认为父母总爱拿自己和别人比较；39%的孩子认为父母总在他人面前说自己的缺点。当孩子出现问题时，43%的家长的处理方式是打骂、按家长的意愿来或干脆不管。亲子之间缺乏相互理解和沟通，超过三成的孩子认为父母并不了解自己的真实想法；41.78%的学生说不能达到父母的期望。

中国青少年研究中心副主任孙云晓所做的一项调查显示，中国家长对孩子的学历期待和学习成绩的要求与现实可能性严重脱节，83.6%的中学生父母要求孩子考试成绩要在前15名。如此高的期望和要求，对于大多数孩子来说，是绝对不可能实现的。很多孩子因此成为"失败者"，丧失了自信，陷入恐慌和痛苦之中。父母只问分数，苦苦相逼，孩子难有安全感和价值感，不觉得自己被爱，不知活着的意义在哪里。

家长们要引以为戒。我们育儿的目标是幸福，让孩子幸福，自己也幸福。从调查研究中可以看出，亲子关系恶化是孩子轻生的最重要的决定因素。父母一定要给孩子无条件的爱以及自主权，让孩子有尊严、有价值、有意义地活着。

5. 经常展望未来

想要孩子积极乐观，就要让他相信未来是美好的，他的人生会是美好的。让他想拥抱未来，为未来做积极的准备。

我经常对儿子的未来进行畅想，别的家长说了句"壮壮能当CEO"，我就喜滋滋地跟壮爸汇报，却经常遭受他的打击，说我"爱做白日梦"。

但我也不满壮爸"抓小放大",只顾眼前那点事,却不帮儿子立志,找奋斗的方向,还在生气时动不动说"将来当流浪汉去"。当爹的不管长远规划,我就担负起介绍的任务,经常向壮壮描述各种职业的职责、所需的能力,继而大学学什么专业,高中怎么做,希望他尽早树立人生目标,并为目标做好准备。

婚恋方面我也说得很多,希望在儿子离家上大学之前、谈恋爱之前,把我人到中年的人生智慧倾囊相授,该嘱咐的都嘱咐到。以自己和身边看来的各种例子,告诉他什么是好的感情、女孩的心理、理想的婚姻、可能存在的坑,希望他找到称心如意的人生伴侣。我和儿子无话不谈,我想,儿子今后恋爱了,也会跟我述说的,我就是他的朋友和超级粉丝。

我希望通过我的畅想和经验介绍,对于今后的工作、生活和恋爱,儿子都有憧憬,感到有无数美好的东西在等着他,会有很多的爱和幸福,会有一个美好的人生。我也希望通过我对于成年人的成功需具备哪些素质的分析,让儿子有目标、有准备。知道哪里是他的优势,需保持;哪里是弱势,还需提高。

四、给孩子最好的挫折教育

积极的心态还包括抗挫力,即失败后重新站起来的能力。

人的一生肯定会面对竞争、经历挫折。孩子在成长过程中,也会经历无数挫折。比如,考砸了、输了比赛、被教练骂了、做了后来很后悔的傻事、活动取消了、没进入校队、竞选没选上、被同学否定讽刺……其实,年少时经历这些挫折是好事,孩子可以借此锻炼自己的适应力、应付失败的能力,获得成长。青少年时的挫折就像排演,等孩子长大,面对成年人更大的挫折时,以前的经验打造的坚韧心态会帮助他直面逆境、勇往直前。

所以，家长要帮孩子面对学生生涯中的挫折，给予孩子情感上的支持，认同、疏导孩子的情绪，让孩子认识到失败和错误也是人生的一部分。最重要的是，要培养孩子解决问题的思维方式和能力。在这个过程中，父母的爱是孩子坚强意志的后盾，这才是挫折教育的核心。

1. 运动队最能培养逆商

壮壮名言是："挫折打我，我打它！""就是打趴下了，我也能站起来！"他能有这么好的心态，跟他在运动队和辩论队的经历有关。初中打篮球，高中打辩论，无数次决胜负，每周经历一次输赢，心情跌宕起伏，教练常骂人，队友有埋怨，家长安慰的话都不够说的。挫折和挫折教育一点儿也不缺，运动员和辩论选手心理极端强大。我认为，男孩想经历挫折，参加运动队最锻炼人了。

下面是几篇以前记录的壮壮在运动方面经历的挫折：

1）壮壮上二年级时我的两篇记录

粗暴的教练，不抗压的学生

昨晚回家了解了一下，羽毛球教练，一个20多岁的矮个儿小伙子，是简单粗暴的。这是他劈头盖脸训斥壮壮的话："数你最高最胖了！"（一堂课说了三遍）壮壮一回头——"找谁呢你？！""你这么胖，不适合打羽毛球！家长得懂，先去练跑步去！""学习好有什么用？你连个拖把都拿不起来！"壮壮在训斥之下，眼睛红了，眨巴着眼泪。回家说这些事情的时候，眼睛又红了。反正不想再上课了。一方面，我觉得教练很差，他们很可能是小时候学习不好又多动的，学生时代受尽了训斥，待当了教练，也只会用训斥这一个方式。既然如此，就退班吧。一方面，我觉得小孩既然在这个环境里生活，就得有抗压的能力。在普遍粗暴的老师面前，男孩最好有张"二皮脸"，自信心要强，不要受到严重的伤害。我觉得壮壮让教练一说就抹泪，也不行。

游伤了

壮死活也不肯上游泳课了。还剩下的那四堂游泳课至今都没去上呢。游伤了。不喜欢教练。在我的威逼下，大哭。Tears！！这也太严重了，我不敢再逼了。就是上次记录的那次，因是中午去的，没人，就他这一个小孩。年轻的小伙子教练叹了口气，可能在埋怨人怎么这么少？（他难道不是按次拿工资的？）在这位教练的监督下，壮游了32趟，最终摘了板，学会了仰泳。不过壮从此也不想跟教练学了。怎么回事呢？我问不出来。我猜：1）教练没有笑容；2）教练无趣；3）教练不鼓励、不表扬；4）教练很严厉；5）教练不允许他害怕；6）教练否定他的感受；7）教练训人；8）教练使他很累。……男教练啊，既然教了孩子，难道就不能耐心些、幽默些、鼓励些，懂点教学法？一个让人温暖的笑容、一句鼓励的话、一个也许并不真实的喝彩，对于孩子来说，是多么的重要啊。

2）壮壮上七年级时我的两篇记录

锻炼心脏的篮球

每个周六都拉着壮东跑西颠地打比赛，固定两场，即将到来的周末，将打三场！每到周六我都如临大敌，查体育馆的路线，看地图，盘算时间，想午饭在哪儿吃,回家还是不回家的问题。比赛的时候我还得拿着手机录像,因为在北京的娃他爸强烈要求要看。回家还得微信传给他,一会儿电话就打过来,对儿子叨叨叨地提供指导。

比赛越打越激烈,速度越来越快,看了七年级的,觉得那些四五年级的小孩比赛根本就没法儿看了。俱乐部比赛,壮所在的队所向披靡,至今全胜。我问旁边的家长,怎么觉得其他队的水平变差了?以前觉得咱们这个队没这么强啊(最好成绩是第二名)?那家长居然对我说:因为Gary进步大!以前这个队的弱势是没大个儿,你看对方那个最高的29号,以前我们根本没人能防得了,现在有Gary防他,29号没什么建树了。虽然知道这家长这么说可能是恭维,我还是挺高兴,因为儿子防守的确很起作用。对方一有大个儿上,教练就赶紧把Gary换上。目前俱乐部队在League里一枝独秀,总是大比分领先。

校队在另外一个League里打,上周六打得特别艰苦。时间结束时是比分相同的平局,只好加时两分钟。双方各有进球,两分钟结束,还是平局,又加时两分钟。哎呀,那个激烈呀!扣人心弦呀!这边进球,这边的家长就狂欢呼;那边进球,那边的家长就狂欢呼;双方教练也都狂吼大喊,不停地叫暂停。就这么耗来耗去,家长们紧张得心脏都快受不了了!校队的教练是个白人小伙儿,跟俱乐部的黑人教练两个完全不同的风格。那个大高个儿的黑人教练,能揪着壮壮的衣领子,瞪着他那铜铃大眼,恶狠狠地训话。我看着十分佩服儿子,这也能挺得过来。白人教练是技术派,总是给大家画图讲战术。在场外喊4!2!1!等代号,可能是战术的编号。换人频繁,一换换仨,换得人眼花缭乱。

总之我想说的是,在这么复杂激烈,千钧一发,心情忽上忽下的比赛中经受锻炼,对男孩的成长真是太好了。体育的拼搏精神、团队精神、胜不骄败不馁精神、到最后一刻也不放弃的精神,还有在巨大压力下挺住、冷静地发挥出常态的能力等,不都是人生必要的历练吗?常年这样每周两次的决胜负考验,能锻炼出身体意义上的和心理意义上的强大的心脏。

积极的心态

挫折教育

壮壮在原来的篮球俱乐部总有点郁闷。由于队友对他知根知底，目睹过他以前的熊样，对他总是习惯性地不信任，不给他传球。无论他怎么要球，跑出了怎样的好位置，也没人传球给他。偶尔出他意料地真传给他了，由于没有心理准备，也由于队友都是被防得没招了才紧急扔给他，位置不好、时机不好，加上他不灵活、技术不好，他还总接不住。昨天训练回家，情绪不太好，说由于他接不住球，教练罚全体队员跑步，队友们肯定都恨死他了。俱乐部的黑人教练脾气暴躁，对壮说了不止一次狠话了。壮说，他受了气，还找不到人发泄，关键他主要是生自己的气。我说，你可别向我发泄啊。壮壮说，他遇到这种困境总是用 do better 来解决，可是在篮球这件事二，他 try 了、努力了，可还不能 do better，这真令他生自己的气。我说，要是实在不高兴，咱们可以退了这个俱乐部，专心在校队打。壮在校队过得还是比较愉快的，因为队友都是同学，也都比较信任他。壮说：不行。不退。我一生太顺利了，没有受到什么挫折。没有挫折还算什么人生！哇塞，我儿威武！能说出这么浓厚的心灵鸡汤式名言来！自己对自己进行挫折教育，对于一个13岁男孩来说，一股成熟的教育家范儿啊！端得情商高。我赶紧予以表扬，夸他心态好，灌输说那些经不住挫折去跳楼的学生是"玻璃人"，太脆弱。你看人家希拉里，被川普骂 nasty woman，还笑得出来，那脸皮多厚，心理多强。

3）壮壮上高一时我的记录

秋季的水球赛季结束，到了冬季运动 tryout（选拔球员）的时候了。我和壮爸早就觉得冬季的篮球，壮壮进校队没戏了，乐观一点儿，也就有25%的概率吧。所以才力劝他打水球。可壮壮不信那个邪，非得 tryout。还抱怨因为打了水球，篮球教练开玩笑说他是"叛徒"，而且，教练怕担责任，不让他参加一周一次的 open gym。如此一来，他三个月没机会练球。tryout 三天，果然没进。技不如人哪，美国高中的校队哪是那么好进的。以前仗着个儿高，可现在其他小孩的个头也都长起来了。篮球壮壮打了三年，在我看来，净受打击了。不知挨了多少骂，输了多少球，最后还被淘汰了。就当是心理锻炼吧，挫折教育。壮说，明年他还参加 tryout。我听了真吃惊——还没死心呢！这挫折教育够成功的！百折不挠！屡败屡战！

壮壮作为运动员，在运动队里经历的教练对他的厉声吼叫，我在旁边看着都受不了，真的需要强大的心理承受能力。赛场上瞬息万变，千钧一发，需要应变能力、面对困境与压力仍然保持镇静、不到最后一刻不放弃的能力。在运动队里需要和队友配合，搞好关系，处理微妙的每个人都想出风头又得保持团结的关系。这一切都非常锻炼人，是成功人士所具备的素质。所以，美国的大学很喜欢招收运动员。如果华裔男孩能反刻板印象而行，不参加什么机器人比赛，而是在校运动队坚持四年，会令大学招生官眼前一亮。壮壮学校就有一位华裔师兄，在排球队坚持打到 varsity（最高等级的队）。跳发球照片英姿飒爽，就一个字，帅！让人一秒钟爱上他，被斯坦福录取了。

2. 如何培养孩子的抗挫力？

成功和失败都是人生常态，我们要教孩子坦然面对人生挣扎、失落、不如意的常态。抗挫力，即从逆境中恢复过来、继续前行的能力，是预测孩子未来成功的重要指标。拥有抗挫力，就是能对自己说："我还好。我可以解决这个问题，或者另外想个办法，或者决定这些根本就不是我想要的。我还是我，我依然被爱着，生活会继续。"如何培养孩子的抗挫力呢？

◎**示范**：家长把人生的挣扎和奋斗看作正常现象。让孩子了解我们正在遇到的挫折，听到我们的反思，看见我们微笑着继续前行，把以前的人生遭遇和挫折失败告诉孩子。

◎**多表达情感**：表达你的爱；表达对他的兴趣；当孩子遇到挫折时，展示你的关心。

◎**站在一边不插手**：让孩子做选择、决定如何做事情。让他冒险犯错误，避免过度保护。如果孩子没有感受过失败，他就不会懂得如何面对生活的起起伏伏。

◎**帮助孩子从经验中成长**：在孩子经历之后，与他进行一次提问式对话，了解他从经历中学到了什么。

◎**期待进步**：随着孩子年龄的增长，持续提高坚韧的标准，但也要抵抗完美主义。

◎**鼓励**：以前的成功案例准备一打，但也要告诉孩子目标要务实。天外有天，人外有人，我们有可能努力了，也处于中不溜的位置。

◎**反馈**：给予具体真实的反馈，针对具体的任务、行为和努力进行表扬和批评，不针对人本身。[1]

是人就会犯错误、经历挫折，孩子也不例外。童年和青少年是个训练场，孩子在这个时期犯错误、经历挫折，学习经验教训，形成应对能力、抗挫力、复原力，形成坚韧的性格、积极的成长型心态。孩子经历苦恼、失败、倒霉，是帮助他学习和成长的好方法，告诉孩子，从每一个错误中，他都能学到一些东西。待18岁的孩子具有了百折不挠的逆商，我们就可以放心地放飞他了。

---

[1] 参见《如何让孩子成年又成人》。

第六章

成熟的价值观，
正直、独立、善良的品质

  价值观是家庭教育中最重要的一部分。我们当然希望自己的孩子学业有成、事业发达，但是，如果他极度自私、不孝，对年迈双亲不管不问，或是道德败坏，受到社会的谴责，那么他的才干对父母来说就失去了意义。所以，我们对孩子的第一希望，就是他是个好人，是个有同情心、有道德感的善良的人。从最实际的角度说，这样的人也最容易成功，生活也最幸福。只关心自己利益的人，很可能会在对生计的不停忧虑中消磨掉平庸的一生；而关心别人、对社会有责任感的人，则更容易理解别人、更有兴趣探索解决社会问题的路径，因而也更可能成为社会的领袖，从社会中获得更多的报酬，享受有意义又幸福的人生。

  然而品行不是知识，不能被灌输进孩子的大脑。家长自己一定要以身作则，做好榜样。想让孩子成为怎样的人，自己先要成为那样的人。试问自己：我做过什么帮助他人、改善世界的事吗？我能善良地对待各种弱势群体吗？路见不平我能挺身而出吗？我能独立思考不人云亦云吗？我能约束自己不闯红灯、不随手扔垃圾吗？父母如果无法回答这些问题，又怎能指望孩子尊重我们，并以我们为榜样呢？孩子的眼睛是雪亮的，如果父母自己停止了学习，多年不看一本书，却要求孩子好好读书；如果父母炫耀着走后门达到了目的，却要求孩子做正直的人；如果父母天天怨天尤人，却让孩子积极乐观；如果父母事事人人看不惯，却希望孩子大度包容……家长价值观世界观混乱的话，是教不好孩子的。

  我多次在公共场所，如在国内外的餐厅和酒店大堂，看到小孩子的家长放纵孩子喧哗打闹，追打尖叫。即便在那种非常优雅安静的场合，家长也不约束孩子，任凭孩子闹翻天。有一次，我带壮壮在斯坦福大学参观，正赶上毕业典礼，一些院系在室外的凉棚下提供餐点和饮料招待学生家长。我看到一小队戴着统一帽子的旅游者，拖家带口的，也去摊点拿"免费餐"，坐下来吃喝。在盛装出席典礼的家长们中间，这一小队混吃混喝的便装旅游者，其实一眼就能看出来，我真替他们感到难为情。

孩子的很多价值观都来自父母，家长在这方面的影响是很大的。自从生了孩子，我就更想做一个好人，一个独立思考、终身学习的人。我更想为这个世界贡献点什么，让这个世界变得更好。我希望自己能以身作则，为孩子示范一个成熟、有头脑的个体，有主见，有判断力，有自己的知识体系。16岁的壮壮说我是一个"strong independent woman"（内心强大的独立女性），我听了感到很震撼。因为关于做什么样的人，我虽有模糊的想法，但并不会这样定义自己。这个评价很高，使我耳目一新，又感到无比欣慰。很多青春期的高中男孩瞧不起家长，经历了家长形象从强大到无知的幻灭，他们看清了家长不过是充满缺点和不足的普通人而已。所以，儿子的这句赞赏，是对我作为家长的最大肯定，是世上我最在乎的评价。我祝看这本书的父母们，在孩子长大时，也能欣慰地得到孩子的赞赏。

下面分四点讲如何树立阳光男孩的价值观。

一、教出有主见、不懦弱的孩子

1. 独立思考，不盲从

若想让孩子成长为有独立思考能力、有主见不盲从的人，父母首先要做到这一点。我们希望孩子成为什么样的人，我们自己首先要做那样的人。中国人有较强的群体依附和人际依附性，回避矛盾、尊重权威的意识

成熟的价值观，正直、独立、善良的品质

强，把从众、"人云亦云"作为一种生存智慧，不太鼓励独立思考。在这种传统氛围中，家长们"做自己"挺难的，而从众又太容易。比如，只因别人迷信，求"好彩头"，高考学生的妈妈们就都纷纷效仿，在考场外穿起了花枝招展的旗袍（寓意"旗开得胜"），手举着一朵葵花（"一举夺魁"）。明知啥用没有，还是求心理安慰，参与了"行为艺术"。看着新闻里众多旗袍妈妈的照片，我觉得很好笑。有家长特别爱问问题，凡事都问身边的人，没有自己的观点，总模仿别人，被别人影响。开家长会围着老师问个不休，其实最了解自家孩子的，不应该是家长本人吗？

不盲从，还要反洗脑，注意信息源的多样性，避免活在信息茧房里。很多中年人完全停止了学习和批判性阅读，头脑已经固化。如今的社交媒体又是基于算法的推送，只推送你爱看的东西，于是有偏见的人就会只看同一种类型的信息，变得越来越偏执。在这种情况下，还怎么以身作则，教育孩子反洗脑、独立思考呢？

孩子的世界观还在形成中，很容易被同龄人影响，被社交媒体影响。我相信大多数家长都希望孩子在与同龄人相处时，能够独立判断是非、勇于坚守道德和自己的原则，希望他不受同学的欺负，抵抗同伴压力，经受住性和毒品的诱惑。既然意识到了孩子不能"受人摆布"，我们就必须教育他"独立思考、不被他人（包括成人）的想法所左右"。

也就是说，如果家长在家里总利用奖惩让孩子服从，那么有可能把孩子培养成"在外人面前唯命是从"的人。如果孩子从小习惯听别人的话，长大了他也很难改变，仍然会按照别人的意愿去做事，问题是这个"别人"已经不再是你，而是他的同龄人。

所以，我们不能做独断的家长。孩子需要明事理、懂是非，我们必须花时间和精力向孩子解释价值观念和行为规范背后的道理，赢得他的认同和信服。而不能强迫，搞所谓"理解的要执行，不理解的也要执行"，以为孩子长大后自己就会理解。帮助孩子理解自己所奉行的价值观和规范，是当家长的基本职责。价值观教育应包括：不教孩子服从，教他按自己信服的道理行事，做世界的主人；教孩子自我评价，不依赖于别人的赞扬或观点；教他独立思考，对各种灌输、洗脑、PUA保持警惕；还要防止被欺骗，被"割韭菜"，被人骗得团团转，被人卖了还帮人数钱。

最可怕的世界观灌输是没有选择余地的、不给其他选项的洗脑。我们做家长的应该把客观世界介绍给孩子，一件事情，正方怎么说，反方怎么说，都要介绍到。家长可以有自己的立场，但要让孩子自己去判断。多说事实，少说观点和判断。最起码，分清事实与观点。世界是复杂的，很多事情不是非黑即白，也有很多谣言、偏见、反社会的危险思想。家长的任务，是多学习科学知识，多鼓励批判性思维（Critical Thinking），让孩子自己思考。

壮壮三年级去美国小学插班的时候，住在宾州的接待家庭里。这一家人都很好，但事后儿子跟我说，觉得他们家的孩子有一点可怜，因为他们在宗教方面完全被父母掌控了。信教的父母把他们送入了私立教会学校，这使他们完全活在别人灌输给他们的世界观里，接触不到别的说法。另一个例子是儿子的印度裔初中同学。他妈妈因信印度教吃素，又主管育儿，所以这位同学也吃素，每天带饭。孩子爸爸不吃素，我猜这个同学是深受妈妈影响的。不知是否是吃素的原因，他长得十分瘦小。他妈妈对自己的育儿方式充满了自信、自豪，别人是不敢随便发言劝说的。关于宗教影响问题，我觉得《少年谢尔顿》（*Young Sheldon*）这部电视剧里，谢尔顿的妈妈就做得很好。她自己是虔诚的教徒，还在教会工作，而天才少年谢尔顿相信科学不信教，即使读了全本《圣经》、每周到教堂听神父传教也不信。谢尔顿妈妈并没有逼迫他，给了他信仰方面的自由。

孩子都想被同龄群体接纳，我们家长的责任是告诉他：合群也不必非得和别人一样。衣服和打扮可以向同龄人的审美靠拢，这不是什么原则问题，但是作为一个有尊严的个体，可以也应该有自己的观点。我们与孩子的交流应是对话式、启发式、讨论式的，贯彻平等的原则。讨论的前提是大家意见未必一致，而且没有谁是权威。提醒孩子，家长可能是错的，他如果认为家长错了，可以挑战家长的观点。鼓励孩子表达自己的不同意见。只要孩子尊重我们，我们乐意孩子跟我们"顶嘴"，也乐意他的口才越练越好。

孩子小时候的亲子阅读是渗透价值观教育的好时机，就阅读的材料和故事，家长可以随机发挥，评论故事中人物做出的选择，借机把自己的价值观、世界观、生活经验传递给孩子。从小学高年级起，可以在吃饭时间听新闻并和孩子讨论时事。通过对时事、真实事件的讨论，让他对价值观念有充分的了解，对不良人物、不良环境有判断力、抵抗力。

辩论也有助于全面了解情况，形成自己的观点，避免偏执。我们家经常发生辩论，因为我和壮爸的政治观点经常不一样，主意又都特别大，不愿妥协。壮壮生活在这样的家里，倒是从小就认识到：家庭和社会，没有什么绝对正确的真理，每个人都有各自的立场和观点，对错和是非不是那么简单的事情。每当壮爸以绝对的口吻对壮壮灌输什么的时候，我就会说一句："儿子自己有脑子，他自己会判断。"

壮壮在爸妈争论的时候，很理智地保持沉默，谁也不得罪。但我和他单独在一起的时候，我就经常问他对各种问题的看法。他可以畅所欲言，我不会要求他认同我的观点，相反，我鼓励他说出自己的看法。学校辩论社团的比赛也是我辅导他，让他就一个话题，正反观点都说出三个论据。如果他说不出来三个，我就给他提示，说我所知道的情况，并督促他做更多阅读、查找更多资料。

辩论是对批判性思维的运用和训练。辩论要求孩子独立思考、理性思考、有逻辑地思考。让孩子学会用客观、全面、严谨、批判性的眼光去看待问题。辩论的核心方法是论证和说服，也就是用理由去支持结论的过程。糟糕的论证，代表着错误的思维方式，也就是逻辑谬误。专家们总结了二十多种最常见的逻辑问题，例如立场先行、非黑即白、人身攻击、错误归因、诉诸感情、诉诸无知、举证责任、从众谬误、诉诸权威、逸事证据……辩论选手都知道避免这些谬误。仅凭这一点，一个学辩论的孩子就不会轻易被网络"爆款文"煽动，对各种狂热观点和口号有自己的判断力。

辩论要有质疑、求真、实证的精神，探索真相，实事求是，追究数据的准确性。学辩论的孩子，不会盲目轻信，会查证哪些是谎言，会判断哪些是偏见。辩论抽签决定正反方，学辩论的孩子必须用开放的心态更加全面地看待复杂问题，变换观点，从不同角度进行论证。所以，学辩论的孩子更能理解来自不同文化背景、不同身份的人的不同观点。辩论要求孩子注意自己的风度，尊重对手，控制自己的情绪，注意自己的语言，保持谦逊与善意，用共情和推理说服裁判。总之，让孩子学辩论好处多多。他将成为一个理性的人，会独立思考，不会盲从于权威、公众和传统。

2. 不卑不亢：如何应对霸凌

1）校园霸凌不容忽视

我们养育男孩，肯定不希望他懦弱，被别人欺负。中国社会深受儒家思想影响，尊卑观念比较重。学校和家庭都强调服从，孩子缺少发表自己看法的机会。在这种教育下长大的学生出国留学，跟国外同龄人相比，普遍缺乏领导力，不够主动。留在国外的大多从事技术类工作，工作很多年也不能升职。有人说华一代不能升职是因为英语不溜，那华二代就没有这个问题了吧？可事实也不乐观。西方社会对华二代的刻板印象是读书虫。华裔的体格相对瘦小，体育上玩儿不过白人，再加上家长推学习的多，结果书读得越多，个性越闷，缺乏阳刚之气，显得懦弱、好欺负。

无论中外，校园霸凌都是一个不容忽视的问题。13岁和14岁是校园霸凌高发期，美国心理学家的研究显示，15%的七年级和八年级学生承认他们经常欺侮捉弄他人。86%的十几岁青少年受到过同龄人的嘲弄和欺侮。教室里，5个孩子中就会有1个受到过恐吓。这是男孩面临的一个大问题。

一般来说，有以下这些特征的小孩会有较高的被霸凌的风险：

◎学习落后、常被老师当众批评（中国常见）；比较弱小的"书呆子"（美国常见）；

◎看起来跟同龄人不一样，例如过胖、过瘦、过矮、戴眼镜、不同的着装风格、说话方式、新转校、买不起其他小孩子认为很酷的东西等；

◎看起来较软弱、没有自卫能力、好欺负；

◎抑郁、自卑；内向、孤僻，不受其他同学欢迎，朋友比较少；

◎难以相处，让人觉得烦人或讨厌等。

面对有可能发生的校园霸凌事件，家长要教导孩子如何保护自己，以防成为受害者。比如，培养孩子勇敢自信的气质，面对霸凌要丝毫不怯懦。霸凌者都是"看人下菜碟"，欺软怕硬，只要回应得硬气，就不会再被骚扰。若实在没法儿避免，就向家长和老师求助。此外，在着装方面，要保持仪表整洁。

对壮壮，我教育他"不欺负人，不受欺负"。壮壮性格温和友善，从不欺负别人。在他小时候，我有点担心他被欺负。在壮壮上幼儿园时，有一次放学后和幼儿园同学打雪仗，我看见有个很凶的胖男孩一把拉住他的羽绒服帽子，把他拽了个跟头，然后粗鲁地把雪拍在他脸上，还使劲儿地揿。我过去把壮壮拉起来，给他弄掉满脸满头的雪，发现他的脸上有一道白色划痕。我提醒那个胖男孩不要打小朋友的脸。可是没过多久，那个男孩就又故技重施，凶神恶煞地拽壮壮的帽子，往壮壮脸上拍雪。我赶紧喊："不要打脸！"然而那个男孩还没打够，从地上捡起刚打落的雪球，还往壮壮脸上招呼。我怒火上涌，拉开他说："不是告诉你不能打小朋友的脸了吗？你这样 Gary 会疼，知道吗？"我大声斥责了胖男孩后，壮壮不乐意了，回家路上跟我闹了一路别扭，原因是我和他们班小朋友说话时，没有好好说。我真服了这个儿子了，受了欺负，还要替人家讨公道。壮壮最不喜欢发脾气的人，即使是我为了保护他而发脾气。我只好向他道歉，说我不应该向他同学嚷嚷。

壮壮五年级到美国后，先是上了私立小学，同学都很友好。上初中又换了个公立学校，这个初中与私立小学比就复杂多了，有各种各样的群体，也有隐形的歧视。但壮壮说，这种公立学校更像残酷的真实社会，私立学校太像象牙塔了，早些适应社会，对他有好处。初中的壮壮噌噌蹿个儿，12岁1米8，14岁长到1米9，在初中篮球队里也是最高，体形方面占优势，就没人敢欺负了。他又伶牙俐齿，能言善辩，让跟他斗嘴的学生也占不得半点便宜。他人缘好，朋友众多，在学校被认为是"酷小孩"之一。他脾气好，被同学冠以外号"BFG"（Big Friendly Giant，出自达尔的一本书），即"友好的巨人"。因为这些优势，他并没有经历霸凌，但也有一些不和谐的故事。

比如壮壮说，有一个小孩常找他茬，他警告了一千次也没用。有一次小孩又来找茬，他仍警告了一遍，小孩仍无视，于是壮壮一把把他推到墙上摁住，用膝盖顶了他几下。教训完了以后，那小孩居然不来找茬了，还跟他做了朋友。于是壮壮总结说：光说没用，对有些人就得用武力。我问那小孩没告诉老师吗？壮壮说没告诉。唉，反正我也不懂小男孩之间的规矩和试探，只能让他自己去摸索。壮壮还曾给我讲了这么一件事：一天跑步时，一个六年级的印度裔小孩，个子才到他肩头，对他说了一串单词，我不知怎么写，跟绕口令一样，大概是Chink的意思，中国佬，贬义。壮壮说，这小孩是疯了还是怎么的，也许是同学挑战他，让他来挑衅壮壮这个七年级的大个子。壮壮按了一下他竖着的头发，小孩嚷嚷：碰我揍死你！壮壮说：With what? XXX bread?（这种bread是印度人常吃的。）周围的同学哄笑，小孩窘得快哭了。壮壮跟我炫耀，他的机智当场把那小孩roasted（烤焦）了。他跟华裔哥们儿说起这事，华人哥们儿都笑了；跟印度裔朋友说，印度朋友们也笑了。我不太了解事情的真正原因，只好对壮壮说，以后别理那个小孩，就装没看见，也不要再取笑他。再后来我问起

成熟的价值观，正直、独立、善良的品质

那个小孩，壮壮竟然忘了，不记得此事了。

初中的壮壮还说，华人小孩的圈子是个很残酷的圈子，特点就是互相讽刺。他终于学会嘲讽人了，觉得自己融入了。在这个圈子里，你要不就得数学好，要不就得体育好，不然就是被嘲讽排挤的对象。他自己数学一般，但算体育好的，所以别人对他有尊重。而两者都不好的小孩就惨了，没有朋友，还受奚落冷遇。他同情这种孩子，有时持意跟他们待在一起。我说：那你也不能随波逐流啊，你既然不喜欢互相讽刺的氛围，那你就别这么干啊，还应该提醒别人。壮壮说："我已经算最 nice 的了！我只在别人挖苦我的时候反唇相讥，我从不主动说别人。"壮壮上初中的时候，我还曾接到壮壮的印度朋友的妈的电话，说了一件让我意外的事。说她的儿子实在受不了某个华裔小孩的口头侮辱了，她已经电话告知这个孩子的爸爸，如果他的儿子不停止这种行为，她要向学校正式反映问题。这个孩子的确有这个问题，是壮壮所说的残酷的华人娃之一。但壮壮能不在意他的嘲讽、能以牙还牙，并不意味着所有人都能忍他、都有本事对付他。能量极大的印度妈怎能容忍自己儿子受欺负，我毫不怀疑她能把这事捅到校长那里。印度妈说，华裔小孩的爸爸对她反映的问题感到难以置信。在和儿子谈过后，他儿子否认了大多数指控，并说他只是在开玩笑。他爸表示，因为壮壮是该娃和印度娃的共同朋友，他要向壮壮进行调查核实。于是印度妈给我打电话，说明了事由，让我和壮壮对此事有所心理准备。我感到很好笑，好像壮壮是法官了。我和壮壮分析了一下，怎样说才能不得罪双方同学和双方家长，又能反映问题、解决问题。

因为生在 9 月，年纪偏大，壮壮认为他初中的同学都很幼稚，他不在乎某些同学幼稚的嘲笑和讥讽。我也教了些办法，来改善他和朋友间的相处模式。后来壮壮说，随着年龄的增长，那些爱讽刺人的小孩也改好了，不怎么说别人的坏话了。到了高中后，大家都成熟了。壮壮非常喜欢高中，认为高中里的人都很友好。所以按照壮壮的个人经验，没轻没重的推搡和攻击，发生在幼儿园和小学低年级；嘲讽、侮辱、挑逗、骚扰、排斥这些言语霸凌，发生在初中。在小学高年级和高中，相对平安无事。

2）家长怎么帮助孩子应对校园霸凌问题？

· 鼓励孩子交流沟通

让孩子知道父母永远会支持他，有什么问题都要跟爸爸妈妈说，还可以跟老师说。

· 教孩子如何跟别人交朋友

有好朋友的孩子通常不容易成为被霸凌的对象，遇到事情，孩子可以向朋友寻求帮助。研究表明，如果有人介入阻止，57%的校园霸凌事件会在10秒内停止。从小带孩子多参加集体活动，接触其他同龄人，有意识地帮助孩子掌握一些社交技巧，让他能结交到朋友。对于刚上一年级的小豆包来说，"在某方面有实力、整洁、好协商、会玩耍"的孩子容易受欢迎，所以家长要培养孩子的上述特质。

· 教孩子简单的应对方法

当孩子遭遇霸凌或其他小朋友的不友善对待时，反击并不是最好的应对方法，容易让矛盾升级，或者让孩子处于不安全的境况。教孩子遇到霸凌时，立即大声说"你说话怎么这么难听？"/"你打疼我了！"并迅速离开现场，去告诉可以信任的成年人（例如老师等），让大人来处理。

教孩子保持良好的心态，不要让恶意的声音影响到自己。言语霸凌其实就是一场权力之争，加害者最喜欢看到被霸凌的人心惊胆战或者气愤不已。正所谓，"认真你就输了"。所以，无视加害者，才是对他们最大的惩罚。让他们知道，自己的开心并不取决于对方，他们的话语并不能影响到自己，那些加害者便会因为索然无味而放弃霸凌。

运用幽默、自嘲或者反嘲，可以化解言语所带来的伤害。比如，有人嘲笑孩子戴的眼镜，可以这样回应："很与众不同吧，是不是很酷啊？"还可以用虚伪的赞美来终结言语霸凌。比如，有人讥讽孩子衣服土气，可以嬉皮笑脸地回应："你的衣服倒是挺好看的呀，在哪儿买的？"如果这种话孩子觉得难以说出口，还可以教他耸耸肩膀，说一句"谢谢告之"，或者"那又怎样？""随你怎么说吧"，直接走掉，用行动无视那些加害者。

成熟的价值观，正直、独立、善良的品质

如果孩子比较内向，教他在说话的时候，做双手交叉抱臂的保护姿势来增加自己的勇气。家长和孩子一起想象一些不同的场景，鼓励孩子思考不同的解决方法，在家做角色扮演，练习应对。

· **帮孩子找到长处和优点，进行正面强化鼓励**

有特长的孩子才会自信。帮助孩子发现自己的闪光点，加以肯定，形成健康的"我有价值"的自我评价，就不会被他人贬损得自卑抑郁。

· **教孩子用同情的心态看待霸凌者**

有研究表明，那些对他人施行霸凌的人，很多其实是生活中的失败者。也许他有糟糕的原生家庭，也许他在某方面不自信，也许他也曾饱受欺凌。当孩子用同情怜悯的眼光看待那些欺负人的同学时，就会发现，在这场权力之争中，自己已然悄悄地赢了。

二、让孩子懂得感恩，意识到自己有多幸运

1. 不当"穷人家的富二代"：消费观的引导

当今的中国社会，有一种"穷人家的富二代"现象——工薪阶层、低收入家庭的子女却追求高消费。上中学的孩子们用着新款手机，穿着千元一双的球鞋。这些孩子买父母舍不得买的东西绝不眨眼，要父母的钱从不觉得亏心，还要跟同学攀比，自己的东西不能比同学的差，不能"低人一等"，不能"没有牌子"。而且，这些"穷人家的富二代"花着父母的钱，一点儿不感恩，一副理所当然的样子。想必以后啃起老来也毫不愧疚。

造成这种现象最大的原因是家长的补偿心理，越是家境不好，越觉得不能亏了孩子。担心孩子被别人家孩子比下去，产生自卑心理，就在物质上娇惯、宠溺孩子。父母再苦再累，也舍不得孩子吃苦受罪。这些家长的

信念是宁肯穷了全家，也不能穷了孩子。夫妻俩加上四个老人，六个人面对一个孩子，衣来伸手、饭来张口，真是含在口里怕化了，捧在手里怕掉了，倾尽所有，让孩子享受最好的生活条件。他们不让孩子做家务，孩子只需专注读书，其他什么事情都不用理，结果养出了白眼狼和啃老族。孩子们心安理得地享受着一切，根本不知道知足，不知道体贴父母，不知道生活的不容易，滋生了虚荣懒惰的毛病。

我们需要看到，家长过分地"惯孩子"，会使"穷人家的富二代"们不求上进，习惯于安逸。他们不曾体会劳作的辛苦，长期依赖父母的供养，习惯了伸手讨要，变得好吃懒做，只顾享乐，不能吃苦，没有担当，没有责任心，不知感恩。这样的孩子一旦进入社会，上司、同事会对他有很大意见，会"遭受社会的毒打"，后果很严重。

与此同时，我也注意到，新一代真正的"富二代"，即富有阶层的孩子，在消费方面也确实是挥金如土、热衷于显摆。壮壮在洛杉矶的夏令营里接触到的小留学生们，吃穿用度令他大开眼界。夏令营回来，我不得不纠正他被这些"富二代"同学影响了的价值观。

在孩子的消费方面，我觉得美国家长的做法值得借鉴。美国孩子的消费不会超过父母，想要多点零花钱，要自己打工。比如，壮壮有个学姐，开着父母淘汰的旧车，还要自己打工赚汽油钱。那些真正有钱的富家子弟，也穿着普通的衣服，谦虚有礼，如果不深入接触，不会知道他家有钱。比如，在中国孩子热衷炫富的那个夏令营，壮壮还认识了一个美国孩子，就很普通的样子，从没听他吹嘘过什么，跟大家一起吃食堂，不像中国的高中生们满世界地下馆子。壮壮跟他聊天，他无意中说起他家房子的一个 wing（豪宅的侧翼）在装修。壮壮想：他家在海边富人区，而且还有 wing，那得多大呀！这个孩子表现出了低调的扎克伯格式的美国富人修养。

"富养"孩子、溺爱不好，容易理解。所以育儿界还有一种说法：男孩要穷养。为了男孩能成才，有艰苦奋斗的精神，家长要限制孩子的消费，不能什么都给买。笃信这种说法的家长有的竟然假装很穷，向孩子"哭穷"。这好不好呢？

我认为，既不要富养，也无须刻意穷养，而是要根据家庭条件量力而行，就正常养。不花家庭没有的钱，比如砸锅卖铁买学区房、卖房、动用养老金供孩子留学，家长节衣缩食、孩子一身名牌；也不假装贫穷，不给孩子购买本来买得起的、同学都有的物品。刻意灌输贫穷意识，会让孩子有匮乏感，压抑正常需求，形成自卑心理，觉得自己处处不如别人。还会让孩子变得小气、抠门儿，长大后容易唯利是图、过分追逐金钱，或者追求奢侈品。

最好的方法是，大人帮助孩子区分"想要"还是"需要"。告诉孩子，只买需要的，而不是所有想要的。家庭收入有限，不是所有的东西都能按自己的意愿买，要学会取舍，合理消费。对于特别想要的，父母可以给孩子一些零花钱，试着让孩子存钱买，培养孩子储蓄的意识。和孩子外出购物前，事先约定好，说清楚这次外出的目的，他可以选择一样自己喜欢的东西，多选的东西要学会放弃。和孩子约定之后，彼此拉个钩，让大家都信守承诺。孩子想买昂贵的东西，要和他谈论东西的成本，有没有可替代的便宜的选择，告诉他，买贵的只能买一个，买便宜的可以买多个。如果买便宜的，省下来的钱还可以干什么，比如去餐馆吃多少顿好吃的。教孩子"快乐产出比"概念，即仔细衡量花多少钱买下一个东西，能产生多长时间的快乐，把钱花在能带来持久快乐、产生快乐回忆的物品和体验上。比如，壮壮爱车，经常磨叨我买好车，我就跟他说，我视车为交通工具，花普通车几倍的钱买辆豪华车，并不能给我带来很多快乐。而把差价用在去我一直梦想去的国家旅游上，能给我带来更多快乐和长久的快乐回忆。

父母给孩子树立一个理智消费的榜样。在花钱时，让孩子看到父母是有计划的、货比三家的，不是随便乱用钱的。我和壮爸在生活上都比较节俭，我从不买奢侈品，也不买大牌衣物。运动鞋没穿坏，就一直不会买新鞋。有一次壮壮问我，我那双运动鞋是不是比他岁数还大。一旦家里有了必需的东西，我就不再想买什么了，没有了消费的欲望。一次我们全家跟团出国旅游，导游把一车人放到一个Outlets（名品折扣购物中心），所有团员都扎进商店疯狂购物，只有我们一家三口坐在商场外面的长椅上干等，啥也不想买。我经常跟儿子讲，我是如何看待生活的，什么对我来说更重要，我还有哪些尚未实现的还需企盼、等待、攒钱才能实现的愿望；讲我和壮爸是如何辛苦工作的，钱不是从天上掉下来的，是需要劳心劳力去挣的。从壮壮14岁起，我就开始让他自己挣钱。壮壮在初三暑假当老师教小学生英语演讲，为此他备课两个月，讲课两星期，挣得了人生第一笔劳务费，体会到了挣钱的不易和挣到钱的自豪，一下长大了不少。

家长必须经常提醒孩子，正常人都没法拥有所有想要的东西，要理性消费。孩子还要从小理解：他所享受到的一切都是别人给的，应该感恩。在珍惜已有的同时，还应该想着自己能为别人做点什么，服务家庭，服务社会。

2. 告诉孩子世界的真实面貌，让他意识到自己的幸运

从小，我就向壮壮分析他有多么地幸运。幼儿园时期，我是这么讲的："知道你是怎么来的吗？要产生你，必须有很多很多的巧合，满足很多很多的条件。比如说，你祖先的祖先的祖先必须都没有在生孩子之前就死去，都留下了后代，这才能有你；爸爸妈妈来自相距很远的地方，相遇了、结婚了，才能有你；爸爸妈妈决定要孩子时，恰巧你产生了；两亿精子的赛跑，你跑赢了；你没有任何残疾和缺陷，有健康的身体，还长得很帅；爸爸妈妈都非常爱你。你看，你多幸运啊！"壮壮听了这一套说辞，感到很满意，觉得自己有价值，生活很美满。

壮壮长大后，我从社会的角度接着给他分析他有多么幸运。我说："你出生在北京，出生在父母都受过高等教育的中产家庭，光这些就可能比全国99%的孩子幸运了，可以说，你一出生就有了优势。出生在首都北京，拥有各种资源，就比出生在农村和乡镇、小城的孩子幸运；家长受过高等教育，能辅导你学习，就比家长帮不上忙的孩子幸运；出生在中高产家庭，有能力择校，可以选择最适合自己的教育，更是幸运。姥爷年轻时，穷得只有一双鞋，上大学的学费是全家族开会凑的；妈妈小时候没一件新

衣服，都是捡姐姐的衣服穿，没上过任何培训班，但两代人用两辈子的积累，加上时代赋予爸妈的幸运，使你站在了一个有优势的平台上。这些优势你一出生就享受了，但不要觉得理所当然，要时刻意识到很多人是没有这些优势的，起跑线是不一样的。"

有时，我会用快递小哥来举例，跟壮壮说："你小时候的智商和其他能力，也许跟某个快递小哥是同样的水平。但快递小哥生在农村，父母收入低、教育水平不高，那么，即便他出生时的聪明度跟你相同，也可能由于小时候缺乏某些必需的营养元素，而影响了大脑的正常发育。他家里不会有很多书、很多光盘，他的妈妈不会给他亲子阅读，这些会影响他的智力发展。上了学，农村的学校和师资往往不太好，当他有学习困难时，家长辅导不了，也不能给他请家教、报辅导班。他的家长往往不能给他任何学习和人生规划方面的帮助，周围也缺乏他可以模仿的榜样。如果他没考进一个好高中，那他大概率地考不上大学，最后他没有什么技能，只能当一个快递小哥。"我对壮壮说："你只是比快递小哥幸运，生在了咱家，你在童年所拥有的一切，快递小哥没有，导致人生的境遇不同，如此而已。"壮壮听后很受震动，我又引导他研究贫困问题。越研究，他就越觉得自己幸运。

我辅导壮壮学中文时，曾阅读小说《平凡的世界》。壮壮一边读，一边连连感叹："这么穷啊！"主人公孙少平没饭吃，没袜子穿，没内裤穿。读到这些，壮壮就反思自己有多幸福，有那么多吃的，有那么多袜子穿。借助文学作品，壮壮知道了极端的贫穷是什么滋味，知道自己生活在蜜罐里。借着他的感叹，我跟他说了很多关于贫困的事。2000年我装修第一套房子的时候，看装修工人还就着大饼吃咸菜呢，连青菜都不舍得吃，甭说1975年的孙少平了。我还看过一篇文章，说现如今美国黑人的家庭资产平均只有8美元——两杯咖啡的钱，太令人震惊。社会的贫富分化是沉重的问题，但孩子需要知道这些。

有了幸运意识，壮壮就有了同情心、同理心，真正平等地看待和尊重社会上的每一个人，没有势利眼。他正直善良，从小被各种人，包括我们家的小时工和小学老师夸"仁义"。本来，仁啊义的，我觉得是武侠小说里的词，离现实世界很远，属于我不会用的一个词。但这么多人给儿子这个评价，让我觉得很感动。儿子的形象在我心目中温暖起来，越想越觉得他仁义。同情心、正义感、乐于助人、体贴关爱，这些容易被家长忽视的东西，却被他人清楚地指了出来。

壮壮在学校遇到过一些"富二代"，对于有的学生的自大狂妄，不尊重劳动人民，没有社会责任感，壮壮感到愤愤不平。有一次，他跟我说起，有一个同学在食堂里乱扔垃圾，让校工保洁阿姨收拾，还轻蔑地骂校工"听不懂人话"。他看得气死了，说他该告诉校长，让校长好好教育这个同学什么是 respect（尊重）。说干就干，壮壮写了一篇作文，激动得把耳朵都写红了。他的这篇作文由于写得好，被老师当堂朗读，而且真的递给了校长。国际学校的校长专门授予了他一个奖状——"for showing and advocating compassion"（有同情心并倡导同情心）。

有时，我也会拿亲戚朋友家的孩子、新闻里听到的育儿事件跟壮壮闲聊、讨论。有爸爸打孩子的，有妈妈对孩子冷暴力的，有孩子跳楼的，我为壮壮分析这些事情的原因和背后的心理学。听到这些故事，壮壮总是感到很震惊。他生活在正常家庭里，对父母的爱习以为常，听到这些故事后就能反思："爸妈从没有打过我，从没有虐待过我。"有一次，我听他用英语对别人说："我感谢我妈妈，她曾为了我上学，把家从海淀搬到了望京，她自己不辞辛苦地倒地铁公交一个半小时去上班。"我听了眼睛一热，差点流下泪来。

壮壮是独生子女，他对这件事也感到幸运。他跟我说，美国同学大多出自多子女家庭，好多人抱怨没有他那么受家长重视，同学们都羡慕他是独生子女。壮壮还说起，有一个同学说她不能参加期中考试了，因为他们全家要去外地参加一个家庭聚会。他觉得很不可思议："咱家的活动都是围绕我的日程安排的，这同学的家长居然认为家庭聚会比她的期中考试重要。"我说："如果她家不止一个孩子，每个人的日程都不同，家长的确很难协调所有人的日程，又要集体活动，实在不行就得有人牺牲一下。"壮

成熟的价值观，正直、独立、善良的品质

壮又一次觉得自己很幸运。

三、培养独立自主、有责任感的孩子

1. 避免过度保护、过度养育

从某种意义上说，我们育儿的目标是为了18岁的放飞，让孩子有能力独立出去，自己过以后的日子。所以，我们应该致力于培养孩子独立自主、自我管理人生的能力。

然而我注意到，每年高考放分后，关于选哪个专业的咨询总是铺天盖地，且都是家长到处询问，由此能明显看出18岁的高考生在选专业方面，根本没有自己的主意，十分盲目。每到这时，又有大批大学生在网上"现身说法"，纷纷痛述"天坑"专业，后悔自己的选择的比比皆是。甚至还有新闻说，有学生为了换专业退学了，重新高考。在大一学生里面还有一个比较普遍的现象：辛辛苦苦考上大学后，开始疯狂打游戏。

这说明，大量的高考生并不具备规划和管理自己人生的能力，18岁的他们，并没有成人。这大概是因为他们从小被约束、禁锢，没有机会管理自己的人生。独立性差、依赖性强是中国孩子的普遍缺陷，家长与老师倾向于过度替代、过度包办。无论是生活起居、时间管理，还是学业规划、择业方向，家长都给包办了，在全方位的安排和监督下，孩子没有自主权、决策权，自然就锻炼不出独立和自立的能力。

因此，我们家长必须对过度保护、过度帮助、过度养育有清醒的认识，对能够培养孩子独立的各种机会保持敏感。我们必须提醒自己逐步放手，退居幕后，给孩子空间，让他选择自己的道路、安排自己的时间、规划每天的活动。给孩子鼓励和建议，提供资源和支持，但不代办，让孩子自己做决定、自己承担负面后果，让他亲自经历各种问题带来的挣扎，在自己的错误中得到成长。

怎样培养孩子的独立做事能力？有一个很简单易行的四步法：第一步：家长做，孩子看；第二步：一起做；第三步：家长看着孩子做；第四步：孩子独立完成。想让孩子学会独立做一件事，家长一定要放手，要忍受孩子在学习过程中出现的所有不完美，不要遇到问题就指责。完美主义情结也会造成孩子"习得性无助"，放弃尝试。

为了让壮壮有机会离开家长独立生活，在他三年级的寒假，我让壮壮去美国小学插班，住在美国当地的接待家庭里。两周以后接他，他适应得很好。三年级时的暑假，我让他独自跟学生团出国，去参加美国大山里的夏令营。他除了丢了几件衣服，完好无缺地回来了。从八年级暑假起，我让他去外地参加住宿的大学夏校，结束后自己乘飞机回北京。在夏校，他必须自己摘戴角膜塑形镜，我以此为契机，让他自己练习直至熟练，把我解放了，从此我再不管帮他洗眼镜、戴眼镜的事。上高中后，他跟同学去外地参加辩论赛、商赛，都是自己安排报名、缴费、日程、搭车、住宿、吃饭等，我什么也不管。壮壮在16岁学会了开车，能外出为家庭和自己购物、办事，能开长途去外地，我觉得他18岁放飞、独立生活的准备已差不多做好了。

下面是《如何让孩子成年又成人》一书里列的，18岁孩子的基本技能清单：

（1）必须能够承担风险
（2）必须有能力挣钱和打理财务
（3）必须能够处理人际关系问题
（4）必须为家庭的运转做出贡献

成熟的价值观，正直、独立、善良的品质

> （5）必须能够管理好自己的作业、任务和截止日期
> （6）必须认识校园的道路，必须认识暑期实习所在城市的道路，以及在国外工作或学习时所在城市的道路
> （7）必须能够应付课程压力和工作量的起伏变化，能够应付大学水平的工作、竞争以及态度强硬的老师、老板和其他各种人
> （8）必须会和真实世界中的陌生人交谈，包括教师、学院院长、顾问、房东、店员、人力资源经理、同事、银行出纳员、医疗保健提供者、公交车司机及修理工

2. 承担责任从承担家务做起

责任感是价值观教育的重要组成部分。一个只想着自己的人，很难在社会上成功，个人成功是社会对个人为社会所提供的服务的报偿。我们应教育孩子：成功是由你为别人做了什么而界定的，不但要对自己负责，还要对家庭负责，对社会有责任感，为他人服务。

然而，今天的孩子很少有机会承担责任。孩子们被以爱的名义给予得太多，在家里什么责任都不用担当，只管学习就行了。没有生存压力，没有生活压力，衣来伸手，饭来张口，什么都不缺，他们其实并不理解整天学习有什么用。因为不必负责任何家务劳动，不必对家庭有所贡献，什么事都不让做，导致孩子没有归属感、价值感和掌控感，却有强烈的无意义感、空虚感、无力感。他们没有生活自理能力和独立行动能力，有可能养成被动、依赖和好逸恶劳的不良习气，最可怕的是，还会导致精神疾病，如抑郁症、"空心病"（觉得人生无意义，不知活着是为了什么）。

所以，我们要让孩子做家务。让儿童做家务的理论认为：儿童做家务是未来成功的基本要素。做家务能培养"能做、会做的感觉"，这种感觉让孩子觉得自己是勤劳的、能掌控事情的人，而不是废物。工作使人的存

在有了意义和重要性，那些擅长某些工作的人往往自我评价也比较高。研究发现，我们期望孩子所达到的专业上的成功，取决于他小时候做的杂活儿，越早开始越好。家务劳动能培养一种"挽起袖子开始干"的心态，这种心态是："现在有些谁都不想做的工作，但总得有人去完成它，这个人也可能就是我"；"我会尽力去改善整件事情。我怎样才能帮上同事们的忙？我怎样才能提前一步预见老板的要求？"这种不被动等待领导吩咐、主动望向四周，寻找可干的事，挽起袖子干起来的动力和意识，就是在职场上获得先机的素质。

家长应该让孩子学会基本的生活技能，比如整理自己的物品、做饭、保持家中清洁。在西方国家，父母普遍重视培养孩子的自理能力和生活能力，在日常生活中给孩子锻炼自理的机会。在孩子小时候，培养他们完成小任务，如把地上的积木收起来，或把脏盘子送到厨房去。从四五岁起，开始承担一些家务劳动，如帮助洗碗、倒垃圾等。西方孩子在9—10岁时，已经可以在附近街区打零工了，包括看护宠物、为邻居家跑腿、修剪草坪、代人家看小孩等。

我分配给壮壮干的家务活包括：给自己做早饭；收拾自己的衣物，洗衣服；清洁自己的洗手间、浴室；搬重东西、拎包；换灯泡、拧瓶盖；开车去超市购物、卸货；给后院的树和花浇水；偶尔刷碗，擦地。但现在的壮壮，"眼里有活儿"的意识和干活儿的主动性，还需要提高。他书房特别乱，满地的书和纸，也不收拾，我对他这点感到不满意。不过，从儿子上初中起，我跟他旅行都是壮壮负责拖拉大行李，我自己背个小包就行，享受女士待遇。跟那些18岁还需父母肩背手提大包小裹地送进大学、自己却施施然空着手跟着的、娇生惯养的大学生相比，壮壮懂事多了。只要是重活，他都理所当然地承担下来，不会让我干，因为他才是家里的大力士、壮劳力。

对孩子完成的家务活，除了给予口头夸奖外，不必给什么物质奖励。孩子是家庭成员，在家庭生活中应该承担一定的责任。如何夸奖呢？《养育男孩（母亲版）》（*Mother and Son: The Respect Effect*）一书说，妈妈表达对男孩的尊重和钦佩，会让男孩更有担当。Respect，指佩服/欣赏/钦佩，表达对孩子的能力、成就、品性感到满意、钦佩（a sense of admiration）。研究表明，对于男人和男孩来说，他们对于自己的能力是否得到承认、自己是否得到欣赏特别关注，特别敏感。当访问对象被问到夫妻吵架自己有什么感觉时，72%的女性都会回答"不被爱"，而83%的男性都会回答"不被欣赏"。小男生也一样，如果跟妈妈有矛盾，他们更可能觉得"妈妈不欣赏我"，而不是"妈妈不爱我"。这是男孩的心理需求，所以在妈妈对儿子的亲子关系中，respect 应该跟 love 一样，是无条件给予的。在回应儿子时，妈妈的态度应是积极肯定的，不掺杂任何蔑视、嘲笑、讽刺、诋毁、贬低，这些都与 respect 相悖。在表扬的时候，要把"佩服"这种词明确地说出来。妈妈给儿子越多的欣赏和佩服，儿子就越觉得自己是值得被欣赏的，会在被表扬的领域更加努力，从而养成负责任的品性。

　　男孩渴望在这六个方面被欣赏和佩服：工作有所成就；供养、保护别人；坚强、有领导力和决断力；分析、解决问题，为别人提供咨询；通过共事与他人建立友谊；对性有理解和认知。在这六个方面得到夸奖是男孩的心理需求，只要妈妈夸对了，就能让男孩感受到"妈妈佩服我"，正向强化，让他更有动力继续在这些方面努力，形成良性循环，成长为有担当、有责任感的男生。所以，对应六个需求，妈妈可以夸这些：

◎夸在工作、学习、体育训练中，孩子表现得认真努力，效率高、成绩显著；

◎夸他有力量，保护朋友、保护家人（如弟弟妹妹）的行为，夸他慷慨、助人、打抱不平的行为；

◎夸他自主，有承担后果的勇气，夸他有领导力，比如能组织活动、创建社团；

◎夸他的理性分析、逻辑思维、客观角度、成熟的思考能力；

夸他给别人提供了建议；
◎夸他对朋友真诚、朋友多，夸他有团队合作精神；
◎夸他帅，对女孩有吸引力，夸他知道如何讨异性欢心，体贴。

在实际生活中，我深深体会到了夸奖对于儿子的激励作用。作为妈妈，想让儿子帮忙干活，一定要带着钦佩的语气说"儿子真能干！""儿子真有用！"。每当我拧不开调料瓶瓶盖时，就会递给儿子，说："来，大力士，给开一下！"夸他学习有方法、学习态度好，他就会更加努力用功。钦佩他朋友多，会说话，他就愈发擅长社交。越欣赏，越懂事，越成长得快，还能增进彼此感情。我有一次痛经，壮壮看到我痛苦的样子，立马出去给我买止痛片。我夸他以后肯定是一个体贴的好男友，很多女孩都会喜欢，他听了美美地笑了。反之，如果总是对孩子没信心、不信任，言语中贬低孩子，行动上监督孩子，并不会监督出他的自觉性和责任感，孩子只会感到心灰意冷、瞅见机会就偷懒。所以，妈妈一定要掌握"拍马屁"的绝技，当男孩的啦啦队队员、粉丝团铁粉，多拍拍儿子的肩膀，说几声"佩服！佩服"，儿子才更有可能成长为有能力有担当的男人。

四、引导孩子价值观与世界观的形成

1. 与人为善、乐于助人

善良是重要的价值观，关心别人、与人为善、助人为乐的男孩才能受

成熟的价值观，正直、独立、善良的品质

欢迎，才更有可能有幸福、成功的人生。

人生的幸福来自爱，不是对工作的爱，是对人的爱：爱配偶、爱朋友、爱家庭。所以我们要教孩子如何去爱，关心他人。从小鼓励孩子为社会服务，给予孩子充分的机会帮助他人。其实，当男孩感觉到他被人需要，并能够提供别人所需要的支持时，他是最幸福的。

爸妈先在日常生活中做出表率：孝顺老人，经常嘘寒问暖，表达关心。尊重一切劳动者，壮爸常年对餐馆服务员、快递员、售货员、出租车司机说"谢谢"。我经常帮助别人，为认识和不认识的家长提供咨询，做公益讲座，常年义务答疑。在美国，有那种敲门为慈善募集捐款的人，还有童子军敲门卖饼干的，我都会慷慨解囊。我还曾带着壮壮一起做公益，为万柳的社区图书馆"皮卡书屋"捐赠英文原版书，为贵州贫困地区捐衣物。

从小壮壮就会关心人。比如说，他在幼儿园时期，就会跟小大人似的叮嘱我："慢点骑，注意看车啊。"看见下雨，就嘱咐爸爸带伞，令壮爸很感动。在超市买了东西，帮我拎购物袋。有一天买的东西不算重，他一直拎回了家。幼儿园老师向我汇报说："你儿子可会说话了，我刚才说了句'真累呀'，Gary 就过来跟我说：'老师，是不是你总用笔画呀画，手都累酸了？'"另一个我不认识的老师，笑盈盈地对我说："每次中午我推床时，Gary 都帮我，在后面推一下。"听到这些我真高兴，觉得儿子的情商、为人处世受到了幼儿园老师们的接纳、推崇。壮壮交朋友，从来不看谁学习好，人品好、善良，才是壮壮交朋友的首要标准。

壮壮是有爱心的暖男，中学同学都喜欢和他交心说话。与父母沟通不了的、孤独的小哥们儿都找他求安慰，他像"知心姐姐"一样开导他们。上九年级的时候，壮壮利用午饭时间做好人好事，给几个十年级的黑人橄榄球运动员辅导数学。壮壮说，这些运动员数学很差，可他们不愿去 tutoring club（课业辅导社团）找那些 nerd（书呆子）讲题。因壮壮也是运动员，加上非常幽默，跟他们一样是"酷"人，不是 nerd，所以他们都愿意听他讲。

壮壮乐于助人，他在高中加入了帮助人的社团——Link Crew。这个社团是帮助高一新生适应高中生活的，为高一新生提供培训，组织活动，同时也做一些公益活动，如到野外种树、捡垃圾。壮壮在这个社团非常开心。他说，这个社团的成员个个都和善亲切，爱帮助人，他认识了很多"心肠好"的人。

下面是壮壮高三时，我的一篇博客记录：

温暖的儿子

上星期壮壮得知了一个消息，homeroom 里的同学 Micheal 的父亲去世了，他家要搬离此地，去遥远的肯塔基（那里生活成本低）。壮壮很震惊，在家里走来走去，说他无法想象，如果换作是他，在这个年龄失去父亲会有多痛苦。他要为 Micheal 做点什么。壮壮在繁忙的学业空隙，给老师发信征得了老师的同意，又一一联系同学，商量搞一个送别仪式。大家商量好送 Micheal 一个篮球，因为他爱打篮球，全体同学在篮球上签字，还送他一张卡片，大家写祝福的话。壮壮先是组织了 homeroom 里的同学集体到学校停车场签字。为了让大家写字方便，他吭哧吭哧地把家里的折叠桌都搬去了。然后在另一天，又组织了送别仪式。他打听到 Micheal 爱吃 donuts（甜甜圈），现去专卖店买了一盒。壮壮说，来了很多同学，大家也都带了自己送 Micheal 的礼物。壮壮第一个致辞，祝同学在新生活中一切顺利，说我们这些同学都永远惦记你。壮壮很会说话，他说接下来发言的其他同学都有点模仿他。我问 Micheal 感动吗？壮壮说应该挺感动的，他好像要哭，平时他是很活泼的男孩，但那天他十分安静。壮壮说，老师才感动，观摩了活动的 homeroom 老师说：今天的这一幕，就是他自己喜欢当高中老师的原因。后来壮壮给我看了张照片，我才知道，Micheal 是个黑人男孩。壮壮从没有提到过这个孩子的种族，在他眼里，同学就是同学。儿子这一系列自发的行为使我很感动，他是个温暖的人。

成熟的价值观，正直、独立、善良的品质

壮壮组织活动为同学送行

2. 共赢的世界观

孩子的价值观是"共赢互利"还是"自私自利""零和博弈",直接影响到后天的发展。在一些年轻人眼里,同学、同事、同乡,都是潜在的竞争对手。这样的孩子很"独",缺乏团队精神,心眼儿特别多,戒备心很强,总想从别人那里得到好处,总提防着别人。他们与人相处没有信任感,不想帮助他人,也不敢寻求他人的帮助。这就是家长过分强调个体之间竞争的后果。

如今学校里有句流行语:"提高一分,干掉千人",这样的价值观是扭曲的。把周围的同学看作敌人,还是人生的财富?其实我们家长最有发言权:我们人生中最纯粹的、不带功利性的友谊,都是来自我们的同学啊。

没有团队合作精神、不信任别人的孩子进入社会后，不会受欢迎，交不到朋友，没有人愿意帮他，几乎不可能突破职业上升的天花板。俗话说"一个好汉三个帮"，那些把人看作资源，真诚待人，有人际交往能力、能与人合作的孩子才更容易成功。

而且，今天的社会，已经不再是简单地"打败别人就可以成就自己"的发展模式了。一个人得以安身立命的本领，往往是别人无法替代的那个部分。这不需要和别人竞争，靠的是自身不断提高。有过商业经历的人都知道，最不好的竞争，就是同行之间的同质化竞争、抄袭、价格战。最好的竞争是企业去发明自己的产品，在新领域开拓自己的用户。

从个人的生存上看，也是同样的道理。作为家长，我们大可不必总盯着别人家的小孩儿，在各方面与自家孩子比来比去，一副竞赛的心态。每个人的优势不同，发挥优势都能在社会上好好活一生。人有各种各样的追求，各种各样的活法，人类社会的发展倚仗的就是多样性。个人的幸福，在于满足自己的内心需求，而不是和别人相比较。也就是说，幸福也可以共赢，个体幸福完全不需要建立在"比别人强"的前提下，每个人都可以有属于自己的幸福生活。

家长对孩子的人生观、价值观引导十分重要。让我们放弃灌输"赢了别人"的观念，让孩子在人际交往中追求"共赢"，以健康的心态追逐自己的梦想。

3. 家长的世界观和价值观左右着孩子18岁以前的人生

父母的家庭教育，在价值观领域最能影响孩子，可以说左右着孩子18岁以前的人生。父母如何看待世界，政治和宗教的倾向，如何看待别人，与别人相处的模式，对成功与失败的态度，都深深地影响着孩子，不但塑造了孩子的观点，也决定了孩子所过的生活。

成熟的价值观，正直、独立、善良的品质

家长的价值观深深地影响着孩子的学生生活。在一些二三线城市的中小学和县城的县中，有很多孩子过着所谓"小镇做题家"的生活，终日埋头刷题。还有更甚一步的"衡水模式"——类似集中营一样的学生生活，像学习机器一样刷题，没有课外活动，没有娱乐——"只要学不死，就往死了学"。在我的故乡哈尔滨，高中普遍晚上10点才放学，很多高中生做作业到1点，极度缺乏睡眠。广大"小镇做题家"们，从小没有自己的时间，被剥夺了玩儿的权利，所有时间都在学习。除了学习，没有任何特长。孩子们过这样的日子，实在可怜。但很多身陷其中的家长认为大环境如此，娃"不得不"参加应试的比拼，任何"别逼太狠了"的劝说，都被视为"站着说话不腰疼"。归根结底，还是家长的人生观和价值观左右着孩子18岁以前的人生。我知道很多父母把让孩子上大学作为最重要的目标，其他目标都已抛掉。事实上，家长们认可并支持学校的"一切向分数看，忽视体育、美育、课外活动，所有时间都用来学习"的措施，甚至主动排班，轮流去晚上的自习课监督孩子，坐在教室里看着，以杜绝任何学生聊天玩手机。

我觉得这种教育对于孩子的压榨已经变态，过这样日子的孩子我不可想象。身体健康应该重于学业，家长们把这个顺序颠倒了。逼太紧也会产生心理问题，学习机器一样残酷的作息，成绩排名带来的巨大压力，家长的态度再不好点儿，学生易情绪崩溃，易患抑郁症。

"做题家"式的生活除了影响身心健康，也影响孩子的全面发展。家长严重忽略关键素质的培养，如体育、性格、情商、自理能力、兴趣特长、口头表达能力、人际交往能力、社会实践、自主性、组织能力、办事能力，会导致孩子"除了考试，什么也不会"。这样的孩子进入社会，会严重不适应，无所适从，不受欢迎，不会做选择，不会办事，不会说话，心理脆弱，最终处于竞争的劣势。父母本想通过让孩子考上大学来确保或攀爬社会阶梯，但如果孩子只有一张文凭、缺乏必要的为人处世本领和决定职场升迁的"软实力"，还是难以在成年生活中获得成功的。所以，在应试教育的军备竞赛中，家长需要保持清醒的头脑，不能完全地随波逐流，要清楚什么是孩子的核心竞争力，哪些关键素质必不可少、不能被牺牲掉，不能说竭尽全力把孩子送入大学就完了，要看得长远。父母之爱子，则为之计深远。

在写这本书期间，国家出台了把体育纳入中考，将来会与数学语文英语一样占100分的政策。我觉得在什么都应试第一的教育环境里，这也算无奈之举了。不这样，在很多学校，体育课就会被占用，家长就不会重视体育。胖墩儿、懒得动的宅男已经太多，近视眼已经泛滥成灾。如果再这样下去，我国学生的标志就是不爱动的小眼镜了。重视什么就会收获什么，应试体育，总好过没有体育。

不爱动的宅男们，凑一块儿就知道打游戏。家长如何对待孩子打电子游戏，也是一个考验家长价值观的大问题。有的家长说："现在的孩子，如果不玩网游，已经交不到朋友了。"我认为这么说的家长是懒惰不作为。为什么？就像有的爸爸说"太忙，没空带儿子"，其实背后也是个价值观的问题：此爸爸认为工作比儿子重要，工作对于他来说更有价值。孩子完全可以在体育运动和其他户外活动中交到朋友，不一定非得通过打游戏，但这意味着大人们要不辞辛苦地带孩子去户外、去运动，有的家长就懒得去。带领孩子认识现实世界，进行真人社交，培养一两个健康的兴趣爱好，都是需要家长付出一定的时间、精力和金钱的，这就要求家长愿意拿出这些时间、精力和金钱。孩子沉迷游戏大多因为现实世界不够有趣，在真实世界里成就感少。男孩需要竞技类的活动释放和发泄精力，若现实世界这种途径太少，生活枯燥，精神匮乏，课业高压，父亲再缺席男孩的成长，男孩就很容易沉迷于游戏。

我个人的做法是不让儿子玩游戏。我的做法是针对儿子这个普娃——写作业慢，自律性不强，尤其是小时候。我承认有些牛娃就是什么都玩得转，能打游戏也能学习，还能打篮球，问题是我家孩子不是这样的，只能走适合自己家情况的育儿路。

我自己不会打麻将，也从不想学。打扑克下棋也不行，小时候偶尔玩，总输，就没了兴趣。小时候跳皮筋也不行，别的女孩都不爱带我。但不会

成熟的价值观，正直、独立、善良的品质

玩这些游戏，并没有影响我人生的丰富性。所以，我并不认为有一种游戏非玩不可，不玩就跟不上时代，交不上朋友。我有其他爱好，比如旅游、看书、看电视剧。拿看电视剧做比喻，我知道上瘾时的表现：明知道自己该睡觉了，该休息了，或该做正经事、该工作了，却还要点开下一集。有时看到夜里3点，看完经常感到羞愧后悔。所以我认为，不能自控的人，就不要把诱惑摆在眼前，不要看第一集。连我这个大人都不能很好地控制自己，何况小孩。

十多年前，我曾让6岁的壮壮玩了"植物大战僵尸"这个游戏，很快就发现不妙，儿子太过于沉迷，对眼睛不好，悬崖勒马，再不让他玩游戏了。在家里不能玩，儿子就不擅长任何游戏，也就逐渐对参与同学间的游戏失去了兴趣。自打上学起，儿子的时间就非常紧张。如果想保证睡眠时间，就经常没有了运动时间。初中打球，高中各种club活动，再完成作业，有时连按时睡觉都不能保证了——哪还有时间玩游戏。有时，儿子说，有好友想约他吃饭、打球，问我可不可以去，我都让他想想，当天有没有这种社交时间，如果没有就得拒绝。

美国校园的文化是运动员酷，受欢迎的学生酷。壮壮在学校属于"酷小孩"。他朋友众多，交际广泛。手机里社交软件联系人有1200人。手机通知整天响个不停，他总忍不住拿起来看，这也是朋友多的负面影响。正因为在现实世界里的活动多得都干不完，他没有到虚拟世界里找成就感、找刺激的需求。壮壮也说，学校里最爱打游戏的，是那种不善社交、不受女孩喜欢的nerd。

Dreams of better days

第七章

沟通达人

一、颠覆"不善表达"的中国男孩形象

在第四章中我曾讲过,我发现中国的初中生和高中生普遍不善言辞。国外的大学里,教授们普遍反映中国留学生大都沉默,在讨论课上不说话,过于安静,在老师回答问题的时间也很少去提问。如果分析原因,留学生们除了英语不熟练,还有腼腆沉闷的个性问题,家庭教育、学校教育也有问题——学生们缺乏独立思想,缺乏搞研究的主动性,缺乏对社会的了解,缺乏当众发言的训练。

我曾听过一场某机构举办的申请英美大学的经验分享会,在听了十几个留学生的介绍后,我被他/她们共同的口头语烦着了,这个口头语就是"然后"。这些申请到了英美名校的高中生,就像离了"然后"不会说话一样,每句话的开头必须有一个"然后",说一百句,就得说一百次"然后"。无论是男生,还是女生,无论是美高的学生,还是国内高中的学生,统统都"然后""然后"……没完没了。可见中国学生的演讲能力多么缺乏训练,即便有些学生说曾参与过模拟联合国的活动。讲话风格雷同,没有自己的特色,千篇一律还不自知。我真的很怀疑,就凭他们讲故事的能力,离了留学中介的改文书服务(中介帮忙选题,而且给改了十几遍),还能不能申请得那么好。

中国孩子的沟通和表达能力堪忧,这绝不是危言耸听。我个人非常重视培养儿子的沟通能力、表达能力、演讲和辩论技能,壮壮能够一反中国男孩不会说话的刻板印象，能说会道，擅长表达，讨人喜欢，在所有社交场合与所有年龄段的人沟通自如。

其实，大多数孩子的沟通技能并非与生俱来，需要家长的训练指导才能提高。以下三点是我的经验，家长们可以参考。

1. 互动讨论，平等对话

要培养孩子的沟通能力，家长需多和孩子交流、说话、讲道理，引导孩子表达自己的感受和观点，培养孩子的主见和批判性思维方式。话题可围绕着孩子的生活、参加的活动，也讨论周围发生的事、最近的新闻、新知和抽象概念。在与孩子讨论、磋商各种问题时，家长注意使用丰富的成人化语言，供孩子模仿。让孩子发出自己的声音，鼓励他表达自己的意见，形成自己的主张。孩子在表达自己的过程中，会进一步加深对世界的认识，不断成长。家长要花时间给孩子读书、讲故事、共同编故事，讨论复杂的社会现象、科普知识。家长最好了解孩子的读物，做到孩子一旦提及书中的人物和故事，就能接上茬，和孩子顺利展开讨论，与孩子生活在一个世界里。与大人经常面对面地对话和互动，能有效地促进孩子的沟通能力。

不简单地命令孩子服从，采取平等的说服教育。当孩子反驳成人时，家长抱以宽容、赞许的态度，允许孩子还嘴、抱怨、讨价还价、向父母提要求。教孩子如何跟成年人平等、大方、自如地交流，让孩子勇于表达自己的意见、勇于向其他成年人提出要求。让孩子学习跟工作场所的各种成人打交道，教他面对专业人士或者权威人士时，直视对方的眼睛、坚定握手、流利对答。这样培养出来的孩子有主意，词汇量大，知识面广，懂得协商（来源于跟父母的顶嘴和讨价还价），能跟医生说明自己的身体状况，敢要求老师调整教学方法……这些举动看似微小，却能渐渐累积成巨大优势，让孩子在成人社会生活得如鱼得水，更能让人际互动向着有利于自己的方向发展。因为在职场上、社会上，大多情况是"会哭的孩子有奶吃"，敢提要求的，才能争取到特殊待遇。

懂沟通的孩子将来会有社交优势、职业优势。沟通能力其实是一项重要的工作软技能。主动与人沟通、建立关系的能力，让孩子在职场上走得更远。国内学校的单一生活，很容易主宰孩子的全部生活，孩子需要父母帮助他拓宽生活视野，增加与人交往的广度。训练孩子无论是说话，还是写作，都有清晰的逻辑，这意味着可以在有限时间内让对方理解你的意图。让孩子学好英语，达到中英文自由切换，让孩子有能力参与全球的竞争。

为了让壮壮会说话，懂协商，我从小就尊重他的观点，凡事讲理，经常为了买还是不买一个玩具、一双鞋跟他讨价还价，互相说服、让步。我带他去各种场合见世面，从很小的时候就让他自己买东西，让他和成年人交流。所以在与成年人打交道方面，壮壮比同龄人成熟很多，他能够换位思考，揣摩成年人（比如老师）的心理，知进退，说话得体。

2. 让孩子面对观众

一个从来没有面对过观众的孩子，到了关键时刻是很难充分表达自己的。和美国的教育相比，中国教育的缺失之一就是轻表演、轻表达。

因此家长要有心地创设机会，让孩子登台讲话、表演、比赛。登台表演能习得多种软技能，比如，在"被注视、被评价"的压力下表现自己，不怯场，不紧张，落落大方，随机应变，赢得观众的喜爱；与从未见过的对手比赛，胜不骄败不馁，保持风度；在团队里与队友合作，表现出合作精神……

壮壮在三年级的寒假，曾去美国小学插班上课，度过了很有意义的两周。寒假过后，我跟他小学的英语老师商量，能不能让壮壮在班级英语课上做个 presentation（课堂报告），用英语讲讲他在美国游学的经历，10 分钟。英语老师一口答应。我辅助壮壮做了 PPT，插入很多图片，让他自己写讲解词，我提意见，修改，定稿。在家排练，做到声音洪亮，讲解有趣。壮壮在课堂上做了报告，给老师和同学留下了深刻印象，获得了"英语大王"的绰号。这之前，同学们已知道他英语好，因为他在英语课上被特许不听课看小说，但他说英语的流利和大方仍把他们震撼了。后来校长和美国某学校展开合作，开视频会议，老师还把他喊去当校长的翻译。

这次在课堂上做演讲，是我给壮壮争取来的机会。因为我一向认为孩子要面向观众，从小演讲。后来壮壮的幼儿园朋友们来我家玩儿，家长们说也想听壮壮演讲，壮壮就当着几个朋友和他们家长的面，打开 PPT，又讲了一遍。我举这个例子，是为了抛砖引玉，家长们可以自己开动脑筋，想想孩子可以利用什么场合，当众发言。

初二的壮壮在市环保署做科研项目介绍后领奖

3. 创设条件锻炼领导力

领导力中最重要的就是沟通能力，组织安排、分工合作，都靠有效顺畅的沟通。如果不给孩子机会锻炼这些能力，孩子不会自动习得，所以家长要为孩子创设条件，让孩子有机会做协调、沟通、组织工作。儿时让孩子与小伙伴们自由玩耍，集体游戏需要沟通规则、处理争端，其实就是很

沟通达人

好的锻炼。孩子长大以后，有些孩子能当班干部，组织活动，是很好的锻炼机会。没能当班干部的学生，家长就需要多费心，适当安排一些沟通的事情给他做，并在办事过程中提供指导。如让孩子安排家庭旅游的日程、订酒店、订餐、遇到不满意的事情让他进行投诉等。

美国小学很早就开始锻炼孩子的领导力，下面是壮壮五年级时，我记录的学校 Craft Fair（手工艺品市场）活动：

创办公司

壮学校的活动一个接着一个。感恩节的 Feast（宴会）又开始募捐了。12月还将有个 Craft Fair，正如火如荼地准备中。我一开始不知道这个 Fair 是干什么的，后来陆陆续续地听说壮壮的小组有五个人，他是 Vice President of Operation（执行副总裁）。然后他们组的产品有项链、猫头鹰什么的，他们得到一个小孩家开会，云云。我听得云里雾里。忽然，我接到了一个家长的电话，问我星期天能不能开会。接着，群发的会议"议程"E-mail 就来了。我一看，大惊失色。原来这件事这么复杂！这五个小孩要成立一家公司，自己设计名称、Logo、产品。撰写产品计划书，拿着计划书和样品去 Parent Group 做演示，争取贷款。获得贷款后，生产产品，在 Craft Fair 上卖三天，最后还贷款，如果有盈利，还可以均分钱财。

所有的流程都非常地专业，比如产品计划书，包括：

1) Cover Page（封面）

2) Executive Summary（管理人员介绍，5个小孩个个都是"副总"）

3) Company Description（公司总体介绍，还包括 mission statements 呢）

4) Market Research（市场调研）

5) Product Description（产品介绍）

6) Production Process（生产流程）

最关键的来了：

7) Marketing and Sales Plan（市场营销计划）

8) Financial Projections（财务报表）

可怕呀，最难的7（和8）归壮壮撰写！因为他对产品制作没想法，被迫卸任"执行副总裁"，改当"财务副总裁"了。营销计划是他主动承担的另一项工作。得，星期六和星期天都搭出去了，准备会议需要的两个文件。虽然耗时，但我觉得这事儿很有意义——Marketing and Sales Plan，简直是对我给壮壮选的未来职业的提前演练啊！营销计划写了两大篇。财务报表太复杂了，首先两张大表——fixed cost（固定成本）和variable cost（可变成本）要填。然后是成本核算和定价表（Profit & Loss），Cash Flow（现金流），还要最后填一张 Breakeven Analysis（盈亏平衡表），从中能计算出卖多少件能盈利。妈呀，他们公司产品太多，这得填多少张表啊。因为弄不清楚成本有多少，这些都得开会时解决。

周日下午4点，我们按时到了召集会议的女孩Alanis家开会。5个小孩在4个妈1个爸的高参下过了一遍产品和定价。男孩Dante进来的时候吓了大家一跳，他一只眼睛受伤瘀血，运动时受的伤。整个会议他拿着冰袋按着眼睛参加。两个女孩都是做手工的好手，给大家展示了她们俩擅长的作品，大家从产品的功用、性价比等方面选了盆栽和虫子书签两个产品，否决了贺卡、钥匙链和猫头鹰摆件。印度小孩Dhruv（就是那个我提过好几次的，会说话、万圣节表演乞丐、和壮壮一起降旗的小孩）有27个crystals假水晶，他要做项链。Dante要做卡片。在讨论中，我才知道这些小孩都不是第一次办公司了，去年Dhruv的公司就盈过利。所以人家对产品、定价、营销手段、怎么打折促销都有一定的想法。在讨论中经常举例，正面和反面的例子都有。

看着这些10岁的小屁孩，真的像executive们一样煞有介事地开会，而且很有见解；再看看人家自信的言谈、熟练的写作、周密的计算计划，真的很令人感慨。当中国的孩子练奥数题的时候，美国的孩子在练开公司创业。一个是脱离社会的极端，一个是紧密结合社会的极端。十几年后，当做奥数题的给10岁就办过三次公司的打工的时候，一点儿也不奇怪。

话说上礼拜天壮壮他们公司5位副总开了一次碰头会以后，一星期很

沟通达人

快就过去了，周五就是 presentation 时间了，可总是听不见他们的下文。到了星期四，我问壮壮：你们准备得怎么样了，最后一天了，总该练一次了吧？壮壮痛苦地说，他试图召集了，可他们都不听他的。我问：这事不应该是"执行副总裁"管吗？壮壮说：别提了，Dhruv 这孩子什么都自己干，也不跟他说，他都不知道 Dhruv 都做什么了。然后 Dhruv 还抱怨组里的其他人都不帮他。真是，太阳底下无新鲜事，这些在职场上发生过多少次的现象，在模拟公司里当然也会发生。

我说，Dhruv 的领导力有问题呀。什么都自己干，把自己累得半死，不放权不分工，不发挥团队作用，是缺乏领导力的表现之一。"执行官"开第一次会的时候，就应该明确两件事：分工和日程。谁负责什么，什么时候交工，什么时候开会，都得计划好呀。壮壮听了，把拳头砸到手里，大声说对！应该这样！

我又出主意说，你召集不了会议，但你可以说服 Dhruv 你们俩一起召集，而且要用不容置疑的口吻，通知性地告诉其他人。这样才像领导。壮壮说：太晚了！明天就演示了！现在大家也都回家了！我说：要不晚上给 Dhruv 打个电话商量一下吧，问问他的进度，商量一下明天的演示到底怎么说。

回家的路上，壮壮的心情很不好，一直唠唠叨叨地说个不停。说他想做 PPT，人家别的组就做了 PPT。我说不行啊，folder 材料不在你手里，你怎么做啊？再说也来不及了啊！做 PPT 这种事情应该早计划才行。壮壮更加焦躁，说人家别的组都开了五次会议了，就他们组像一盘散沙！我说，一盘散沙的情况很常见，有一个强有力的领导就可以，领导就是管人的。甚至，领导可以什么都不做，就当指挥，大家干活就可以。怎么当领导这个事情，也需要练。

壮壮说，他有点后悔和 Dhruv 换角色了，他当执行官会比 Dhruv 干得好。Dhruv 的理想是当电子工程师，所以他不会当领导。我说，通过这次 Dhruv 一定也会吸取很多教训。你也可以提醒他怎么做。

晚上，我给壮壮拨了电话，让他问 Dhruv 计划明天怎么汇报？是他自己一个人说呢还是大家分别说一段？Dhruv 回答大家都说。——问题是，他们还没分工，没排练！最后，两个小孩约定由我来发E-mail通知组里的成员，早晨提前20分钟到校排练。周五大早晨，我看到了Dhruv妈妈发来的E-mail，让大家分别打印附件里"公司企划书"，说Dhruv昨晚干这个干到了半夜——Crazy。我打开一看，整20页！表格还做得特别漂亮。

办公司这件事锻炼人啊，关键在于过程，小孩们都会有所收获的。

壮壮初二时我的记录：

缺乏领导力

临近学期结束，壮壮又在为数学能不能得A而焦躁烦恼。他的数学成绩总是在A（93分）那儿命悬一线，时不时一场考试就掉下去。理由总是很多的。这次是group test考砸了。壮壮学校严格执行美国的common core新大纲的要求，数学搞的是探究式学习，基本上就是老师不讲，学生自学，分小组学。这对于壮壮来说，是很致命的，因为他不会自学。你若是逼他看可汗学院，他说可汗讲的他都会，你若是让他看教材，他说他看过了。可是一考试就露馅了，总有错。要保证不出错，只有靠题海战术了，可是美国这边又不搞题海，练习得很不够。中国的练习册又跟美国的题不一样，美国数学，方程也画图，步骤还不能省，省了就扣分。这次小组测验考砸了，我一问之下，又发现了很多教育漏洞。壮壮说他们组上交的卷子老师只看了一张，一个女生的，本来这女生一向是好学生，谁知这次她马失前蹄，错题比他还多！老师当即给了他们组B，而且不再看别人的卷子。若老师看的是他的卷子，他只错了一道4分的题，他们组就是A了。说来说去，中心思想就是怨那个女生。我听得直纳闷，问：交卷前难道你们不对一遍答案吗？壮壮不语。我说：那这是什么group work呀？——bad group work！我要是老师，我也不会给你们组高分，你们根本就不懂合作啊。各做各的，一盘散沙，结果出来了，再互相埋怨。这不反面典型吗？我对壮壮说，当一盘散沙没人组织的时候，你应该站出来组织对答案，这叫leadership。该锻炼锻炼这方面的能力了。光人缘好还远远不够，在这基础上，适时站出来,有点领导力啊。我又给他讲了作为一个 leader 应该负什么责任,怎么做,举了好多例子。这些不讲,孩子还真不会去做,教育盲点。中国学校中,老师指定的班干部自然锻炼出了领导力,在美国没有班干部,任何活动都靠毛遂自荐,主动当义工。如果家长不主动推,估计孩子的领导力也不会空降而来。想来,领导力方面家庭的影响是很大的,家长的责任。

在壮壮初三时,我决定让他当老师,开暑假班培训学生,锻炼讲课能力,还有领导力。老师其实就是领导,要组织课堂,开展教学活动,让学生听从安排。壮壮在北京开了两期英语演讲培训班,教小学生演讲。壮壮使出了浑身解数,热情洋溢,风趣活泼,吸引学生的注意力。第一期培训班特别成功,学生们对他无限爱戴,结课时纷纷送他礼物。然而第二期遇到了两个特别闹腾不配合的学生,令壮壮很头疼。他说:终于知道当老师的不易了。不听指挥、净捣乱的学生令老师的心情十分糟糕。甚至反思说:他以后知道怎么做一个令老师喜欢的好学生了。高一的暑假,壮壮再接再厉,开了辩论班,继续磨炼教学能力。高二时壮壮参加了 Link Crew 社团,这是个帮助人、做好事的社团,特别是帮助高一新生适应高中生活。壮壮每年负责培训 20 个高一新生,组织 orientation(介绍学校)活动,做游戏、讲课。高二起壮壮还担任了学校辩论社的队长,负责培训低年级成员,每周都讲课、组织辩论练习。可以说,从初三到高三,壮壮一直在当老师,锻炼领导力、沟通能力、表达能力。今天,他已经是个比较成熟的教学者、组织者了,沟通能力也更上了一层楼。

二、如何培养卓越的演讲与辩论能力?

2003 年元旦,我带"外研社杯"英语辩论赛的亚军——南京大学队参加在南非举行的国际大专英语辩论赛，亲历了中国大学生对于议会制辩论、国际辩题的无知茫然，对他们的英语与知识面感到非常失望。在英美强队滔滔不绝的口才，甚至在非洲小国学生不俗见解的映衬对比下，中国学生简直弱爆了，最后以倒数第一结束了比赛回国。那时凭中国学生闭塞的知识面，根本就无法参加议会制辩论。辩论题目一打出来，只给20分钟准备时间，而往往那两个学生连辩题是什么意思都不知道，全靠我和他们的老师一边陪他们往教室走，一边给讲解。有时，我和南大老师还被分配去当评委，管不了他们，结果当然是那两个学生一输再输。在见识了新加坡华人、澳大利亚华人、牛津大学的华裔学生的辩论技能后，我心里生出了一个愿望——我想让我未来的孩子学辩论，将来也让他来到这个了不起的、震撼人心的赛场。

那时候壮壮还不存在，我就想好了，我的孩子要用英语参加议会制（Parliamentary）辩论。十五年后，上高中的壮壮正式开始了辩论生涯。我真是处心积虑呀。

有了目标，我就一步步地实施。

◎三年级时，壮壮获得"希望之星"英语大赛北京地区金奖。

◎五至八年级，四年中所有课堂上的presentation，无论什么课，无论什么话题，无一次不获得满分，大满贯。老师对他presentation的评价是amazing（极好），同学的评价常是best presentation I have ever heard（我听过的最棒的演讲）。

◎七年级作为获奖选手，在圣地亚哥心理学学会当众演讲，观众反响热烈。

◎七年级和八年级暑假，参加两次斯坦福辩论营。

◎八年级暑假，开办了自己的演讲班，当老师培训了18名学生。

沟通达人

◎九年级加入高中辩论队，成为议会制（简称 Parli）辩论的开山鼻祖（他的高中辩论队以前没有从事这种辩论的学生）。
◎九年级暑假，开办自己的辩论班，培训了三名学生。
◎十年级成为学校辩论队 Parli Captain（议会制辩论队长）。

要打破中国学生"沉默寡言不善言辞不善交流"的刻板印象，有什么能比一个资深辩手更有说服力呢？打辩论的孩子知识丰富，口才厉害，考虑全面，思维敏捷，逻辑清晰，姿态专业，是个有魅力的、一开口就让人赞叹信服的人，具有领导力中的软实力，对孩子今后的人生道路大有裨益。我的终极目标是希望壮壮能当"面霸"，即面试百发百中，没有不成功的。今天说服裁判，明天就能说服面试官，因为沟通力和表达力，是通用的、可迁移的能力。

一个在高中辩了四年、上大学后又继续辩论的学生，他卓越的口才、思维、知识面，灵活机智的反应，强大稳定的心理素质，甚至是仪态、气质和教养，非一般人能比。在表达能力上的差距，如同体育领域专业运动员与普通人的差距。演讲辩论场上锻炼出来的，是一个出口成章、阅历深厚、富有激情、有知识有见识、有洞察力共情力的个体——我期待儿子能成为这样的人。辩论不易，但值得坚持。

2020年壮壮在家上学校网课，有一天我忽然听见他慷慨激昂地辩论起来了。原来是AP计算机课的老师让学生们展开即兴辩论，辩题是关于"人们沉迷于社交软件是谁的责任"。我听了一会儿，觉得壮壮跟高中里的普通同学当堂辩论，又是辩这么简单的题目，简直如同切瓜斩菜、降维打击，以一当十啊。以前都是听他跟其他辩手辩论，总觉得他还有不足，对手一旦换为普通同学，让我顿觉他辩论没白学，表达能力有本质的提升。

下面详细讲如何培养演讲和辩论能力。

1. 少儿期：家长关注政治，进行思辨训练

自从想让儿子打辩论，我就开始刻意关注以前不感兴趣的政治话题。正反观点我都看，越是自己没想到的观点和信息，越觉得值得看。看得多了，就形成了自己的知识体系、自己的观点。

日常跟孩子对话的时候，注意把对一件事情的不同看法都介绍给他。比如说"有些人这么看，因为……有些人那么看，因为……"闲聊的时候，邀请孩子就一件事、一个人或一本书与我辩论，让他说优点，我说缺点，或者倒过来。

2. 小学参加英语演讲比赛，磨炼表达技巧

我给壮壮报名，从小学二年级开始参加英语口语比赛。比赛之前，我让他先对着镜子自己练，然后再对着我演练。我当观众，坐在他对面，他站着。我随时反馈，讲不好重来一遍。小学这样练过，中学时演讲就轻车熟路了。中国有很多年轻人，因为家庭教育没有提供这些，他们被迫进入社会后才开始练演讲。

参加希望之星英语比赛，出线后进入半决赛和决赛，都要站在大舞台上表演，面对黑压压的观众和评委，决赛还有摄像机。借此机会，让孩子锻炼综合表达技巧，不恐慌、不呆若木鸡，自然大方侃侃而谈，如果还能随机冒出来小幽默，逗观众一笑，就更棒了。这种比赛考验的不只是语言，孩子需展现出优秀的沟通力、表现力和个人魅力。经历过这样的大赛洗礼，孩子的表达能力能提高一大截。

除了参加大赛，还要在平时的课堂磨炼演讲能力。下面是壮壮五年级时做的课堂报告，我写的博客记录（那时候他刚到美国念书）：

转眼就到了 Social Studies（社会科学）做报告的日子。为这个报告我们忙活了好几天，周末全搭上了。我是这么想的：做报告比考试还重要。

鉴于我给壮壮的职业规划之一是做 Marketing 或 Sales（市场或销售），这做报告就是将来赖以混饭吃的糊口本事！从小得练，练得越溜越好。既然小学有这个作业，那么我们拿出最大的努力来做。

看了草稿，我很不满意。一是他从书里照抄，不用自己的话总结；二是有些内容我看不明白，交代不清；三是重点不突出，小标题不醒目。我和他反复讨论，什么是同学会感兴趣、觉得不乏味的事情，什么是大家听着乏味的流水账信息，从而对内容有所取舍。启发他为内容想出醒目简洁的小标题。为了弄清楚一些前因后果，我只好拿着书一边看一边检查细节。光是怎么开头就让他几易其稿。开头一定要精彩幽默，获得满堂彩，这是我的要求。中间部分要言简意赅，重点突出。我让他大幅删去和 topic sentence（主题句）无关的细节。每部分安排一个"笑点"，使报告轻松搞笑。结尾回顾主要信息，升华，再 relate to（联结）同学的感情。

我让他评价一下第一个同学所做的报告。壮壮说这个同学是个华裔，报告很短，声音不大，语速太快，内容没什么意思。我说好，你能看出这些缺点，轮到自己的时候要注意改善这些。

做完这些后就剩最后一件事儿了：背。老师的要求是可以看 notes（笔记卡片），但目光要看着观众，只能偶尔看下小条。我给壮壮做了 8 张小条，然后让他照着镜子练三遍。今天早晨起来，壮壮说忘了，又让他照着镜子练了一遍。上学路上也让他拿着纸条背。他这背功真是愁人。

下午放学接壮壮，老师见了我，特地出来说："He's awesome!! Oh the speech! Dramatic..."老师说了许多形容词，极尽赞美之能事，可惜我只记住了一个 awesome。唉，我这记性可真差啊。引起轰动了，A big success！壮壮说，同学都笑出眼泪了，纷纷跟他说是听过的最好的报告，很难有人能超越他。说他加了很多肢体动作，比如那个动眉毛的 evil looking（坏坏的样子）绝技。还有一些现场发挥，比如他说不溜一个西班牙人的名字，干脆当场给那人起了个外号，叫牛肉什么什么，让大家笑翻了。花这么多力气终于取得了成功，我们俩都很高兴。

经过多次实战，壮壮逐渐找到了自己的演讲风格：清晰易懂，轻松幽默，现场发挥。

3. 初中开始参加辩论培训，自己尝试讲课

下面是壮壮上初中时我的记录：

1）

壮壮这周有个当老师讲课的任务，讲的还是"人权"这么大的题目。这是 social studies 的作业，每个学生都有的。壮壮从始至终没向我咨询什么，自己埋头积极准备。看来对于这种发言他已经成竹在胸，训练有素。他看了书，做了笔记，自己想例子，琢磨怎么开头，怎么"哗众取宠"，怎么有度搞笑。讲完课，壮壮告诉我很成功，同学们都笑了，他又没让同学们笑得太厉害，以至于不能专心于概念的理解。他以一个问题开头，又举了几个令人印象深刻的例子，然后阐述了课本上的概念。壮壮善于讲话的特点越来越明晰了，我越来越觉得他应该走和这个特点相关的路——如当销售人员、教师、律师。

2）

壮壮他们 Literature（文学）课有个环节叫 Book Talk，就是学生轮流向全班介绍一本喜欢的书，可以说是个小讲演吧。这个活动是壮壮班老师设计的，问了别的班并没有。我倒是喜欢一切对观众讲话的活动，我希望壮壮以后往讲演辩论方面发展。因为我重视讲演，所以第一个 Book Talk 我参与准备了，看了壮壮的讲稿，并让他对着镜子练习，给他提了一些建议。这个讲演可以做小条，忘词了可以看小条。第一次讲演大获全胜，得了满分，全班哄堂大笑数次，奠定了大家对壮壮幽默善说的第一印象。

转眼第三轮 Book Talk 又轮到了壮壮。这次壮壮有点不高兴，说由于他的名是字母顺序的倒数第一个，选时间他是全班最后一个选的，结果一

沟通达人

看，就剩第一天这一个选项了。也就是说，他是这一轮的第一个，只有两天准备时间了。壮壮对选哪本书尚没有主意，嘟嘟囔囔地说他不干了，这不公平，他要找老师说去，改时间。我提议他说说最近听的几本书，比如那本 *The Greatest Show on Earth*（生物学家道金斯的书）。壮壮说："你疯了吗？我们班大多数人都是信教的！——They will hang me！（他们会吊死我。）"我又提议：*Sapiens*（《人类简史》）那本怎么样？你不是很爱听吗？壮壮说："不行！对我们班同学来说太难了！他们才不会喜欢这本书！他们都幼稚得很，而且这本书有 inappropriate stuff——SEX！"什么呀，这个儿子真是的，太敏感，拿放大镜审查科普社科书吗？有一天，他问我 prostitute（妓女）什么意思，我解释了以后，他阴沉着脸走了，很不爽的样子。我赶紧说：在古今中外任何社会都有，尤其是古代。他说："知道了！"唉，这么大的孩子听成人的东西，还真有点问题。我赶紧给他借了几本儿童科普书，让他赶紧看一本，争取还是按时讲。壮壮嚷嚷他没时间现看。我说：这几本是那种很多篇短文的集锦，你只要介绍其中的一篇最有意思的短文就可以了。壮壮不为所动，仍去老师那里请愿。结果老师不同意，碰了一鼻子灰。没办法，只剩一天了，壮壮只好临时抱佛脚看书写稿。我本以为他会磨叽半天，结果不到9点就写完了，开始无所事事地晃悠。我说你不用背稿子吗？他说：不用，我能记住。

今天我问讲了吗？答：讲了，很成功，掌声雷动，同学们都笑了。老师听完了说她也想看这本书，很多同学把书名记下来了，别的同学讲就没这个效果。行啊！这次我除了推荐书以外，没帮他什么忙，完全自己写稿讲演，总共准备了一个小时，效果还是很好！看来以后类似作业可以独立了。这学期我基本没管学习。壮壮讲的是这本书：*Do Penguins Have Knees? an imponderable book*。

3）

壮壮 social studies 课上要做 presentation，题目为 Culture in My Bag，展示五样东西。要说都七年级了，还 show and tell，有点幼稚。不过我曾

对壮壮说，凡是这种演讲性质的作业都得重视，把每一次都做好，就当作讲演训练。我的要求是拿满分，壮壮对自己的要求是哄堂大笑若干次。

壮壮上星期说，周五会轮到他。跟我讨论说什么内容好。我说：抱歉啊，咱家什么中国特色的东西也没有。真的，我们虽然在美国待了两年，但什么东西也没带来。家里除了生活必需品，空空荡荡，啥也没有。壮壮一筹莫展了。我出主意说：那你就还说"吃"吧，我给你去大华买盒月饼。壮壮大喜，连连点头。周末我让壮壮自己上网查资料，查四大菜系。这周我问他稿子写完了没有，他说写完了，最后一天背就行。

周四晚上，壮壮临时抱佛脚说要背稿，我让他给我念一遍。结果他一念，我怒。这叫自己写的吗？完全是复制粘贴网上干巴巴的介绍，瞎对付，没意思极了。态度太不认真了！我一通数落，壮壮慌了，赶紧狂写。写完给我再念，又被我批写得太啰唆，句子那么长，不像讲演稿，字里行间的幽默俏皮在作文里可以，口语说出来就太矫情太不易懂。再重写。这时候已是晚上8点半多，壮壮说他眼睛累了。我说那我16美元的月饼白买了？啊？就这水平的稿，月饼都白瞎了。壮壮在我的吩咐下去洗澡刷牙切月饼当休息眼睛，然后又开始写，删冗长的句子，只留主要观点。我看了第三稿，又给他提了一些意见，注意分清主次、结构清晰，还有把每次掏东西的时机分配好，得写进稿里，不然自己会忘。壮壮越忙越乱，抱怨 google doc 不给他保存修改。又说眼睛累了。我说你早干吗去了，就应该事先写好改好，最后一天是背，不是现写。壮壮承认错误倒总是态度好，滔滔不绝地表决心，以后一定改。说自己困了，让我给他打印，明天早晨再背。我一看，删得不剩多少字了，所有的幽默句子都没了。我问这行吗？壮壮说，他会现场发挥的。

第二天早晨我提前50分钟把他叫起来，他读了几遍然后信心满满地端着月饼走了。晚上回家说：A smashing success！哄堂大笑都不算啥，有同学说笑得肚子都疼了。老师笑得最响了。还有的同学说，把他说饿了。同学提问太多，老师不得不以时间不够了为由，硬性结束了该环节。下课不停有同学向他表示祝贺、表示喜欢他的讲演。我问笑料都是什么呀？壮壮得意地说："不是跟你说过了吗——现场发挥。"不得不承认，儿子"现

壮壮当老师教小学生英语演讲

做孩子最好的成长规划师

场发挥"这本事，是青出于蓝而胜于蓝，比我强。

从小学高年级起，壮壮开始听英语新闻。七年级的暑假开始学辩论，参加斯坦福辩论夏令营初中组。八年级暑假他又去了一次，参加高中组 advanced parliamentary（议会制辩论高级班）的培训和比赛。九年级时他正式成为一名辩手，开始参赛。辩论比起演讲，又进了一步。演讲重在讲故事，重在煽情，重在表达，讲稿是准备好的。而辩论比的是快速思考、知识面、逻辑性、条理性、说服力，甚至是记在脑子里的数据证据。一个受过训练的辩手说话没有废话，没有啰唆，没有口头语，用词特别准确精练，没有夸张，逻辑性强，平静冷静，思维锋利，这些是跟演讲完全不同的。为了发音清晰，辩手训练时会把笔放嘴里，咬着笔念绕口令。

为了磨炼演讲与辩论技能，更好地掌握和运用有关知识，在我的怂恿和协助下，壮壮14岁时开始当老师，在北京开了英语演讲班，15岁时再接再厉，开了辩论课。每次在正式开课之前，我要求他写100张PPT，写精确到每十分钟干什么的教案，准备每堂课的handout（分发材料），做到有理论、有体系、有实践、有独家资料、有独家经验，让学生有切实的收获。在讲课前全程向我说课，我不满意就重写。他备课、讲课花了很多力气，累得够呛，但收获巨大。壮壮教学风格幽默风趣、有亲和力，善于启发和鼓励学生，深得学生喜爱，课堂可以用热情奔放和欢声笑语来形容。

4. 高中参加辩论社团

九年级壮壮加入了高中辩论社，十年级当上了 Parli Captain。辩论社团实在是太锻炼人了：学识积累、思想深度、知识面；抗压能力、专注能力、应变能力；逻辑思维、演讲能力、表现力、风度；主动推动事情的能力、领导力、沟通能力、组织协作能力……这些都能练到。

作为 Captain，壮壮需要给其他队员讲课，设计课程大纲，主持每周一次的课堂。参赛之前，需要组织模拟演习（mock debate），统计报名，落实裁判。外地赛的话，还需要协调搭乘车辆，订旅店……如果轮到本校主办比赛，就更需要操心了：安排裁判、计算机抽签、分教室、食品车、义工……辩论赛经常一耗周末两整天，真是脑力和本力的双重挑战。

孩子的特长离不开家长的扶持。我得当司机拉他去比赛，每学期当一次辩论赛裁判，为辩论社捐款、做义工。每次大赛之前，我都根据最近时事帮壮壮押题，让他冲我演讲作为演练。我帮他梳理思路，给他提各种意见。壮壮是他学校第一个辩议会制的，是开山鼻祖。没人辅导提携，只能给别人蹚路，带队伍，当元老。这也意味着他搭档难找，拿奖困难重重。但我让他从事辩论的目的不是想拿奖，而是希望通过4年的辩论，待他18岁高中毕业时，是一个知识渊博、口才出众的小伙子。

美国高中辩论赛有以下四种类型：

（1）POLICY（政策辩论）：这种辩论一年辩一个辩题，因为选手准备充分，所以说得极快，中国学生尚没有参加这种辩论的，所以可以忽略。

（2）LINCOLN-DOUGLAS（林肯-道格拉斯，LD）：这是一种单人比赛，辩题多为哲学性话题。中国学生也尚未参加这种比赛。

（3）PARLIAMENTARY DEBATE（议会制辩论）：这个议会是英式的议会，所以有机构把这种类型的辩论称为"英辩"，其实在美国也有这种辩论，尤其是在大学阶段。这是一种即兴辩论，只有20分钟准备时间，每一轮比赛都现场公布辩题。壮壮因为擅长即兴讲演和现场发挥，所以他参与的是这种辩论。议会制辩论在全世界的大学英语辩论比赛中比较流行。如每年举行的世界大学辩论赛（World Universities Debating Championship）和欧洲大学辩论赛（European Universities Debating Championship），都是这种形式。比赛正反方分别被称为"政府"（Government）和"反对党"（Opposition）。

（4）PUBLIC FORUM（公共论坛式辩论，PF）：这种辩论是目前中国学生参与最多的类型，有的机构干脆称之为"美辩"，但这是不准确的，因为美辩有多种类型，PF只是其中一种。公共论坛式辩论一半靠准备，一半靠临场发挥，因为有"交叉质询"环节。美国比赛一个月公布一个辩题。中国国内比赛是一个季度公布一个。要求辩手对辩题进行深入的研究，既注重逻辑分析能力，也注重辩手的演讲口才和观众感受。在辩题的选择上，以当前较受关注的政治、经济等时事话题为多。

壮壮从事的是 Parli 议会制辩论。这种辩论是即兴辩论，只给 20 分钟准备时间。比赛开始前 20 分钟，公布题目和正反方。准备期间还不准上网查资料，只能在发给的纸上写 notes，整理思路。也就是说，这种即兴发挥式的辩论全靠平时积累，跟很多人心目中的背稿子式辩论有天壤之别。辩题每场一变，赛 8 场，就会有 8 个辩题。政治、经济、外交、教育、人权、环境、贫困……无所不包，很难预测会碰上什么话题。唯有熟悉所有热点话题、博闻强识、知识极大丰富、统计数据和证据脱口而出、临场反应和语言组织能力极佳的辩手才能胜出。我最佩服的就是议会制辩手，所以我让儿子挑战议会制辩论。

5. 国内学生参加辩论赛有哪些渠道？

1）国内举办中学英语辩论的机构

有两个机构举办全国性的中学生英语辩论赛，不过都只培训一个类型的比赛：public forum。这两个机构除了举办国内赛，每年还组织队伍出国参加斯坦福辩论邀请赛、哈佛辩论邀请赛等，届时中国学生正值春节放假，正好可以参赛，而且有的比赛设有国际组（即和美国本土以外的选手比赛），容易取得好成绩。

这两个机构是：

◎ 全美演讲与辩论联盟中国办公室（NSDA China，简称 NSDA 中国），http://www.nsda.cn/

成立于 2012 年初，经 NSDA 官方授权，由狄邦教育管理集团（Dipont Education Management Group）建立，负责在中国大陆地区"全国中学生学术辩论与演讲项目"的运营。NSDA 的全称是 National Speech & Debate

Association，即全美演讲与辩论联盟，是美国历史最悠久、规模最大的中学演讲与辩论组织。NSDA 中国的辩论培训课程和公众演讲课程主要由英锐国际教育（ENREACHEDU）开办，可以上这个机构的培训班。

◎ NHSDLC 全国中学生英语演讲和辩论大赛（National High School Debate League of China），http://www.nhsdlc.cn/

NHSDLC 举办城市地区赛，全国邀请赛，全国冠军赛以及国际邀请赛。截至目前，已在国内 40 多座城市累计举办了近 300 场地区赛，为大陆 600 多所学校共 100000 名学生提供了免费的培训指导。2013 年至 2018 年，NHSDLC 带领几百名中国学生参加了在美国宾夕法尼亚大学、斯坦福大学、耶鲁大学和哈佛大学举办的国际辩论邀请赛和夏令营活动，2018 年带领辩手连续两年蝉联斯坦福国际辩论邀请赛国际组冠军。

以上两个机构都是办公共论坛式辩论赛的，下面介绍的机构办议会制辩论赛，叫 CSSC 英辩。

◎ CSSC 是 Cambridge Summer School in China 的简写，这个机构提供议会制辩论培训。每年暑假在中国各地举办 CSSC 剑桥英国议会制辩论营，已连续举办四年，导师来自英国剑桥大学，为中小学生提供英语辩论与公众演讲培训。培训地点包括巴厘岛、广州、北京、深圳等地。这个机构每年在珠江三角洲举办辩论赛，叫 CSSC 剑桥英语辩论大赛，包括小学低龄组、小学高龄组和初中组。

2）国外辩论夏令营

如果不满足于参加国内的培训，想出国参加辩论夏令营，也有很多选择。下面为大家介绍五个适合初中生的辩论夏令营。

◎国会辩论营（Capitol debate）：有数十年历史，是美国最大的辩论夏令营。适合初次体验。适合年级：七至十二年级。国会辩论营在很多大学都有营地，营地不同，开营的时间也不同。包括加州圣地亚哥大学，密歇根大学，维拉诺瓦大学，霍夫斯特拉大学，伊利若伊大学芝加哥分校，宾夕法尼亚大学，加州州立富尔顿大学，百步森学院。可到它的网站上直接查询报名。

◎耶鲁 ISSOS 辩论课：适合七至十二年级。

◎著名美高霍奇基斯中学演讲辩论课：适合七至十二年级。

◎著名美高劳伦斯威尔中学演讲辩论课：适合六至九年级。

◎西北大学 CTD 天才营演讲辩论课：CTD 天才夏令营是美国三大天才青少年培养项目之一，适合七至八年级。

出国参加辩论赛和辩论营的学生都会感到很震撼、很充实、很有收获，因为会见到很多优秀的同龄人。站在全球性比赛的舞台上，中国学生都表示，看到了自己的差距，深刻地体会到人外有人，天外有天。参加辩论使孩子更深刻地了解世界性的问题，锻炼资料查询、统筹分析及研究学习能力，锻炼语言表达、思辨和逻辑分析能力，锻炼快速的临场反应与公共演讲、交流沟通能力，全面提高孩子的综合素质。可以说，参加辩论的孩子跟没参加辩论之前相比，有脱胎换骨一样的区别，其思想深度和广度、表达能力有太多的提高。

下面是壮壮七年级暑假参加斯坦福辩论营时，我的两周记录：

壮壮开始了两周的辩论营生活。我把他送到斯坦福就走了，靠电话跟他联系。他说：过得实在太爽了，他"如鱼得水"。说：什么推销啊，找理由 persuade（说服）啊，presentation 啊，都是他的"thing"。他大放光芒，经常为所在组赢得第一名。上课不难，现在讲的他在北京都学过了，大胡子老师像 Bill Bryson（比尔·布莱森，《万物简史》作者）。活动有趣，他是蓝色僵尸组的。有一个活动是扮演蚂蚁，要说服杀蚂蚁的不要杀他。他编的是他信佛，不杀他就会有好的 karma（报应）。交到了很多有趣的朋友，室友是来自芝加哥的印度娃，印象好的有来自马里兰的红头发白人娃，来自尔湾的华裔 ABC 娃。还有一个女生居然认出了他，主动跟他打招呼。原来竟是北京邻居，是小学同届不同班的。高中组实在太闹腾了，晚上 12 点还在喧哗，让他睡不着觉，加上倒时差，第一天晚上在 mock debate 时困得都睡着了。不过第二天他睡得挺好，有精神了。篮球带去了没时间打，公共卫生间戴角膜塑形镜有点困难但还能凑合。总之一切都好,过得爽,喜欢这个营。

今天跟壮壮通话,他依然很兴奋。说继推销游戏之后,他又在辩论的实战中大展身手了。他提到了两个题目,他都被分到了不好辩的一方,但都辩赢了。辩题一是"外星人入侵地球是好事还是坏事",他抽到了正方,即是好事。他论述的角度是既然外星人能来到地球,势必科技发达、文明程度高。历史证明生物的文明程度越高,就越热爱和平与公平。所以外星人是好人,能为地球的发展指引方向。辩题二"Community college should be made free"(社区大学应该免费),他反方,即不赞成,不太好辩。但他抓住了正方立论的漏洞不放,把论题限制在学费减半了。如果免费,Who will pay the professors？正方一时哑口无言。他又慷慨激昂地反驳了正方上社区大学解决贫困的观点,说在不断以加速度变化的世界里,在AI的挑战下,上社区大学所学的那点技能并不能解决终身就业问题,应该有终身学习的心态,云云。由于他说得有道理,听众都给他敲桌子。在辩论里,敲桌子表示喝彩、同意。壮壮对自己的进步感到很满意,说Economist(《经济学人》)没白看,现学现卖。跟我说了不到十分钟,门口一片喧哗,对面屋的男孩进来了,壮壮忙着跟他们说笑,跟我拜拜了。

今天晚上和壮壮通话,说他在准备周五的大辩论,在查资料。话题之一是核问题:美国在亚洲部署萨德应不应该？还要结合这两天川普的"Fire and Fury"(烈火和愤怒)言论。好紧扣时事哇。我说那你好好准备吧,多查资料。议会制辩论多为政治和政策辩论,紧紧联系当前时事,这些初中生在十二三岁的年纪,就开始辩论国际大事了,真让人感叹。壮壮说,老师给了三个研究方向的话题,正式辩题和正反方要在辩论开始前20分钟才公布。嗯,十多年前我带中国队参加比赛时就是这样,大屏幕看辩题和正反方,只有20分钟准备时间,还得看自己在哪个场地,一边向场地快走一边辅导选手。全在平时积累,靠的是真正的博学多闻、出口成章。

壮壮开始了在辩论营的第二周生活,说新换了食堂,吃得可好了,有

bulgogi（韩国腌肉）。上周末有一批只报一周的营员回家，又来了一拨新营员。壮壮就又交了一堆新朋友。和新朋友们玩飞盘、打篮球，过得很忙很忙。当然还继续演讲辩论，演讲的题目是"我的朋友"，壮壮现场讲了一个和他闹过矛盾的营员朋友；辩论的题目很休闲化：一个是咖啡好还是茶好，一个是是否应取缔马戏团。

今天和壮壮通话，了解到的辩题是：（1）选举民主制是不是最好的制度；（2）美国是否应立法规定公民必须投票。哈哈，一看就知道，搞辩论的对选出了特朗普，在进行深刻的反思。这样的辩题真好，让学生们从初中起就深刻地讨论政体和社会该如何管理的话题，将来成为 leaders。

今天壮壮汇报说，讨论了一天的 racism（种族主义），又是紧跟时事发展。上课讲 POI，这我懂，point of information，议会赛制里的提问。晚上的辩题是公立大学应该免费。老师挺好，一个老师是变性人（男变女），一个新来的老师是越南裔美国人，家里开修车行的，那叫懂车呀，壮壮跟她聊得甭提多欢。新搭档叫 Austin，混血，会讲一点中文。他和 Austin 在准备辩论时，就用中文讨论，作为他俩的 secret language，以防别人听到。问他和其他营员相处得怎么样？答：好得不能再好了！就我这人缘儿！

壮壮说今晚的 mock round 辩的是他最熟悉的领域——汽车："出租车是否应该自动驾驶"。他和 Austin 是反方，正方是两个女孩，他都不好意思把她们驳得太惨。周五的比赛题目范围出来了：（1）AI 的影响，包括自动驾驶；（2）教育改革；（3）最低工资；（4）美国政府是否应该 adjust（调整）通货膨胀。哎呀，最后关于通货膨胀的这题我都没想法呀，太不熟悉的领域，13 岁小孩辩这个真是成精了！关于 AI 我倒是看过很多文章，跟壮壮提示了几句。忽然，电话里传来另外一个小孩的声音，原来 Austin 也在屋里，他对壮壮说，你应该记下来。壮壮说，Austin 今天非常郁闷，因为他对 Austin 说，医生这个职业将会被 AI 替代，而 Austin 原本的理想是当 surgeon（外科医生）。

沟通达人

三、家长与孩子的沟通技巧

沟通技巧是每一个家长都需要学习和掌握的工具。明智地使用沟通技巧不仅能打造轻松有爱的亲子关系，还能通过示范让儿子也擅长沟通，帮助他成长为一个沟通达人。

壮壮一直非常好沟通，乐于听我的建议。他青春期不逆反，仍旧每天笑呵呵的，跟小时候一样俏皮话多。在第一章里我介绍过，性格特点是一半天生一半后天培养。壮壮本性温和，情商高，听得进去别人的话，不倔，较容易妥协、道歉，能和周围所有人维持良好的关系。在这里我试图阐述一下后天培养的部分。先说一个高中选课的例子。美国高中选课对学生特别重要，在壮壮高一选课时，我思考怎么选才符合他的兴趣和前途，足足想了好几天。我把初步填好的选课表，拿给壮壮分析讨论，他提不出任何意见，点头如捣蒜，让我感到失望。我本来想用一整天的时间跟他好好商讨高中四年的规划，征求他的意见，让他最后拍板。谁知他都同意，没有任何想替换、想修改的主意。壮壮说："因为你说的，我觉得都对呀！"好吧，我想得太周全了，以至于儿子都没的可想了。这居然成了我的遗憾，因为儿子没有自己做主，只是同意了别人的建议而已。我当即下决心，今后得注意在决策中逐步撤退，让他先上。高三选课时，壮壮自己提出选 AP 计算机和金融入门，都是我不曾想过的方向，我立即表示支持，修改以前的规划。

壮壮好沟通，因为我从小就尊重他，讲理。我很少命令他服从，他可以反驳我，说出自己的想法和不同意见。如果他能说服我，我就听他的。他老是没意见听我的，我还失望呢。比如说，小时候，他要出去玩儿，我若不让他出去，肯定要说明原因：现在已经几点了，出去玩儿写作业时间少了，写不完作业的话就睡太晚了，睡太晚明天早上起不来了……因此还是不要出去了。但如果他坚持要出去玩儿，我也会给他机会，让他自己说出对晚上时间的规划，看能否说服我。玩儿到几点，如何保证写完作业。如果我觉得他说得靠谱，有道理，我就会放他出去，让他戴着表，自己监督自己的计划。

总之，让孩子知道父母是讲理的，是可沟通可说服的。不好沟通不听话的孩子，其实他的心里早就埋下了"跟你说也没用""我的意见从来就没人重视""我不受尊重""我是渺小的弱者"的阴影，甚至会成为心理创伤、压抑在潜意识里多少年都不会散的苦痛。青春期一到，自我感觉强大了，就反叛不听话了。有的孩子已经反叛到偏要和父母对着干，根本就不管有没有道理了。一直尊重孩子，孩子就会养成对事不对人的习惯，把考虑问题的关注点放在事件的合理性上。这样的孩子没有青春期的逆反。他不需要逆反，他知道他的意见家长会听。

下面介绍几个心理学著作里经常提到的亲子沟通技巧。

1. 用"我—信息"避免指责，说自己的需求

"我—信息"是一种沟通方式，指父母在与孩子进行沟通和交流时，用"我"来开头，说自己的感受，即"我怎么怎么样"。与之相对应的，是"你—信息"沟通法，说出的句子以"你"开头。举个例子，某家长上了一天班，回到家之后已经很累了，只想休息。但是孩子却缠着他玩儿。如果他对孩子说："你就不能自己玩儿一会儿吗？！"他使用的就是"你—信息"沟通法。如果他说："我现在很累，实在没力气玩儿。"就是"我—信息"沟通法。

"我—信息"不对孩子进行任何评价，只是从自身出发，真实表达出自己的情感，这样说话，不会使孩子产生防御心态和抵触情绪，而会去主动感受家长的想法、意愿与情绪，从而自己做出调整。

举例：

（1）孩子调皮，用脚踢你，你—信息："你怎么踢人呢！不许踢人。"我—信息："我被踢疼了，我不喜欢被人踢。"

（2）孩子饭前没有洗手，你—信息："你还没洗手吧？怎么这么不讲卫生呢，快去洗手。"我—信息："我很担心你，饭前不洗手的话，用脏手拿食物，会拉肚子的。"

（3）青春期的孩子晚上很晚才回家，也没提前打电话，你—信息："你去哪儿了？你还知道回来呀？！"我—信息："我今天下班回家，发现你不在家，打电话给你，你没接，也没有给我发短信。我很担心你，已经这么晚了，我不知道你去了哪里。万一你路上出了车祸怎么办？因为不知道发生了什么事情，我这几个小时都心慌意乱。我上了一天班很累了，需要休息，可是到目前为止，我担心得完全无法休息。"

从例子中可以看出，面对孩子的不可接受的行为，"你—信息"容易包含指责、批评，会招致孩子的反感。过多地使用"你—信息"，会使孩子感到内疚或懊悔，总觉得自己做错了事，是个坏小孩；也可能会使孩子觉得父母不公平、不爱自己，做出激烈的反抗。不管哪种结局，都是我们不愿意看到的。这就是为什么家长要选择"我—信息"与孩子进行沟通和交流。使用"我—信息"，谈话的内容是针对家长本人的，不易引起孩子的抵抗和叛逆。使用"我—信息"，将自己的感受和情绪坦承在孩子面前，使孩子认识到自己对于家长的这种情绪负有责任，让孩子担负起改变自己行为的责任，从而更好地帮助孩子成长。大人们往往低估了孩子替他人着想的程度，事实上，孩子比我们想象得还要爱我们。只要大人愿意多花一点时间和孩子说话，坦白自己的感受，孩子也可以成为善解人意、富有责任感的人。

完整的"我—信息"包含三部分：（1）对不可接受行为的描述；（2）父母的感受；（3）这个行为对父母造成的实际而具体的影响。即孩子行为＋父母感受＋对父母的影响。例如："你没有按时回家，也没打电话说你晚回来，我很担心，这使我无法专心工作。"父母需要非常坦率地说出自己的感受、孩子的行为所产生的具体影响，这样才能促使孩子改变。学会使用"我—信息"，能避免冲突，让父母与孩子的关系更亲密。[1]

---

1 参见《父母效能训练手册》。

2. 倾听不打断，不评判

沟通的一个关键技巧，叫积极倾听法。斯科特·佩克在《少有人走的路》中说："如果我们倾听我们孩子的专注程度和认真态度，就像听一位伟大的演讲家演讲一样，就等于赠予了孩子一件珍贵的礼物。倾听孩子的心声、重视孩子的意见，会让你在与孩子进行有效交流时如鱼得水般顺畅自如。"

每一个人都有向人倾诉的愿望，都希望得到理解、支持与安慰。积极倾听法的关键就是用接受性的语言与态度去理解、安慰孩子，不对孩子做评价，只是确认他表达出的信息，客观地描述出他想要表达的内容，让孩子释放情绪、表达出自己的真实想法。

当我们准备听孩子说话时，需要放下手上所有的事情，清空脑子里的纷繁思绪，只关注孩子说的内容。通过倾听孩子，正确解码孩子的情绪，肯定孩子的情绪。通过倾听，孩子得到父母的理解（特别是接受自己的负面情绪，让孩子知道负面情绪是正常的，没有对错，只是暂时的），释放自己的情绪。孩子可以通过倾诉厘清自己的思路，还可能自己找到问题的解决方案。运用积极倾听时，父母必须准备好，要坚持听完孩子的话，即使孩子说的想法与我们不同或相悖，也不要打断孩子，认定孩子说的是错误的，相反，应该多问孩子这样想和这样做的原因。站在孩子的立场理解孩子的情绪，并且与孩子协商找出解决方案。

倾听孩子时，家长需暂时搁置自己的需求，控制自己的表达欲望，控制自己指导孩子或给出解决方案的冲动，先让孩子说，确认明白之后再做回应。

在倾听时，有12种回应方式是不恰当的：

（1）命令、指挥、控制
（2）警告、训诫、威胁
（3）规劝、说教、布道
（4）说服、教育、逻辑辩论

沟通达人

（5）建议、给出解决方案或意见

（6）评价、批评、表示不赞同、责备

（7）归类、嘲笑、羞辱

（8）解释、分析、诊断

（9）调查、质问、审问

（10）退出、分散注意力、开玩笑、转移话题

（11）赞扬、表示赞同

（12）安慰、表示同情、安抚、支持[1]

这12种回应方式，前面十种好理解，是负能量的，可是第11、12项为什么也不对呢？这是因为倾听要求定义问题，如果带有主观好恶倾向，就难以保证定义的客观，为了绝对的客观，需要抛弃所有带倾向性的回应。

倾听的正确做法：

◎ **全神贯注**。当孩子想要和你交流时，除非特殊情况，当时无法抽出时间和孩子交流，否则一定要放下手头的事情，全身心地关注孩子，全神贯注地听他讲话。

◎ **保持目光接触**。对于孩子来说，你的眼睛是最有力的线索，通过和孩子保持眼神交流，他会获取相应的信息。如果在孩子讲话时，你一直和他保持目光接触，他会更加信任你，对你吐露心声。

◎ **倾听时不打断**。倾听的时候，可以微笑、点头，说"嗯""哦""这样啊"，或者拍一拍孩子，以鼓励他表达，但是不要打断他讲话。这样不会打断孩子的思维连贯性和继续讲下去的兴趣。

---

[1] 参见《父母效能训练手册》《倾听孩子》。

◎ **倾听完不批评**。当孩子讲完话后，可以用稍微不同的词语重申一下他刚才讲的大概内容，以表示你在倾听，但是无论孩子讲得如何，都不要批评孩子。孩子和我们讲，是因为信任我们，所以为了增进感情，有效沟通，一定要避免批评。[1]

3. 接纳情绪，引导情感

亲子沟通的重要技巧就是接纳孩子的情绪，不否定孩子的感受。

1）帮助孩子给情绪命名

孩子越能精确地表达自己的感受，对情商的促进作用就越好。从小教授描述各种情绪的词汇，帮助孩子认识情绪。告诉孩子可以拥有情绪，不必压抑自己的情绪。

当孩子小，还不会表达自己的时候，教会孩子情感类的词汇，如开心、生气、沮丧、骄傲、伤心、嫉妒等。这些描述感觉的词语，能够让孩子理解并表达自己的情绪。比如对孩子说："你现在有什么感觉？很开心吧。"在看动画片和亲子阅读时，多问问孩子故事中人物的感受与想法，帮助孩子理解别人。这样，孩子在解决问题时，就会考虑自己的情绪、推论他人的情绪，判断某种方法是不是好的解决方案。

教会孩子描述与他人沟通的词汇，如分享、沟通、努力、商量、妥协、宽容、忍耐、关心等。比如对孩子说："宽容，就是别人做错事的时候，也可以原谅，不生气。"这些词语能够让孩子学会与人沟通的方法。当孩子做对事情时，要及时强化他正确的行为，告诉孩子刚才做得很好，因为他"坚持／守时／有耐心……"把孩子的行为用一两个词语来定义，解释

---

[1] 参见《叛逆不是孩子的错》。

给孩子听。

当孩子与其他小孩发生矛盾时，教会孩子用语言表达自己的感受，用语言化解冲突，比如："请你快一点，该轮到我玩儿了，我等得好着急。""你刚才说的话很没礼貌，我听了很不舒服。"教孩子用语言表达自己的情绪，能解决很多孩子之间的矛盾。外国小孩经常说：You hurt my feelings！中国孩子也应该学会这样说。

2）接纳孩子的情绪

如何面对孩子的负面感受？很简单，接受他们的感受。我们和孩子是完全不同的个体，不能用我们的感受代替孩子的感受。感受没有对错之分，所有的感受都应是被接纳的，只有某些行为必须受到限制。孩子的感受被接纳了，他才能开始集中精力改变自己的情绪。

帮助孩子面对他的感受的技巧：

> ◎全神贯注地倾听，用"哦""嗯""这样啊……"来回应孩子的陈述。
>
> ◎说出他们的感受，如"你这么生他的气啊？""一定很疼。""好朋友搬走了，是挺难过的。""我知道你不愿意走，玩儿得正高兴的时候，真不想离开。"
>
> ◎用幻想的方式实现他们的愿望，想象一个解决方案："要是……就好了。"如"真希望我能立刻把香蕉变熟了给你吃！"得到理解和共情的孩子，通常会很快放弃负面情绪。[1]

家长接纳孩子的情绪，认同孩子的情绪，不批评，不漠视，不把孩子从自己的情绪中转移出来，他就会允许我们进入他的世界。他会说出自己

---

[1] 参见《如何说，孩子才会听，怎么听，孩子才肯说》。

的感受，与我们分享观点，和我们站在统一战线上，共同解决问题。

3）情感引导的方法

> ◎觉察到孩子的情绪，接纳情绪。对孩子的情绪感同身受，倾听孩子的心声，认可孩子的情绪。
> ◎描述问题，给予信息。帮助孩子表达情绪，用言语为情绪贴上标签。
> ◎总结需求，邀请动脑。指导孩子解决问题。[1]

当孩子与孩子之间出现了问题时，可以使用如下的基础对话：

> ◎发生了什么事？怎么了？
> ◎XX（另一个孩子）有什么感觉？你有什么感觉？
> ◎你能想个不同的办法来解决这个问题，使你们两个都不会生气（或者他不会打你，等等）吗？
> ◎这是不是个好主意？
> ◎如果是个好主意，去试试。
> ◎（如果不是好主意）哦，你得想个不同的办法。[2]

4. 平等对话，合作共赢

假如孩子接收到"我—信息"之后，反应不佳，拒绝主动调整，那怎

---

1 参见《培养高情商的孩子》。
2 参见《如何培养孩子的社会能力》。

么办呢？用"没有输家"（No loser）方法来解决。家长与孩子一起以平等协商的形式，共同找出解决问题的方法。在亲子关系中，不是只有父母赢、孩子输，或者是孩子赢、父母输这两种可能，还有一种叫作双赢。没有输家的方法意味着孩子和父母都表达出自己的需求，让孩子参与制定可以同时满足双方需求的解决方案，然后执行。

亲子冲突中，不管是父母赢还是孩子赢，赢方都是不体谅对方、不尊重对方的需求的。父母使用权力威胁孩子，使孩子屈服，他以后就学会了撒谎和隐瞒，到青春期就开始反叛。很多家长爱用权力来解决问题，以为这最简单、最快捷、即时生效。但从长远来看，这种伤害孩子的方法并没有解决问题，而只是暂时压制了问题。父母应尊重孩子的发言权，用成人的方式与孩子交谈。如果孩子感到自己得到了尊重，他也会像个成年人一样来回应父母，寻求建议。让孩子参与到决策中来，有益于锻炼他这方面的能力。

父母要求孩子合作的步骤：（1）倾听孩子，予以共情；（2）说出孩子的观点；（3）说出对孩子的希望。举例："我明白，你认为这样不公平。你希望跟朋友在一起，而我让你在这儿陪伴你的表弟。我知道你不想这么做，但这对我很重要。我希望你帮我，希望你在这两个小时对他友好礼貌，之后你就自由了。"

5. 不强化缺点原则

缺点越强调，越突出，贴标签要不得，要指出优点，弱化缺点。因为孩子会真的成为你贴的标签，自我认同，自我实现。

我打小聪明、记忆力好，学习名列前茅不用家长操心，听话乖巧，从不惹事，按今天的标准有很多值得夸奖的地方，但在我的记忆里，爸妈从没有夸过我。因为我小时候个性比较内向，不敢向陌生人打招呼，他们就对外人说："这孩子不会说话。"只因爸妈给我下了定义，我就认同了这个"不会说话"的标签，放弃了努力，真的变得不会说话了，跟陌生人找话题对我来说很困难。因为爸妈从没夸过我的优点，却强化了我的缺点，我从小认为自己不可爱，形成了自卑的个性。成年以后自己努力了半辈子，才摆脱了自卑。

作为家长，最应该管住嘴的，就是说自己的孩子"丑""笨""懒""什么事也做不好"这些负面评价。这些会对孩子的自信造成毁灭性的打击。对于一个孩子来说，家长的评价就是他得到的第一个对他本人的评价。没有阅历的他不会反驳这个评价，他会百分之百地接受，成为长期的心理阴影。如果自己的爸妈都觉得他不可爱，那么，他如何会有自信去面对外面的世界？

不要只盯住孩子做错的事，对缺点敏感，而对他做的正确的事没感觉。其实培养孩子的最好机会，不是孩子做错的时候，而是他做对的时候。珍惜这个机会，及时表扬他做得对，描述为什么做得对。积攒大量正确行为，孩子才能越来越自信。例如，抓住孩子守时的场合，表扬孩子："我发现你有一个优点：守时。守时为什么好呢？因为不迟到是对别人的尊重。"孩子听到这个表扬，一定会有成就感、自豪感，会认同自己是守时的人，将来就不用再催他了。而一次次气急败坏地催促，只会让你成为孩子的闹钟，让他失去合作兴趣，达不到自发性地守时。

孩子会犯错误、做错事，这很正常。假如我们抱着批评的态度，就会无意中将好行为中偶然发生的错误单独拎出来，放大错误的严重性，反而渐渐给孩子培养出永久性的缺点。因为心理学研究表明：人的行为是通过语言质化的，一个行为说得越多，出现的可能性就越大。如果家长经常批评孩子，指责他不好的行为，比如磨蹭拖拉、粗心大意、不认真等，无疑在进行消极的心理暗示，孩子负向的行为发生的可能性就增多了。

家长应该把对孩子的关注引向正面，进行正面强化。对孩子的积极行为进行表扬，加强孩子的积极转变。口头表扬是最好的奖励方式，因为可以随时给予，不需要花一分钱。表扬时态度要真诚，描述要具体。

表扬的方法，包括以下三句话：

> ◎描述你所看到的好现象,例如:"我看到你的房间十分整洁。"
>
> ◎描述你的感觉,例如:"我觉得很开心,很舒服。"
>
> ◎用具体言辞描述孩子的好行为,例如:"你把笔放到了铅笔盒里,书都摆在书桌一旁,真是井然有序。"

其中第三句的细节尤为重要,如果不知道如何描述细节,可以问孩子"你是怎么做到的?"要用欣赏和称赞的语气,把问题抛给孩子,他会告诉你具体的做法。这是一种积极的心理暗示,对孩子的行为具有强化作用。他越是自豪地说他干的事,他就越会重复这些好行为。

在日常亲子沟通中,注意强调积极而非消极行为,例如,不说"别再浪费时间了,快做好准备,你要迟到了",而要直接说"把衣服穿好,我们要出发了"。不说"不吃饭,你就别去骑车玩儿了",而说"吃几口饭,我们就去骑车玩儿"。强调积极的一面,就是在把注意力和着重点放到那些你想要再见到的好行为上。想要孩子自律,就在孩子表现出良好的自控时,及时注意到并向他表示欣赏:"今天你很自律,先做重要的事,自己把时间安排得很好。"

再拿收拾房间举例,我曾经的失败经验是:无论我说多少遍"我看不下去了,简直像猪窝,快去收拾!"儿子都不为所动,有一次还跟我说他在"猪窝"里待着挺舒服的。偶尔他收拾一次,向我显摆他收拾得多干净时,我因看到了仍不满意的地方,不是百分之百满意,就只是敷衍地嗯了一声。许多天以后,儿子在闲聊时跟我说:"其实你如果表扬我收拾得干净,我肯定会经常做的。"我听了立刻后悔了,是啊,道理连儿子都明白,可事到临头自己却经常忘,还是修炼得不够啊!当男孩妈一定要注意运用表扬大法!

6. 说话简明易懂，不唠叨

妈妈要用简明易懂的句子同儿子交谈，让孩子容易听懂。如果你要同儿子进行一番长谈，可以在散步时进行，男性在运动时处理信息较为轻松。每次只谈一个话题，转换话题时要有明确的提醒。你的谈话应该直截了当、切中要点。当细节过多时，男孩就会走神。男孩都是些头脑简单的听众，他讨厌猜测别人的愿望，更讨厌猜什么是错误的、什么是不应该做的。所以要坦率地告诉儿子你的愿望和你的感受。如果常看电视剧，就知道"钢铁直男"常常对女性传递的信号感到迷惑不解，听不出潜台词，辨不出女性的心思。男人喜欢就事论事，直来直去不含糊。

男孩需要知道你想让他做什么，以及用多长时间做完，这样他就能比较轻松地应付了。举例说，你想让儿子做件事，如果你说得比较笼统，比如"收拾下你的房间"，他对于"收拾"的概念很可能与你的非常不同。这个句子里还缺少时间要求，你得说："收拾衣柜，把堆在一起的衣服整理一遍，干净的都挂好，脏衣服放进洗衣篮，用吸尘器吸一遍你的房间，在吃晚饭前干完。"这样才算明确地告诉了他所有的要求和时间。

没完没了的唠叨最让男孩烦，妈妈的唠叨常使男孩逃到自己屋里关上门，或者关闭耳朵充耳不闻。这还算好的，唠叨还有可能彻底惹怒男孩，使他走向叛逆，专门与喋喋不休的家长对着干，你不让他干啥，他偏干啥。

妈妈过多的担心、建议和纠正使男孩感到窒息，因为这些会剥夺男孩所需要的信任。如果妈妈总是未经请求主动提建议，孩子得到的信息是自己不够好，会感觉到关心，但却感觉不到信任。他会缺乏自信，总是害怕，不敢冒险。如果母亲给的建议和指示太多，整天唠叨，孩子就不听了，他会逐渐树起一道墙，即便需要建议也不愿提出来。长篇大论让男孩拒绝倾听，这种好心的支持会让男孩封闭自己。当妈妈抱怨儿子"什么事都不告诉我""他不听我的"时，要明白自己才是原因。

自打我生了儿子，为了更好地跟他沟通，我说话越发注重清晰性、逻辑性，就像在写英语作文，有主题句，主题明确，直截了当，言简意赅，

一针见血。我辅导儿子辩论,经常跟他讨论社会问题,挑他论证的毛病,让他剔除口头语。我自己不唠叨,也讨厌唠叨,要求壮爸说任何话都不准重复第三次。我从不说谎,从不骗人,说话直来直去,要求自己和别人口中的信息必须准确。因为这些特点,在家里我受到壮爸和儿子的取笑,壮爸说我是儿子的"二爸",儿子说我是"咱家唯一的真爷们儿"。不过,正因如此,我和儿子的沟通特别顺畅、毫无障碍。

7. 学会道歉,注意说服策略

道歉是解决冲突的重要手段,想要孩子会道歉,父母先要肯道歉。家长如果错了,就向儿子真诚道歉,承认自己犯了错,不为自己的错误找借口。与孩子和好,并承诺做出适当弥补。

壮壮道歉特别快,所以他没有与人闹僵的经历,跟所有人都能友好相处。有时我和他闹得不愉快了,他只要笑嘻嘻地过来说"和好!"我就立刻同意和好,恢复感情。

家长最好传授孩子一些沟通技巧。例如,如果上来就讲"你说得不对""你的想法有错",就会将对方置于对立的地位,对方心中不爽,交流自然也就无法继续。比如,我有一个表姐,小时候爱对我说"废话!"常令我很生气,不想理她。告诉孩子,如果有不同意见,要先肯定对方观点中自己能够接受的那些,再提出自己的不同想法,这样更容易被接受。

壮壮对"求同存异"运用得很好,跟各种族、各种信仰的同学都相处得非常好。他跟我说,他能容纳各种观点。同朋友相处,只要在某些方面有共同之处就可以了,那些不一样的地方,不提就是了。

第八章

选择最适合孩子的
教育体系：
关于中西教育的体验与思考

一、什么是最好的教育

在这一章中，我谈谈我带儿子经历国内择校、转学，后又异国求学所体验到的中西教育。需要说明的是：这些感受都比较个性化，总结的不同也具有强烈的个人色彩，不构成任何结论和建议，只是希望能为家长们提供一点参考。

之前我写过一篇纪录片观后感：

今天看了BBC纪录片《我们的孩子足够坚强吗？中国式教学》的第三集大结局，我注意到节目的全称是Season 1 Episode 3，既然是"第一季"，难道还有第二季不成？有意思。这一集的感想集中在什么是最好的教育。

首先，几个中国老师所展现的，不是典型的传统的"中式教育"，中国的传统是私塾吧？有人说，这种教学模式起源于工业革命时代的"普鲁士教学法"，特点是像工业，制造流水线产品。如今的学者们都大声疾呼：教育应该像农业，教育者要拿出农民的耐心，精心浇灌和区别照料不同的作物。所谓百年树人，唯有想好了我们想要什么样的人，才能回到起点，谈我们想要什么样的教育。还有，中国老师的灌输式教学法并不像杭州外校男老师说的那么unique（独有），其实英国人一百年前也是这么教书的。只不过在现代认知学和教育理论影响下，英国人放弃了这种教学法。

作为一个家长,我想要什么样的教育?这是一个我时时都在思考的问题。为了给儿子提供适合他的教育,我折腾来折腾去,换幼儿园,换小学,搬家到北京的另一头,又搬到美国。我的想法在几年前就趋于清晰了,因为我通过儿子在外语幼儿园的经历,知道了对我来说什么是最好的教育。最好的教育是:提出高要求,但实现这个高要求的过程是快乐的。最好的教育是:老师对学习要求一丝不苟,但同时又和蔼鼓励,幽默可亲,师生关系融洽。最好的教育是:既打下人生必要的基础,也有时间成为自己。光有高要求,没有快乐,不行,我们逃;光有快乐,没有高要求,不行,我们也逃。我想,中国家长的诉求,大多如此吧。

什么是最好的教育呢?我个人觉得北欧社会是人类楷模,我最向往的其实是以芬兰教育为代表的北欧教育——零压力的快乐教育,却成绩好、创意强。但北欧小国寡民,世外桃源一般,教育模式难以复制。与之相对比,中美两国都是竞争激烈、贫富分化严重的人口大国,教育里不可避免地受社会影响,存在残酷的竞争,存在阶层分化,存在拼娃和拼爹现象。我认为中美的教育模式都不是完美的,都有优缺点。也只有深入体验两种教育,才能更好地看清它们的优缺点,并在家庭中弥补缺点。

二、中西教育之不同

我总结了中西教育的十点不同,都是个人观点和感受,仅供大家参考。

1. 高强度竞争开始的年龄不同

在我看来,美国是儿童的天堂,老师和家长都致力于给孩子以幸福的童年，不给他们过大的压力。对孩子以鼓励为主，千方百计地保持孩子的信心和兴趣。成绩是个人隐私，秘不公布。老师也不以成绩来定义、划分学生，更注重"全人教育"，认为每个学生都有不同的优势。公立学校从小学到高中（K—12）共13年都属于义务教育，不考试直升，而且，学生在小学和初中阶段的成绩不带入高中，不记入档案。也就是说，只有到了高中，成绩才重要起来，到申请大学才面临竞争，这对于晚熟、开窍晚的男生来说，是很宽容友好的。从小学到大学，教学难度逐渐增大，小学轻松，初中加一点强度，高中再增加强度，大学强度最大。美国本科学习压力很大，大学的6年毕业率只有一半，STEM（科学、技术、工程、数学教育）专业本科6年毕业率只有15%左右——真是低得可怕呀！STEM专业是本科生的噩梦，壮壮有个学姐，在高中曾是学霸，但在大学里学计算机学得很憔悴，说压力大的时候，一边编程一边哭。这种从小到大学习强度逐渐增加的教育，总的来说，更符合人的成长规律。

　　与美国模式相比，中国的很多城市从小升初就开始了白热化的竞争，初升高更是一场残酷的淘汰赛，一半的学生不能升入高中。这种过早的竞争使很多晚熟儿童处于不利地位。实际上孩子一进入学校，就迅速被考试成绩分为了优等生、中等生、差生。所谓的落后孩子，有可能是晚熟，有可能是还没被引发出兴趣，也有可能是来自教育欠发达地区、贫困家庭。这种迅速的、不顾儿童成长规律的划分，让很多孩子失去了成为优秀人才的可能性。在我们的一生中，能看到很多印证这个现实的事例，比如说，很多小学时期全面发展的优秀学生，到了初中就泯然众人矣；很多初中时期的落后生，在高中突然有一天"开了窍"，突飞猛进；很多大学毕业后，在某一领域成为领军人物的人，整个学生时期都表现很平常。这说明，过早用考试成绩来衡量孩子优秀与否，无论对当时成绩优异的学生，还是成绩一般甚至很差的学生，都是不公平不合理的。因为基础阶段的教育重点，不应是选拔、淘汰性质的，而应是普惠性质，让每个孩子都在学习基本常识的基础上，找到自己的兴趣、爱好、价值、人生目标，给每个孩子以跟上社会发展的机会。如今国民已经实现小康，义务教育应该尽快延伸至高中，不但能提高全体国民的教育水平，也能给晚熟的男孩以上高中的机会，避免还未懂事就早早地被淘汰。小升初、初升高、高考，对于中国学生来说，都是扒一层皮一样的激烈竞争，学生之间从小就"内卷"；进入大学后，反倒不需要那么努力了，可以"混"了，大学有近乎百分之百的毕业率；很多成年人把高考视为人生最大成就，这些都是不符合人的成长规律的。

中式教育强调训练量，因此会让学生大量做题，重复性地练习。学生从小过着"做题家"的生活，在题海和卷子里度过少年时代。美国教育强调理解和应用，不那么强调记忆、计算，练习很少（可能过于少了）。在国际学校和美国的学校，期末考试老师不带着复习，只是通知家长考试时间，让学生那天必须来，早餐吃好点，别的一概不要求。在小学，越到期末越要狂欢，老师和同学都热烈地盘算着野游、宿营、联欢会，对考试那是相当不重视。中国学生在假期有假期作业，家长还经常给孩子加报补习班，放假也得学习。而在美国教育里，放假就是放假，寒暑假绝对没有作业。在整个K—12阶段，美国的学生用在功课上的时间比中国学生少很多，他们有更多时间追求自己的爱好、运动、社交，参加社团活动、社会活动等。

2. 强调集体还是强调个性，强调竞争还是合作

中国的学校强调集体主义精神，强调行动的一致性；美国的学校强调团队精神，强调各自发挥特长进行团队合作。

中国教育强调集体行动的一致性，老师普遍喜欢听话、懂事、不惹麻烦的孩子，那些比较另类的、有自己想法的孩子就不太受鼓励，有可能被视为"刺头"、被批评"就你搞特殊"。在开学之前，中学和大学搞的军训，实际上就是训练学生服从权威，服从于集体的要求，走出整齐一致的队形，谁也不要标新立异。无论是大合唱，还是运动会上班级走方阵，中国学校都要求服装一致，步伐整齐，塑造个人是集体的一枚"螺丝钉"的价值观。就拿上厕所这件事来说，外国老师们很不理解，为什么中国学校要求孩子在课间统一的时间上厕所。在他们看来，每个人想上厕所的时间是不同的

呀。很多中国家长和老师喜欢把孩子互相比,认为只有比才能找到自己的差距,才能向别人学习,才能进步。因为家长和老师挂在嘴边的"别人家的孩子",还有班级排名、年级排名的存在,学生容易把同学看成竞争对手。"提高一分,干掉千人"这种中高考口号,更是助长了视他人为对手的、不健康的零和博弈。

美国教育则认为每个孩子都是独特的,特别强调发展个性,成为独一无二的自己。大学招生官不喜欢招雷同的学生,每个学生最好有自己的特色、特长。写作文要有自己的观点,文艺活动讲究独树一帜,节日打扮最好出人意料、有创意。Be unique, be yourself(要有个性,做你自己)是通行的价值观。同时,美国教育又特别强调团队协作——teamwork。只要想想典型的美国电影,尤其是动作片里,是怎么组队的,就知道美国人眼里的最佳队伍是什么样的了:无论是江洋大盗们合伙偷盗防守严密的珠宝名画,还是复仇者联盟联合打怪,都是一群各具特长的人组合在一起,有擅长计算机的,有擅长格斗的,有擅长开车的,等等,总之各有各的本事,把个人特长发挥到极致,组成一个团队,才会被认为最有力量、最有战斗力。美国人认为,最理想的团队要有diversity(多样性),不能只有高度相似的人,不同的人在一起才有观点的碰撞,才能创新。因为强调个性化发展,老师刻意避免拿学生和其他学生比,认为每个人都有特色,都要按照自己的进度或者方式来学习。学习成绩和年级排名被视为学生的个人隐私,只给学生自己和家长看,并不公布。

为了培养团队协作,从幼儿园到小学、中学,直到大学,甚至研究生阶段,美国的教育总喜欢将学生分成不同的小组,以小组为单位组织教学活动。从小不点儿开始,美国孩子就得适应今天被分在这个组,明天被分到那个组。美国孩子的大部分学习时间,是在一个又一个的小组中度过的,甚至考试都是"小组考试"的形式。由于格外重视对团队协作的训练,以至于美国教育中有一种倾向,刻意淡化个体,尤其是相对优秀的人在团队中的贡献,更强调所有的成员在团队中的互相合作。老师不断地提醒每个学生,不管你个人能力有多强,你不可能一个人完成所有的事情,只有协作，才能把一个人的能量发挥到最大程度。在小学和初中，每到新学年，全年级的学生都要打散，重新组班。今年跟这些孩子一个班，明年会跟另外一群孩子一个班。在这样的机制中，孩子每年都会遇到新的老师、新的同学，加入新的班级，大家从陌生到熟悉，这对培养社交能力有非常大的帮助。到了高中是选课制，更是每门课都有不同的同学。在这种体制里，壮壮几乎认识全年级的同学，在社团活动中又认识了很多其他年级、其他学校的学生，我感叹他的社交圈真大（高三时他的社交软件上有1400多个好友）。在这种不遗余力地倡导做自己、与他人合作、多与不同的人接触以锻炼社交能力的氛围中，美国学生更容易发挥自己的特长，走自己的路，并以自己是合作者为荣。

3. 是否重视思辨与表达

中国教育不断严格地训练学生，训练出了刻苦、认真、勤奋的精神，这是优点。但我们不能忽略的一点是：训练的内容，比如刷学科题目，都是为了考试，而考试后拿到录取通知书只是一个开始，在真正的职场中，很多东西是用不上的。面对真实世界的变局，孩子们需要的是应对现实的能力，跟人打交道的能力，识别人心的能力，沟通表达的能力，逻辑思考的能力，批判思维的能力等。中式教育太注重考试分数，而忽视了人与人之间的交流，忽视了表达、交流、思辨。中国学生缺少在课堂上练习表达、练习当众发言的机会，很多学生不愿说话，不会讨论，更害怕演讲。这样的学生到了职场，就普遍欠缺理性沟通和说服的能力。

与之相对比，思考方法教育是美式教育的核心。对思辨的培养，不是通过数理化，而是通过人文学科，通过读历史、写论文（essay）和口头辩论，培养孩子思考的方法、看问题的角度、看世界的视野。举一个比较有意思的例子，第一年到美国上学的小留学生学得最不好的课程是什么呢？除英文以外，最难学好的课程就是历史。我国的历史考试是考在哪年发生了哪件事，而美国老师认为这些大部分是不需要记忆的，因为想知道可以用谷歌搜索。学生学的是如何对历史事件进行分析，对史料进行评估，如何写论文。历史考试其实更像是考写作，比如，壮壮参加的 AP 欧洲史的考试，只有一道问答题。学生要分析一个历史事件对今天的影响，为什么会产生这个历史事件，它当时的社会影响是什么，各种历史事件是如何关联的。很多问题没有简单的对与错，学生能用论据论证自己的观点就可以。这种学习培养了分析、思辨的能力和方法，学生的批判性思维和逻辑能力得以发展。

美国教育还非常重视培养学生的口头表达能力，学生从小就被鼓励说出自己的见解并给出原因。从小学开始，就有 Show and Tell（展示与讲述）这种课堂上当众讲话的教学方式，一直持续到初中。初中课堂上开始有讨论和辩论。每名学生都可能抽取到正方或者反方，就各种话题，展开深入讨论。辩题本身没有明确答案，也不是为了让孩子们辩出个输赢。目的在于提升学生的表达能力、逻辑思维和思辨能力。在这种教育方式的培养下，美国人都不怵当众讲话，随便一个人都能头头是道地表达自己的观点。

4. 老师对待学生和家长的态度

我个人感觉中美两国老师对待学生和家长的态度是不同的。总的来说，美国老师对学生更温和，经常鼓励表扬，对家长没有要求；中国老师对学生更严格，强调纪律，对家长辅导孩子有更多期待。

国内的小学生上学第一天学的是手背后坐好，很多规则的出发点都是方便教师管理。在壮壮所在的公立小学，课间不许出楼，不许去别的楼层，在走廊里不许跑。一到期末，体育课就取消，全部用来复习做卷子。数学老师有权利不让壮壮上体育课，因作业没达到要求，罚他在教室做卷子。老师有时还罚站，把壮壮带到另一班（她教两个班）贴墙根罚站。这些倒也罢了，这位数学老师还时常用"一指禅"使劲儿戳男生的脑门儿，壮壮被她戳得额头一个地方不能碰，一碰就疼。跟我说起此事时，眼泪直在眼里打转。壮壮还不算他们班最惨的，有个男同学的妈对我诉苦说，这位数学老师不但戳脑门儿，还"戳心脏"，还曾把她本人训哭。我很惊讶，这个妈看着很乐观的样子，竟然会被老师数落哭了。其实这个小学的家长们，哪个不是高学历的单位骨干，只因生了相对淘气的儿子，在小学老师眼里就成了受批对象。在老师的批评打击下，一年级的壮壮的自信几乎丧失殆尽，他曾泄气地说："我这样的人若能考上大学，我得扎扎自己的屁股，看是不是真的。"他有这样的认知，还因为班主任语文老师搞了几批少先队"预备队员"，壮壮不幸是他们班的最后一批。老师威胁说：表现不好的学生，今年入不了队，跟下一年的学生入队去。壮壮十分担忧他入不了队，我安慰了他好久，说："不会的，老师吓唬你呢，所有的学生都能一起入队。"在一年级的那一年，我不得不经常如此这般安慰儿子，尽量为他减轻来自老师的压力。

可是，同一个孩子，到了课外班美国外教眼里，瞬间就变成了好学生。外教们都十分喜欢壮壮这个发言活跃、笑容灿烂的有趣学生，一见他就喜笑颜开，大呼小叫，亲昵地称他为"My Boy Gary"，给他很多肯定。从某种程度上，这些英语课外班老师，又给壮壮注回了很多自信。美国老师太会夸人了，所有教过壮壮的老师都变着花样地称赞，让我和壮壮觉得他是一个优秀的学生，这跟他遭遇的课内数学老师的批评相比，简直如同冰火两重天。

下面是壮壮在美国小学读五年级时，我的两篇记录：

欲表扬之，何患无辞

……说着说着忽然关键的时刻来了，壮壮居然被点名表扬了！（学校管乐队的）音乐老师说，与胆小不敢吹出声来相比，她更希望孩子不怕出错，大声吹出错音，她好知道。音乐老师眼睛看向听众席里的我和壮爸，说："Gary 就表现得非常好，吹错了音也很大声！——He is doing very well！"套句时髦的话说，我也是醉了。吹错了也受表扬，啧啧。这美国老师，真是"欲表扬之，何患无辞"。这学校是孩子的天堂，而且，孩子们在天堂还不自知，只有中国来的孩子才真心 appreciate（欣赏）这一切。昨天，音乐老师又对我说："Gary 是个 wonderful 的学生！我真喜欢 Gary

的性格，天哪，太幽默了吧……"夸呀，夸呀，夸得家长乐开花。

五年级期末家长会

……两位老师极尽赞美之词把壮壮夸上了天，wonderful, super smart, polite, fun, making friends in a blink... darling... 又花了足有三分之一的时间挽留我们读六年级，简直是央求我呀！老师们太喜欢壮壮了，那感情真是直接、真挚，我快感动死了。全程净咧着嘴傻笑了，又有点想掉眼泪。不但是两位主科老师，科学老师、音乐老师都向我们表达了对壮壮要走的不舍。说实话，前几天看了壮壮给四位主要老师写的感谢卡，我也差点掉下眼泪。师生之间的感情真是深厚，老师都太好了，壮壮很爱老师，我们也很不舍。

我这里并不是说中国的老师就没有表扬和鼓励，壮壮在公立学校时，语文老师曾表扬过他有进步，英语老师非常好沟通，痛快地答应了我的请求，允许壮壮不听课自己看书（英语课对于他来说太简单了），而且还夸壮壮"仁义"。实际上，学生遇到什么样的老师有运气成分，壮壮遇见了一位令他痛苦的数学老师，可能只是运气不好。中国的学校用成绩来考核老师，这个有标准，而老师如何对待学生和家长，似乎没有具体标准，这给了一些没有爱心的老师以生存空间。与之相对比，美国学校校规对老师的要求更严格些。举例说，在壮壮的高中，有一次一位老师生气了，把一个迟到男生的书包扔了出去，摔坏了书包内的手机，这位老师因此被开除。壮壮从公立学校转到私立学校，又转到美国的学校，他的感觉是遇到的老师越来越和善。正因为他曾遭遇过严苛的老师，他对后来的老师更加心存感激。那是种发自内心的感情，人与人之间真实的情感连接，温暖、动人。

5. 对待背诵的态度

国内教育里需要背诵的内容多，因为只要努力去背，成绩就会好。学生要背课文、背古诗古文、背单词、背政治、背历史，甚至背作文……而在西方教育里，老师从来不要求背，提倡的是独立思考、培养批判性思维，甚至特意忽略一些需要记忆的内容，比如在考试中给出化学元素周期表和一些数学公式，让学生用计算器。我印象中，在壮壮的美国求学经历里，只有在八年级的时候，因全班参加"宪法比赛"，他正儿八经地做过纸条，记过宪法的条目。其实他也没背，就是多看了几遍而已。

我个人在学习方法方面是反对背诵的，尤其反对不理解地背、反对让儿童过早地背不懂的东西。我在壮壮上幼儿园中班时，曾为了幼儿园背经一事，跟幼儿园十几个家长辩论过。下面是我当时在网上辩论中的发言记录：

关于这件事的起因和结果

因壮壮的老师带领小孩们背《三字经》《弟子规》，我给幼儿园园长在网站的"园长信箱"写了封短信，表达了我反对利用课堂时间背幼儿所不能理解的古文的意见。园长很快给我留言了，说的确不应该背，马上停止。班主任老师也很快给我打了电话，不卑不亢地说，正是因为很多家长在家教了孩子，孩子也愿意背，为了给这些孩子以展示的机会，她才让孩子们在"过渡"时间背的。她告诉我，很多家长支持背经，背经好不好是个有争论的问题。令我没有想到的是，在接下来的几天里，那个"园长信箱"就像是爆炸了似的，十多个家长留言，对我群起而攻之，有的甚至谩骂、人身攻击。我这才知道，原来背经这个事，在那个幼儿园是有着广泛的群众基础的。我对这个公立幼儿园灰了心，开始物色下一个幼儿园。本来想上海淀少年宫的学前班，一看课程，语文的主要内容是古文诵读，背诗背经，又不想上了。最后舍近求远地上了外语幼儿园。外教从不要求孩子背什么，相反，外教强调的是孩子的自我表达：说、写。孩子连单词都不会拼呢，就开始写作文，不会拼的可以根据读音"瞎拼"，只要能让别人猜出来你写的是什么意思，都算完成了任务。老师不会因为你拼错了，就在那个单词上面打个大叉，然后让你抄写十遍。所以小孩什么都敢写，没有什么顾忌，5岁的小孩也能长篇大论地写满一页纸。我们学习语言，不就是为了阅读和表达吗？我认为，让小孩大量阅读、恣意地"创作"，应用语言，才是学习之道。

我在"园长信箱"的留言

……我对这么小的孩子背古文，持不同的意见。我的理由是小孩子不能理解古文的含义，囫囵吞枣地背，没有任何用处，而且运用不到语言中、生活中。古文是死的语言，是本应该由学者研究的，少数人的语言。而且，《三字经》里很多关于"老幼尊卑"的价值观也过时了。现在的孩子记忆力非凡，用教《三字经》的时间，可以教孩子成语，比如说什么"车水马龙""倾盆大雨"等等，对孩子一解释就理解，而且能够立刻用到语言中去。我认为，只有能够运用的"活"的语言才能被幼儿牢记，才能真正提高孩子的"语文"能力。如果通过老师的教授，我们的孩子语言极大丰富，与大人的对话能力不断提高，我会感到孩子有进步、幼儿园的教学有质量！希望您能考虑我的建议，谢谢！

我在辩论中的发言节选

……古今中外的文字，没有高低贵贱之分，如果一个道理，一个道德观念，一个知识点，我们要传授给儿童，那么用什么语言都是一样的。那么，用儿童能听懂、迅速理解的语言岂不是更好？反之，我们让他们死记硬背，到长大后再理解，那么岂不是事倍功半？而且，死记硬背靠的是大量的重复，一段时间不背了就忘了。大量的重复会耗费时间啊，我们可以用这些时间更生动活泼地教他们更多的知识啊。儿童的认知是建立在他们经历过的事情的基础上的，他们还不具有成人的逻辑思维、概括、推理等能力。而《三字经》等古文是高度概括的语言，很难被儿童理解。通常它只是告诉一个结论，并没有说明推理的过程。这就更加深了理解的难度、解释的难度。和大家一样，我只知道《三字经》前面的几句，壮壮背得一多，我就不知所云了。有一次我问他，这两句是什么意思？他说："赤道这个地方比较暖和，我的老家在东北。"我肯定《三字经》里没这个意思，只不过是壮壮根据自己所知道的事情瞎记罢了。

……我们中国的孩子，最缺的是创新能力和个性。我们从小就被教育尊重权威、学习经典、不问为什么就全盘接受，考试很多考的是记忆力。而社会进步、人生发展靠的不是"崇古"，而是创新。到了大学，写论文的关键是要有自己的观点，引用过多就成了抄袭。我认为，没有什么是不知道不行、不会背不行的经典，在信息社会，关键是知道到哪里找到所需要的信息，和把这些信息为自己所用的能力。而小时候大量背诵会提高记忆力这种说法，还没有科学的实验可以证明。我说"老幼尊卑"的观念过时了，是指《三字经》等是封建社会里产生的，当然有统治阶级维护其地位的工具作用。所以它强调君臣、老幼、尊卑等谁服从谁的秩序。今天我们的观点是尊重儿童，把子女当作与父母平等的、与父母不一样的"人"来看待，儿童不是父母的私有财产。

……我不是说《三字经》内容都不好，因此不应该背。大家举的《三字经》里"有用"的例子，我都同意。但我觉得，与其让小孩背经文，还不如家长理解了字面意思，以自己的语言、孩子能听懂的语言，把道理讲给孩子听。如果用小孩喜闻乐见的方法，如读图画书、看动画片的方法讲一个道理就更好了。如果家长能言传身教、以身作则，以行动来讲道理，那更是最高境界了。有一位家长引用了很多历史知识，但我想，我们应该给孩子讲历史故事，而不是这么早就让他们背各个朝代的变迁。一位家长说学古文能丰富孩子的语言，我觉得还不到时候。现在我们的孩子，还不能滔滔不绝地讲一个故事，还没有掌握大多数的形容词，还不能运用口语之外的书面语。要学的太多了，等这些都会了再学古文吧。总之我认为，幼儿园的教学应该符合幼儿的心理特点、认知规律，尊重儿童作为"人"的成长历程。童年不是成年的排练，童年有它自己的特点。中国的小学教育已经超前，就让我们的孩子在幼儿园里享受一下难得的愉悦童年吧。

……我和大家一样，非常爱我的儿子，独生子女的教育不允许失败，我经常想，在抚养儿子的过程中我不能犯错，也不能因为无知而不知不觉地害了他。我从事中小学英语教材的编写工作，接触过很多教育理念。有了儿子后，我大量阅读育儿书籍，希望从中获取正确有效的方法。可能我的行为在大家看来比较教条，但是在育儿这件事上，我们周围的人都有自己的想法，很多都互相矛盾，要是一味听别人的，而自己不知什么是对的，我会很痛苦。我现在之所以在大家的众口一词中不为所动，坚持己见，就是因为看了足够多的理论，学习了众多人的经验，我对自己的立场很清楚，知道自己该怎么做。我是学英语出身的，我很负责任地说，英语不比古文难理解，甚至正相反，很容易理解。儿童适合学英语，如果把他们放在英语环境中，他们学起来不费吹灰之力，这就是所谓的"习得"，而不是如我们大人般"学得"。如果您有心教孩子一门语言，那教他英语吧。（古文对于孩子来说，简直就如一门另外的语言。）学语言也是门学问，由易到难是所有学习的规律。我同意让孩子们尽量多地接触不同的知识，但强调是适合他们的知识，用他们能够理解的语言，这样才能事半功倍，有效率，有成效。经典好，但是给大人看的。为什么我们大人看了这些高度浓缩的句子，就感叹里面的智慧呢？因为我们大人已经有了人生的阅历和体验，能理解其中的智慧。而我们的孩子是不会理解的，不理解怎么欣赏啊？不理解怎么运用啊？到能理解时再学也不迟啊。各位家长，我们都反对应试教育、提倡素质教育吧，但您不会不知道，应试教育最大的特点就是死记硬背、填鸭式灌输啊。敬畏权威，不要问为什么，把标准答案背会，这不都是中国现行基础教育的弊端吗？现在我们提倡探究式学习、挑战权威，有自己的想法，让儿童多问，多想，多做。我见幼儿园门口挂一块牌子，记不清准确的名称了，大概是"玩具与创新思维"方面的，那么我们幼儿园的荣誉来自创新，而不是随大溜。

6. 关于作文的不同追求

学生为什么要写作文呢？写作的目的是什么？中外教育的写作观很不同。美国教育中，写作的目的是练习表达的本领，运用批判性思维，展示学生的思考、逻辑和观点，促进自我成长，培养会思辨、有理性的人。在小学阶段鼓励自由创作，中学阶段学习应用文和论文写作。中国教育里的作文，从小学到中学，应试的目的都很明显，甚至发展出了"应试体"。每年，网上的中高考满分作文都会引发热议，因为大家发现，应试满分作文经常是华而不实的散文，特点是重抒情、轻逻辑、堆砌辞藻、强调修辞，繁复华丽的文字流于空话和套路。下面是一篇某省的高考满分作文：

铭记与忘记的两岸（有省略）

席慕蓉说："生命是一条奔流不息的河，我们都是那个过河的人。"在生命之河的左岸是忘记，在生命之河的右岸是铭记。我们乘坐着各自独有的船在左岸与右岸穿梭，才知道——忘记该忘记的，铭记该铭记的。

行走在人生路上，我们笑看窗外花开花落、叶枯叶落，静观天外云卷云舒、风停风起。在路上，我们经历着太多太多悲喜交集的事，在生命之河的航行之中，我们学会了忘记该忘记的悲欢之事，学会了铭记该铭记的点点滴滴。

东坡披发仰天大呼"大江东去"，他面临的那些烦心琐事顷刻之间沉入滚滚波涛之中，消失得无影无踪。壮阔的滔滔江水让东坡选择忘记，忘记那些失意、悲伤，忘记那些仕途的不得意。

…………

人们在河的左岸停留着，在这之外，同样又有在右岸快乐生活的人们。

坐在池边亭下泪流满面的独酌的易安居士，用她的文字告诉我她永远铭记着这一生之中所经历的点点滴滴，那是她在"争渡"途中所做出的选择。海子……三毛……凡·高……

这些是生命之河两岸的人生，这是忘记与记忆的选择。风吹起花瓣如同阵阵破碎的童年，决荒的古乐诠释灵魂的落差，躲在梦与记忆的深处，听花与黑夜唱尽梦魇，唱尽繁华，唱断所有记忆的来路，由分明的笑和谁也不知道的不分明的泪来忘记该忘记的不快和琐碎，来铭记该铭记的深刻与永恒。

茕茕白兔，东走西顾，衣不如新，人不如故。航行于"生命之河"中，坐在自己独有的船上，知道——忘记在左，铭记在右，中间是无尽穿梭！

读这篇作文给我的感觉是"不知所云"——不知道作者想对读者说明什么，没有观点，像无病呻吟。华丽的文艺腔语言、信手拈来的名人举例，似乎只是想告诉阅卷者：我阅读挺多的，我积累了很多名人逸事、"好词好句"，如果书法再不错，就给个满分吧。

我认为这种"为赋新词强说愁"的应试写作很无聊，无意义，并不能培养学生今后在工作中写应用文的能力。基础教育培养的应是合格的社会人，而不是作家。我认为中学生写作应该把重点放在说明文和议论文上，推崇简明易懂、表述清楚的文风，而不应推崇用来衡量文学创作者的"文笔"。

最令我感到不对劲的是，某些语文老师教作文时，推崇照着模板写，甚至提倡背范文。有专门教作文的"名师"，让学生每周背一篇范文。这种教学法无疑会限制自由创作和表达，把孩子的灵气抹掉，装进类似八股文的框框里去。

我认为美国写作教育的一些做法值得学习。比如，鼓励学生的自由创作热情。壮壮尚在英语幼儿园时，就写"书"了。外教给学生发订好的空白纸书，有一个方框供画画，有打着格的横线供写字。壮壮创作了很多这种"书"，像模像样地画上版权符号©，显示版权所有，还要学有的书的样子，在扉页写上"献给妈妈"。小孩们的拼写很差，单词都是按照读音"瞎拼"的，但只要大人根据发音能看懂，就不算错，老师不会批改。外教老师对孩子拼写错误的容忍，我认为是"技高一筹"。小孩们之所以有那么高的"创作热情"，敢写，爱写，都是受到了老师的鼓励。至于拼写，外教认为在以后的学习中，孩子自己就能纠正过来。

上学后，各种英语作业更是鼓励创造力，例如写诗、写论文、拍视频、做PPT、写剧本演话剧。下面是壮壮上四年级时我的记录：

……英文写作在写记叙文，题目不限，只要求有problem（问题）和解决problem的3次attempt（尝试）。这种作文正合壮壮的意，那写得长啊，都写了3页了，第一个attempt还没写到呢。这次他把自己写到了Percy Jackson（《波西·杰克逊》，一部著名儿童小说）的故事里，和

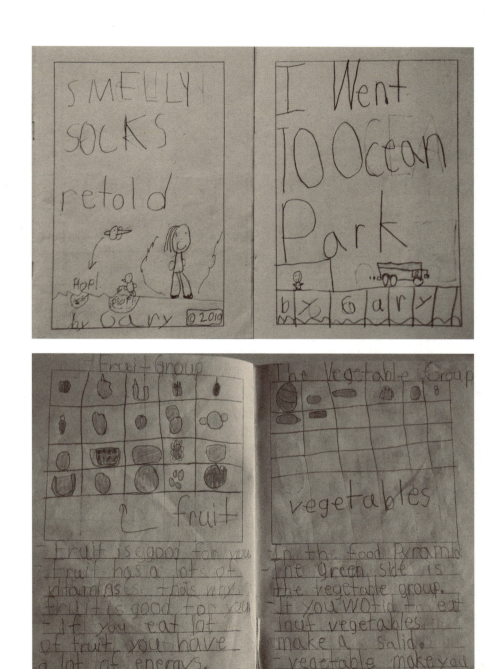

壮壮在幼儿园创作的"书"

Percy、Annabeth并肩作战。英勇的Gary也是Zeus（宙斯）的儿子。故事构思挺有意思，像武侠小说一样充满动作描写，紧张刺激，很多动词我都不会（壮壮听书多，词汇量特别大）。但缺点也显而易见，一是结构，开头太长，壮壮说要写8页，我劝他少写点，关键在于紧扣老师要求。二是拼写，我给他找出四十多个拼写错误，抄在本上，让他抄写。

壮壮在双语国际学校上四年级时，外教老师的英文作业经常是free writing（自由创作），壮壮就写长篇小说，给他最爱的《波西·杰克逊》写续集，一口气写了十几章那么多。他说写得很过瘾，这些在他脑海里瞎编的故事他早就想写了，他的手指头简直"itching to write"（手直痒痒）。壮壮跟同样爱这部小说的同学交换看稿、交流，互相续写对方的篇章，把同学写进故事里，把自己写进故事里。在故事里，他总是艺高人胆大的英雄，以精湛的车技飙车，在枪林弹雨中躲避追杀，在千钧一发惊险万分的情境中化险为夷，把同学这个胆小鬼都吓尿了……我看得直笑。当时壮壮在上FCE（剑桥五级的第三级）备考班，培训班老师要看看他的作文水平，壮壮就把自己写的一篇"续集"给老师看，老师都惊着了。老师说："写得太好了，能不能再给我看几篇？"

但当初壮壮在公立小学写语文作文时，就完全是另一个状态了：像挤牙膏一样费劲，落笔困难，视写作为艰巨的任务。很大程度上因为中文作文都是命题作文，如果写得不好，老师还会打回来重写，经常一篇几百字的作文要改写三遍才能过关。这使他有畏难情绪，一改作文就发愁，讨厌写作文。而写英文作文有很大的自由度，愿意写什么就写什么，只要写就行。这激发了他巨大的创作热情，他常年在脑子里编的故事有了发泄的出口，写他热爱的东西，一万字都不嫌累。我们都知道，写作是项技能，要想写得好，就得常写、多写。在小学这个打基础的阶段，我认为外教老师的办法更好。

到了中学，美国教育训练学生写Essay，相当于中国学生到研究生阶段才会写的学术论文。论文讲究观点清晰，论述有逻辑、有证据，凡引述都要注明。这跟中国中学生写的漫谈式散文、用名人逸事举例的鸡汤式议论文完全是两个路数。可以说，在国内背范文的话，到国外不会写作。而且，在国外教育体系里，最不能容忍的就是作文抄袭。如果被老师发现跟别人的文章雷同，有可能打零分＋严厉处罚。

7. 阅读量的区别

美国教育非常强调阅读量和阅读的广泛性。美国学生读书之多，读书量之大，让人叹为观止。有统计说，美国小学生的阅读量是中国小学生的6倍。美国的华裔孩子，在小学阶段就读过3000本书是很正常的。

与之相对比，中国大部分孩子在小学和中学阶段能读几本书呢？恐怕没多少。倒不是因为中国的孩子不爱读书，主要是繁重的课业负担使大部分孩子的课外时间都付给了作业，根本没有时间读书。可能班上的优等生写作业快，晚上还有点时间看书。但大部分学生，能完成学校作业就不错了，能保证按时睡觉就不错了，根本没时间读书。特别是初三和高中生，就算喜欢读书，家长也会制止，因为怕影响孩子的科目学习。课外阅读被很多家长视为"看闲书"，影响课内成绩。读书的兴趣是需要慢慢培养的，很多孩子的读书兴趣在小时候就被抹杀掉了。比如语文老师要求孩子写读后感、摘抄笔记，把"好词好句"抄下来，老师还要检查。某些孩子本来对读书还有点兴趣，但一想到要完成这些任务，立马兴趣全无。语文课堂就只学一本教材，学校规定的课外必读读物，学生也可能不喜欢。不能自由选择自己喜欢的读物，又怎么可能喜欢读书呢？学业压力太大，读书肯定也不是释放压力的最好方法。暑假寒假好不容易有点空闲时间，学生们倾向于选择玩游戏、网聊、打球、看电视等活动去放松，也不太会去读书。总之，想让孩子大量读书是很难的，得靠家庭教育的影响和鼓励。

美国教育中，对阅读的重视和一些具体做法，值得中国教育者学习。

第一，学生的高阅读量得益于美国有一套非常成熟的阅读体系：分级阅读。美国所有的儿童读物都被分了级，供学生循序渐进，也有与之配套的分级测试和诊断手段。语文教育中没有分级阅读体系，不是因为中文不需要分级，而是没有人把这当成"科学"来研究。目前我看到的一些机构试图搞出来的中文分级，都是很粗糙的，背后没有数据和实验的支持。

第二，K-12学校教育对阅读非常重视。在小学和初中阶段，Reading（阅读）本身就是一门独立的课，和Language Arts（相当于"语文"）并列，属于每天都有的主课。考试时，Reading和Language Use也是两个分着考的科目。美国小学有专门的阅读课，在阅读课上有专门的阅读时间，既不做题，也不讲课，就是学生们一人一本书，或坐或趴或躺，舒舒服服地看。老师也拿本书陪着看。在低年级，阅读课有一个固定的时段叫Read Aloud，即教师读书给学生听。教师除了自己每天朗读给孩子们听，还会请家长志愿者、社会知名人士来学校为学生朗读，还会请高年级的学生来班里，为低年级的学生朗读。除了课堂上有专门的时间阅读，阅读也是作业。例如，小学老师会布置每天30分钟的自由阅读作业，学生需要填一个阅读日志（Reading Log），记录自己读了哪本书、读了多少页，家长签字。采用AR（Accelerated Reading）系统的教师，还会记录学生读的书赚了多少"点"（points，越厚越难的书点数越高），开展班级竞赛，看谁赚的点数高，到达一定的点数有奖励。总之，整个阅读课营造的氛围就是："读吧，读吧，读得越多越好！"

第三，美国学生享有丰富的图书资源。班级有图书角，学校有图书馆，社区也有图书馆。学生可以一次借四五十本书回家看，大多数章节书还配有音频CD，不愿意读的可以听。美国孩子可以说拥有海量的免费资源。

第四，自由自主阅读，吸引学生徜徉于书的天地。美国教育认为，自主、自由、无任务的"泛读"跟有教师指导的"精读"一样重要，在学习阅读（learning to read）阶段，甚至更为重要。为此，美国教育不遗余力地创设能静下心来读书的轻松、舒适、自由的空间，只要求阅读时间和阅读的本数，给学生选书方面最大的自由，让学生按照自己的兴趣读书。这对于培养学生的阅读兴趣，对阅读产生喜爱，建立终身阅读习惯大有益处。

第五，用花样百出的活动"引诱"学生阅读。为了让学生热爱阅读，觉得阅读是件有趣、有意思、温馨的事情，美国教育的方法可谓花样百出，举几个例子：

阅读伙伴（reading buddy）：高年级学生与低年级学生结对子，辅导阅读；

让各种职业的人来学校给学生读书：如请市长、消防员、警察来小学读书；

做手工展示最喜欢的书的主人公：例如，南瓜装扮比赛；

学校老师和学生打扮成故事书里的形象游行（Book character parade）；

书市（Book Fair）：Scholastic 是美国最大的教辅读物出版社，每年在中小学举办书市。学生买书、捐书；

阅读马拉松赛（Read-a-thon）：学校间或学区间的比赛，学生上报自己每天的总计阅读时间及书目，由家长签字保证真实性，每班据此统计学生每周累计的阅读时间。全校各班的阅读时间相加即是该校总计的阅读时间，数据上报至市教育管理机构，成为学区学龄儿童父母重视的一个参考数据；

口头阅读报告（Book Talk）：学生读完一整本书，在课堂做口头报告交流观点，评价书的优缺点，做关于作者写作背景和写作方法的研究。相对于中国学生埋头做阅读理解题，这些任务无疑更有利于学生保持阅读热情、欣赏作者写法，并锻炼了口语表达。

第六，美国教师在引导阅读讨论方面，注重启发性的点评，注重批判性思维，经常引导学生思考"如果他不这样做，会发生什么""如果是你，你会怎么做"等问题，而不常问只有一个标准答案的 Yes or No 的理解性问题。注重对话式的交流观点，较少进行检验理解式的问答。美国教师在对阅读课的评价方面，看重努力和进步，看轻测验分数；重形成性评价，轻终结性评价；总是给予学生以鼓励。学生从教师那里得到的，都是正向的鼓励与激励。

综上所述，美国教育注重阅读，有完善的图书馆系统，浩如烟海的图书，全社会推动阅读的热情，课堂中受到完整的阅读训练，还有各种有趣有益的阅读活动。终身热爱阅读的美国人很多，这些值得中国教育学习。

8. 数学教育的差异

美国数学和中国数学的差异也不小。

第一，重视的方面不同。当今的西方教育重视认知（布鲁姆学习金字塔）的第3—5层——解决问题、分析能力、团队合作互相评价，而认为第1—2层的记忆和理解，应该由小组任务为驱动，学生自学。这个体系的缺点是那些不会自学的、差一点的学生很容易学得一塌糊涂。由于缺乏记忆和理解的反复训练，很多学生基础不牢，觉得越学越吃力，干脆放弃。所以我们有美国人数学普遍不好的印象。而中国数学以及各学科教学，重视认知的第1—2层，拼命练拼命背，拼命理解，但很多内容沦为纸上谈兵，能应用的机会很少。比如，一边注水一边放水这种数学应用题，真实世界里不会发生。但这个体系的好处是学生的基础扎实，将来可以继续深造。

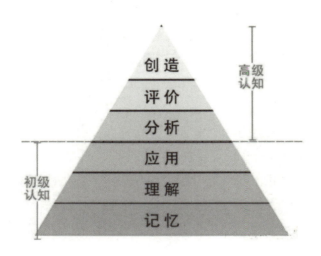

第二，美国数学与中国数学的教材编写逻辑不同：中国数学的逻辑是垂直的：学完了A，学B，学完了B，学C。美国数学的逻辑是平行滚动推进：ABC全学，每年增加一点难度。

第三，中国数学初三学立体几何，美国基本不学。美国高中可选学微积分，中国高中不学。我观察的结论是美国数学学得广，起码从教科书和教学大纲上是这样。中国数学要求更高，比如口算要求速度，同一知识点，做的题更绕。

第四，美国数学不练口算，允许用计算器，而且用专门的、很复杂的计算器。数学考试也允许用计算器，因为美国人认为世界已经有计算器了，没必要口算。美国超市收银员普遍数学不好，只会看屏幕上的计算结果找零。中国学生能口算、基础计算好，是靠大量的练习、做题，是训练出来的。

第五，美国数学重推理过程，重画图，重视步骤。数学考试基本没有难题怪题，要比作业简单。另外，说"美国数学简单"，指的是公立学校"最低毕业要求"的数学简单，公立学校也是分层教学的，高中有大学难度的课可选，实际上美国好学生在高中选学的 AP 数学，要比中国高中数学高深，课程也很重。

第六，在美国，学习都是学生自己的事，学生必须要有主动性，数学这门课也是一样。数学教材跟语文似的，里面都是字，极厚，很沉很沉。内容清晰性强，讲得很透，举例很多。教材学校放一本，家里再发一本，不用背来背去。把教材编那么厚、讲那么细，就是为了让学生自学的。老师也不怎么讲课，课堂上分组自学，还给小组打分。若不想得低分，得奋力把小组里的"猪队友"教会，还得提醒他交作业。若不管其他队友，那你呼天抢地说都是他的错也没用，你和他得一样的分。觉得没学会？老师有 office hour 答疑时间，老师坐那儿等着学生问问题。若不主动去问、不会问问题、问不出好问题、觉得自己会了其实并不会，那也活该得低分。作业都是跟答案一起发下来，自己做，自己对答案，没人给判作业。若是照抄答案糊弄自己，考试不会，也活该得低分。嫌作业少，想多练些题？老师给你个网站，有的是题，自己练去。想多听几遍讲解？有可汗学院呀，有 YouTube 视频呀，有网络课程呀，自己搜出来看吧。反正，学习是自己的事！必须拿出主观能动性来。学生偷懒、不学、不问，都是学生自己的问题，不关老师的事。在中国的学校里，老师会督促着学生学，不学不行。美国社会崇尚个人主义，个人选择。所以当一个孩子做数学感觉费劲、讨厌的时候，他放弃数学，也没人逼他，因而有大量人放弃了学数学。

9. 学校活动的丰富程度

美国学校的活动非常多，可以说花样百出，吸引学生上学的兴趣。我挑几个有代表性的活动介绍一下。

科学会展（Science Fair）：每年学生选与科学有关的题目做研究，做展板，在一个大展厅里展示自己的作品并和别人交流。下面是我在壮壮读五年级时的记录：

美国小学的Science Fair

如果说我在Open House收获了很多温情和感动，那步入Science Fair，就是被震撼了。首先，这个学校的所有三至六年级的孩子都要参加Science Fair，即不是个别"科技特长生"才参与，而是全体学生参与的普及性活动。从三年级起，美国小学就按照做科学研究的方法和步骤展开对学生的训练：自己选题，提出假说，设计实验，实验步骤，证明假说，做出结论，参考资料，这些都严格按照规定流程走，一个8岁的孩子，就煞有介事地说：This scientist believes... 这是真正的普及性科学教育。美国从小学起，科学就是必修，科学知识比中国学生学得多，尤其是生物知识。科学课不仅仅传播知识，还是动手动脑的趣味性课程。最关键的是，这门课从小训练了科学研究的方法。知识是前人总结的，有了科学研究的方法，小学生会成为新一代的创新者。科技强国是怎么来的？从小训练的。其次，孩子们做

的展板真的棒极了，从选题论证，到知识含量，到展板布置，透着一股专业。你不由得会问：这真的是8—12岁的小孩做的吗？当然不是了，父母都帮着呢。来到这个场合，我才感到，这里是"拼爹""拼妈"的战场，我不由得直后悔，没有给壮壮提供太多帮助，都是他自己弄的，展板布置什么的，相比之下太业余太寒酸了。壮壮只得了三等奖。还有，就是美国人对这个活动的重视。都是全家出动，在展板前，有的是孩子讲解，父母聆听，有的是父母讲解，孩子聆听，都在认真学习。他们是真的在看、在研究每个实验设计，为自己以后参加此类活动积累经验。美国中产父母参与孩子的学习很深入，尤其是这种大型的project，家长参与度真高啊。

下面是我拍的展板特写，话题包罗万象，物理、化学、生物，甚至心理学……这个宇宙起源的展板，作者才8岁。

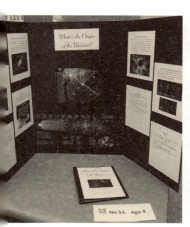 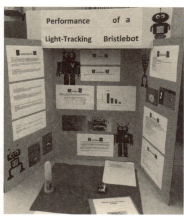 

文化节（Culture Fair）：学生和家长在展厅里摆摊介绍自己民族的文化，还有好多来自各个国家的美食。

各种慈善募捐活动：例如Adopt A Family帮助穷人的募捐活动；run-a-thon孩子跑圈，家长捐钱；按单子买洗漱用品，捐给穷人。

情人节（Valentine Day Party）：在美国，情人节差不多和万圣节一样，是小学生的节日。每个小学生都会给全班送礼，也会收到来自全班同学的礼物，总之就是互送礼物，又有一个理由吃巧克力了。每个小孩有一个 Valentine——要送特殊一点儿礼物的人，当时的壮壮班是抽签配对的，壮壮给那个女生送了一张写满了夸赞之词的大贺卡和一个巨大的巧克力。万圣节的化装游行也是每年都办。

才艺表演（Talent Show）： 唱歌、跳舞、弹乐器之类的表演。

手工集市（Craft Fair）： 经商体验活动，学生自己手工创造产品，"集市"当天进行真实货币的买卖交易，目标是要从自己的项目中真的赚到钱。美国鼓励孩子从小学习经商，认为这是一种基本生活技能，孩子能从小学会跟人打交道，有一些挣钱的经验，增强自信。

感谢老师（Teacher Appreciation）： 感谢各科教师、校车司机、门卫、保洁等，写卡片，制作或购买小礼物。下面是我在壮壮五年级时的记录：

美国小学的"感谢老师周"

壮壮上的小学又有大活动了，这个礼拜是 Staff Appreciation Week，整整一个礼拜的活动。在美国当个小学老师也不错，整天跟孩子们在一起，挺快乐，还总被感谢，心情愉快。先是捐款，对，什么活动能不捐款呢。后来，Room Parent（相当于本班家委会代表）写 E-mail 向我们家长汇报说，Room 11 家长捐的款，是这样分配的：两位主科老师各 350 刀，6 位科任老师各 40 刀，办公室老师各 30 刀。我赶紧在脑子里计算，每家平均捐了多少，看自己是不是捐得合适。星期二 Parent Group（家委会）为所有老师准备一顿早饭。星期四家委会招待老师们一顿午饭。在操场上的栅栏上，挂了一溜装饰得挺漂亮的鞋盒子，上面写了每个老师的名字，学生往里面放感谢卡。壮壮决定给四位老师写感谢卡：两位主科老师、科学老师、音乐老师。我们到超市买了四张卡。还要给老师送 sweet treat，这个我们这没送过的就没主意了。我带着壮壮在超市转了好几圈，先是拿了防晒霜。后来又改了主意，买了香味蜡烛。最后还是决定亲自看看别人都送什么再说。早晨我送壮壮的时候，平时都不停车，送完了就走，为了看礼物我特意停了车,到操场偷偷地查看袋子里都有什么。原来大家以送吃的为主,以自己烤的饼干、小蛋糕居多,还有人送了大橙子!原来如此啊!星期五要求为老师们送花,家委会为每个老师都准备一个花篮,学生们献花,这样老师在周末就能拿一个美丽的花篮回家了。不由得再次感叹,老师们是很幸福的,怪不得老师的脸上总是洋溢着微笑。

学校精神日(School Spirit Day):精神日花样繁多,各种各样,如Hat Day 就是戴各种各样的帽子,Crazy Hair Day 要做个怪异发型,越怪越好,Crazy Socks Day 必须乱穿袜子,比如一样一只新奇图案的袜子,Twin Day 是两个同学打扮成一样,Pajama Day 是穿睡衣上学,还有要求

穿"学校颜色"的日子、要求穿迪士尼衣服的、穿夏威夷衣服的……

外出参观活动(Field Trip):去博物馆看木乃伊,去艺术馆看画展,去大学看超级显微镜;组织去滑冰、郊游;学当地历史时,参观帆船博物馆;学加州历史时,参观加州首府萨克拉门托;小学毕业,去迪士尼

乐园庆祝……

音乐会，舞会，毕业舞会（concert, dance, prom）： 乐团演出，半正式舞会，正装舞会等。

10. 对弱者的态度不同

美国教育不断地向学生传递这样的理念：这个世界上还有很多不幸的人，他们需要我们的帮助。慈善活动、做义工都是学生的必选课，大学录取也要看你是否有同情心、爱心，是否有社会责任感。学校致力于培养学生关爱他人的能力，尤其是同情并帮助弱者。在学校中，最受关注、最受优待的是残疾学生、有特殊需要的学生。运动会上，坐轮椅的残疾学生也有人推着他跑。每个商场和超市门前，最好、最方便的车位，一定是画给残疾人的专用停车位。

相比较而言，中式教育似乎有"强者思维"，所有的资源，几乎都一股脑儿地向强者倾斜，相对弱小的个体，或者不发声的沉默学生，在整个教育体系中，很难得到足够的关注。这种教育或许造成了中国成年人当中，有很多持"社会达尔文主义"观点的人，比如，相信"你穷是因为你不努力""没有成功是因为你付出的还不够多""某某事业有成，是因为他比常人付出了更多努力，所以他的财富和地位都是应得的"。将"生存斗争""适者生存"等自然选择规律强加于人类社会之上，认为在人类社会中被"淘汰"的人，都只是因为能力不足、无法适应社会环境，活该承受糟糕的境况。这种对贫困、边缘和少数群体的歧视和漠视是很残酷的。缺乏关注弱者的爱心教育，造成一些家境好的中国学生有阶层优越感，看不起劳动人民，爱炫富，有势利眼。这要靠家庭教育弥补。

以上十点不同，是我的个人体验和总结，也许是片面的，有些细节也许已经时过境迁，有所变化。我想强调，中外教育各有优缺点，都不是完美的。之所以列了很多西式教育的可取之处，是为了受启发、吸取经验，改善我们的教育。中国教育的优点是数理基础扎实、学生刻苦、中位数水平高、同班同学相处时间长、有集体荣誉感，能成为终身的朋友，每个学校都有兢兢业业、教学水平很高的老师。美式教育的缺点也有不少，如贫富分化、基础阶段要求过于宽松致使差生掉队、有混日子的老师、大学昂贵，还有枪击案的危险等。

三、我为什么把儿子转到国际教育体系

在壮壮四年级时，我将他转学至一所国际双语学校，下面是当时写的博客，记录了我曾经的所思所想：

为什么转学

两周时间，做了影响全家生活的重大决定：搬家，转学，从此和一个体制说再见，走上不归路。承受经济压力，租小房子住，上班时间从15分钟拉长到横穿北京城的一个多小时，家长做出了巨大牺牲，就为了一个孩子。为了给孩子提供父母所能提供的更好的教育，可怜天下父母心啊。为什么呢？在这里做个总结。

首先就是我对于教育体制的不满意。自从上X小的第一天起，我就失望了，我就郁闷了，我就后悔了。接下来的三年，我的心情没有好多少，很沉重。放弃这个家门口的名校，我是始作俑者。其实也不光是针对这个学校，是我对应试教育整体的失望和对小升初大战即将到来的整体逃避。题山卷海，战鼓声声，不说看得见的失败就在眼前，即便考上了什么市重点、区重点又如何呢，还有一个"中考炼狱"，更多的卷子等着呢。若将来想留学，上什么高中的国际班，还不如现在就转，省得双线作战双重压迫。

壮爸的理由是学校课间和中午均不放孩子出楼，致使孩子运动不足发胖，越胖越不爱运动，恶性循环。这个身体问题是壮爸拍板的出发点。

孩子自身的问题就比较个性化了。壮壮在学校混得不好，什么也不是。虽然最后的成绩单上全都是A，但不时掉到平均分以下。他厌学，不爱做作业，课堂上向沉默寡言发展。他智商普通，无强大毅力，连钻研数学题的兴趣都燃不起来，不可能靠奥数拼什么"点招"。他的英语特长在海淀没什么用，又不是什么班干部，小升初大概率是随大溜直升划片中学了。而国际学校提供了一个新的评价体系、一个新的环境，也许，他能够在新环境里重拾自信，健康成长，转变为热爱学习的好学生。外语幼儿园和游学经历都证明他更适合国外体制下的教学，这是显而易见的。从这一点说，转都转晚了，因为我们不知道这个更好的可能性。

从目前了解的情况来看，双语国际学校比较适合他。他可以在新学校里延长童年和少年，学想学的东西，不用学不想学的东西，没有那么重的压力，自然健康成长。我不求八年后他有什么供我炫耀的成绩，只希望看到一个充满阳光的小伙子。

今天看来，我下决心把儿子从家门口的著名公立小学转出来，还有一些深层次的原因。首先是应试教育里的压力、分数、作业、卷子、刷题，以考试为导向的枯燥教学，老师的严厉，对当时的壮壮打击太大。他是普娃，又晚熟，性格又活泼，得不到老师的赞赏，倒是总挨批评。我怕他丧失自信，自暴自弃，或是磨去棱角，没了优势，流于平庸。也担忧过早的层层选拔会将他淘汰，上不了好学校。我想让他在小学、初中阶段保持身心健康，以期待将来逐渐成熟学有所成，就需要换个环境。我所看重的充足的睡眠、必要的体育锻炼、大量的阅读、学习的乐趣，在国际学校里有。

还有一个原因，就是我一直想让壮壮成为跨文化的双语人。我希望他把英语学到母语水平，希望他能多角度思考，不盲从，能提出问题，与别人合作，和各种人沟通，包容种族、宗教、文化、性别取向、性格、家庭背景等各方面的差异，理解多元化的重要性，跳出舒适圈挑战自我，尝试发展多方面的兴趣。国际学校鼓励孩子发展这些软实力。北京的国际学校在教授硬知识方面其实一般，师资有限，不能和好的英高、美高，或者其他地方的国际学校相比，但在培养软实力以适应未来社会方面，我觉得还不错。在双语教育、培养无问西东的年轻人方面，因为地处中国，也有优势。

选择国际教育，还为了在中学也能练音乐体育、参加各种社团锻炼才能。我看到高考体系的孩子，除了一些"特长生"向专业方面发展，普通孩子一到中学，基本就把音乐、体育方面的追求扔了。而我想让壮壮在中学也能练音乐和体育。虽然他既不擅长音乐也不擅长体育，但是在我看来，这两样对于培养一个有魅力的小伙子还是挺重要的。此外，我还希望他参加英语辩论等社团活动，这种机会在公立中学就比较少。壮壮曾在公立小学管乐团练了两年圆号，老师是军乐团的。壮壮没有喜欢上管乐团，三年级时在他的恳求下退出了，13000元的昂贵圆号白买了。到美国读小学五年级时，他重新吹起了次中音号，下面是我当时的记录：

热爱音乐

壮壮所在的小学管乐队真的很棒。有一天去接壮壮去早了，外面听演奏，哇，又被震撼了。正演奏《加勒比海盗》配乐，浩浩荡荡，宏伟雄壮，比电影里的原音还有力量。又听到《西班牙斗牛士》，因为熟悉更增铿锵有力的魅力。我在外面听着都被吸引了，想来亲身参与其中的壮壮，更能感受音乐的神韵。有一天周五，音乐教室传来 jazz band 排练的乐声，壮壮对我说："给我也报 jazz band 吧！"我说："啊？再加一个乐团？"壮壮说："嗯，我热爱音乐，你难道不高兴吗？"主动要求报班啊！这个小孩，在中国吹圆号时，还曾说过"妈妈，别让我吹圆号了，我将十分感谢你"。这是什么原因造成的呢？我想，大概是美国的排练不枯燥，在演奏中学习，没有考试、没有淘汰、轻松无压力，老师和蔼，选曲时尚，使孩子能真正享受音乐。

最后一个原因十分个性化：儿子是个话痨，我为了发挥而不是抑制他的特长而转学。壮壮特别爱说话、善表达。他这个特点在讲求安静和纪律的中国课堂上是不受鼓励的，甚至是要被制止的。我在开家长会的时候，见过管乐队老师恶狠狠地命令学生"闭嘴！"那个严厉，我听了心里都是一噤。壮壮初上小学的时候总挨批评，有一次他看我忧心忡忡，安慰我说"我已经不说话了。我的嘴像这样，被粘住了"，他做了一个封拉锁的手势。我听了没有感到安慰，反而感到很难受。而同样这个爱说的特点，却是西式课堂的加分项——contributing to class（对课堂有贡献）。在西式课堂上有很多的讨论，老师希望学生能积极发言，这时壮壮就会大放异彩。他能说会说，有思想又幽默，使课堂保持活跃兴奋，老师都很喜欢他，给他高分。同一个人的特点，在一个体系里是缺点，在另一个体系里却是优点。为了发挥他的特长，我将他转到国际教育体系。未来的职场环境，肯定是多元化、多样化的，任何一个方向的个性化发展都有可能成功，最怕的就是毫无个性的平庸。有特长，就要发扬光大。

壮壮在双语国际学校度过的一年很成功，比我预想的还成功。下面是我写的总结：

转眼一年过去了，壮壮结束了四年级。这一年壮壮过得很快乐，可以说如鱼得水、游刃有余，有认同感，喜欢所有的老师，与同学相处得也很好。他认为XX是个好学校。壮壮认为一个学校最重要的一点，是老师nice。XX的老师无疑做到了这一点。在学校里走动，家长会被老师们脸上挂着的笑容和一句句问候所感动。壮壮曾因为两个behavior问题被老师批评过，但挨批并没有影响他爱老师爱学校。学期结束，壮壮被四年级老师集体指定为XX学生代表，接受Time Out杂志的采访，这是老师对他的肯定，是个荣誉。记者的问题中有"有没有你会想念的老师"这一条，本来我事先嘱咐他一定要表扬班主任H老师，可他告诉记者"喜欢所有的老师"。问他为什么，他说因为当时W老师在场，他不想hurt her feelings（伤害她的感情）。

……………

学习方面，这一年改变了壮壮的自我认知。在英文上他阅读水平全班第一，作文经常被老师当堂朗读，树立起强大的自信心。中文数学和语文，他也自认为从"中等生"上升为"中上水平"了。期末考试他的中文数学和语文考了全班第三名。国际学校学生的两极分化很严重，优秀的学生是真优秀，在美国的统考中进了 top 1%，差的学生英文和中文都不及格。学校里的老师面对差异这么大的学生，真的很难办。即便分层教学，也不能照顾到所有人。壮壮在英文好班，也面临吃不饱的情况。班主任老师对他最大的意见就是他上课总是喊出答案，没有给其他人机会。这个毛病他检讨了又检讨，成为四年级最大的问题。从另一个角度来说，这也说明老师教的他都会了，没有新知，这很令人遗憾。在国际学校学习，一个很明显的感受是"学习是自己的事"。老师不会像公立学校老师那样步步紧逼，严查督促，正相反，英文老师连作文都不修改，只是鼓励你多写而已。中外最大的区别是对期末的态度。中文老师在期末都会展开复习，外国老师根本不管复习，平时学什么样你就考什么样吧。我私自感觉这很不合理，因为我发现壮壮遗忘严重，比如汉字，原来会写的字在期末一听写，又不会了。我还对英文课不抓拼写这件事有意见。拼写是壮壮的短板，虽然我在家长会上也说了，也给老师写信了，但 H 老师和 I 老师还是没有抓。可能因为理念不同，我对自己还得管儿子拼写这件事有点抱怨。

我到底想要什么样的教育？我一直在思考这个问题。中式的教育像在夯地基，基础打得这个牢啊，老师挥着大锤砸啊砸啊，而小孩可能被砸得失去了盖楼的欲望。西式的教育像在造发动机，小孩们被鼓励得突突突地发动起来，学习的劲头很足，而发动机本身有点小毛病都被忽略了，被认为不重要，持续学习、一直往前跑的劲头才是重要的。对壮壮来说，保持对学习的热情，至少不反感是至关重要的，对学习的自信也很重要，因此他适合西式教育。至于这其中的不完美，只能靠家长来弥补。现在想来，原来在 Muffy's 幼儿园的那个状态是最佳状态：中西合璧，既有对学习的高要求，也有快乐的氛围和和蔼的老师。当时因为是幼儿园，觉得对学习

不应该抓得过紧,如果能把 Muffy's 模式移植到小学,对中国家长来说,可能就完美了。我通过参加XX组织的活动,觉得XX是个生机勃勃的集体,小孩的生命都"恣意地"绽放着,那种舒展和自由是令人感动的。微信上看到某小学合唱节的照片,小孩们一排排地站好,穿着一样的衣服,浓妆艳抹,集体感很强,表演性很强,家长们也称赞高大上。而XX一个乐队一个乐队表演的音乐节,个性十足,各不相同,小孩们肢体自由,服装随意,又表演的是流行音乐,架子鼓一打起来,激动人心。完全是两种不同的风格,公立学校强调的是集体,私立学校强调的是个性。总之,XX这一年很有收获,我和儿子对这所学校很认同,若不是有了更好的选择,我们会继续读下去。如今要说再见了,心里有些不舍。

从上面的记录中,大家可以看出,我为儿子择校是基于他的个性而做的决定。每家的孩子个性不同、在学校的体验不同,需要具体问题具体分析。比方说,我称自己为"应试教育的得益者",我小时候学习好、当过班干部,通过考试进入了重点中学、北京的大学,又考研读了研究生。导师们喜欢我,劝我接着读博士,我自己读腻了不想学了,就留校工作了,求学路可谓一帆风顺。我常想,如果儿子像我,或者我生了乖巧懂事的女儿,能适应现有教育体系,那我可能就不折腾了。再比如,儿子的小学同桌,一个全面发展的女生,在小学就是班长,负责"管着"壮壮。初中上了北京最好的中学之一,仍是班长。高中出国,读了美高。壮壮说,过年时他们俩互相问候,用英语聊了会儿天,他发现该女生的英语也极好。这说明厉害的孩子,能很好地适应中外两种教育体制,在哪儿都能发展得好。

第九章

树立学业优势

一、理解男孩，帮助男孩

在中国基础教育的大环境里，学业成绩是最重要的目标。男孩上学以后难免遭到打击。很多晚熟的男孩在小学低年级都会落后一点的，如果成绩不佳，再因为活泼好动、精力旺盛遭受老师的批评和惩罚，男孩很容易厌学、丧失信心。

男孩妈注定要过的一关，是小学低年级时期的落差、抓狂与辛苦。男孩妈要挺住。男孩发育晚，左右脑的连接不如女孩。5 岁男孩的读写能力，只相当于 3.5 岁女孩的能力。小学的教育方式——圈在一个狭小的地方听讲、读写，坐着不许动——不适合男孩。男孩是以前的猎人，原始人小时候在学习奔跑、远眺、狩猎。是基因使他们坐不住，听不进去，阅读慢，写不好字。这意味着男孩在小学低年级阶段，根本比不过女孩，这对于男孩建立自信不利，弄不好会对他们造成终身影响。所以，男孩妈在此时不能不管，必须挺身而出，尽可能在学业上帮助孩子。如果你不同情儿子，谁会呢？小学老师都喜欢女孩。唯有亲妈才能拿出十二分的耐心。所以，不要崩溃，不要焦虑，正视困难，迎接挑战。到了小学中高年级，男孩就慢慢改善了。到了中学，就省心多了。男孩是有发育的时间表的，这是我作为过来人的经验。

有的家长说，现在男孩中的牛娃从一年级就开始牛了，那些到了高中才逆袭的男孩不多了。这我是同意的。因为家长的育儿方式完全变了。在我当学生那个时代，家长都不管，学生们呈现出来的是天然状态。就有一批懵懵懂懂的男孩，高中忽然自己就开窍了。现在不同了，早教成了家长们比拼的主战场，把牛娃提前开发、鉴别出来了。我觉得这是剧场效应。以前的牛娃和现在的牛娃最终没什么不同，都是真正牛的那些人，被早开发了，还是没被早开发，只是时间问题。"人工牛"就有意思了。从高中到大学，是人工牛娃"现形"的过程，最终还是会回到他们在智商序列原本的位置。因为"鸡娃"都发生在低龄，到了高中，家长就"鸡不"动了。高中生的家长基本都变"佛系"了，早就看清了自己孩子是几斤几两，家长也已然使不上劲儿，所以期望已调整得很现实。那，小童妈还鸡娃吗？恐怕还得"鸡"。只是广大男孩妈，要明白自己的目标和动机。在小学帮助男孩，是为了不让他掉队。对于大多数不是天赋异禀的男孩来说，他们成长的时间表，本来就是"逆袭"式的，到了高中才开窍。不能因为少数牛娃小学就被开发出来了，就否认大多数男孩的成长规律。

在小学保护好男孩的自信，培养一个他的特长，为未来储蓄我们看重的能力，探索他擅长的领域。在小学低年级，忍受他的糊里糊涂，不放弃、内心坚定、步伐不乱。让时间的魔力改造这个正常的男孩，到了高中，你会发现，他什么都明白了，也有主观能动性了。

1. 从生理特点的角度理解男孩

应试教育的胜出者，一般是那种细心的、追求完美的、好强的、有毅力的孩子，可以看出这些标准明显偏向于乖巧的女生，就是那种坐在前排认真听讲的女生。而小学一年级时的壮壮，是那种坐在教室最后一排的游离的男生。他爱说话，坐不住，不遵守纪律总受罚，不愿写作业，容易感到厌烦，搞小动作，马虎，听不见老师的要求，丢三落四，正是这一阶段的典型男孩，我只能抱着同情的态度理解他。同时，我抱有坚定的信念：儿子不是真的不爱学习，只是因其活泼的个性，需要时间来适应纪律严格的小学。他的学业落后（其实也都是 A，即 90 分以上，只不过在平均成绩很高的海淀重点小学，有时掉到了平均分以下）是暂时的，我必须相信他以后能追上来。

男孩家长需要知道的一些生理知识：

男孩为何上课易违反纪律

男孩并非有意跟老师作对，而是因为其大脑中控制冲动的区域——额叶发育得更缓慢。由于自制力差，男孩在课堂上往往难以长时间坐着听老师讲枯燥的内容，他们更容易分心，更容易做小动作（男孩的小动作是一种对大脑的自我刺激，以保持大脑清醒），因而更容易违反纪律而遭到批评或惩罚。

男孩血液中的多巴胺（可增加冲动性冒险行为）含量较多，流经小脑的血流量更大，而小脑是控制"行为"和"身体运动"的部分。这导致男孩在静坐或久坐过程中的学习能力总体上不及女孩。事实上，运动对男性大脑的学习至关重要。

男孩为何更适合深度学习

男孩大脑处理血流的总量较女孩少15%，同时男孩大脑对活动进行区分，这种特性不利于同时进行多项任务的学习。因此，男孩在长时间专注于单一任务时成绩较好，此时深度学习在发挥作用。如果非常频繁地变换任务，他们的表现则不佳。女孩的胼胝体（连接大脑两个半球）体积大于男孩，可在两个大脑半球间进行更多的交叉信息处理，可同时等质量地完成多项任务。

男孩为何上课更容易走神

由于大脑血流量少于女孩，男孩的大脑需要更多类似小憩的"睡眠状态"，为下一个任务做好准备。然而，这种对男性大脑至关重要的睡眠状态很可能在教室里酿成大麻烦。大部分未完成作业、在课堂上停止做笔记或睡觉，甚至以摆弄铅笔或坐立不安等方式进行自我刺激（这样可以保持清醒以便继续学习）的学生都是男孩。与此相反，一个女孩即使对上课内容感到厌烦，她仍可以睁大双眼听课、做笔记。与女孩相比，男孩需要更多触觉型的体验，以便激发大脑学习的积极性。

男孩的记忆力为何不如女孩

男孩与女孩大脑中的海马体（大脑中的另一记忆存储区）的工作方式不同。男孩需要更多的时间才能记住课堂上讲的内容，特别是写出来的文字内容。不过，因为男孩的海马体更偏爱序列，因而在记忆大量序列式和层次要点的信息时非常成功。男孩大脑有更多的白色物质，这些物质主要负责脑细胞间的联络以及神经冲动在大脑和四肢及躯体间的传递，所以男孩生来就具有强大的空间感知力。女孩的大脑比男孩多出15%的灰色物质，这些灰色物质主管人类的语言思维，所以女孩天生具有强大的语言优势。男孩大脑许多负责学习功能的区域发育较晚，如果承受过多压力，就会成为男孩在生命早期经历高压力和高失败率的主因，有些男孩读四五年级时，便显现出缺乏学习动机的早期信号了。

男孩的字为何不如女孩

男孩控制精细动作的大脑区域和神经系统的发展总体落后于女孩，因此让男孩握住铅笔并写出漂亮的汉字更加困难。这些发育上的差异往往使男孩被视作愚笨或迟钝，这可能使他们从一年级开始就讨厌学校。[1]

经常有男孩妈反映，老师找家长谈话，说孩子"注意力不集中"，让家长注意培养儿子的"专注力"，搞得家长很焦虑，觉得孩子是问题学生。在这种时候，我觉得家长一定要坚信孩子没有问题。只要回想一下，孩子有没有注意力集中很长时间的时候。比如，玩儿玩具车玩儿很久，看蚂蚁搬家看一个小时，专心地听妈妈讲故事听半个小时。如果有，那么孩子的注意力就没有问题，是课堂内容枯燥之故。

男孩发育晚，与女孩相比，更难适应当今的学校教育，所以，很多专家建议让男孩晚上学一年。美国、澳大利亚家长认为给男孩最好的礼物就是让他晚上学一年。在我国的很多地区，晚上学不符合当地的政策，家长们表示有难度。退而求其次，我们起码要做到3岁以前不要让孩子入托，

---

[1] 原载《中国教育报》读书周刊。

6岁以前不要上学。

家长要宽容男孩学业的"暂时落后",不放弃对男孩的希望。只要男孩不丧失信心,他的学业落后就只是暂时的。宽容,表示我们对男孩有信心,还要把这种信心传递给男孩,让男孩产生改变的期望。到青少年时期,一旦男孩的生理成熟度和心理成熟度追赶上女孩,男孩就有机会在学业上与女孩并驾齐驱。如果我们忽视、无视或漠视男孩生理和心理发育落后的事实,用同样的标准对待男孩,把暂时落后的男孩看成差孩子、笨孩子、坏孩子,男孩就容易在学业的起点丧失对学业的信心,从此一蹶不振。

男孩家长,尤其是妈妈,在孩子小学低年级的时候,要挺身而出,耐心帮助男孩。男孩在语言类课程上处于弱势,尤其是阅读,这需要引起高度关注。孩子小时,妈妈要多亲子阅读,多和男孩对话,多做编故事的游戏,提高孩子对于阅读的兴趣和表达的流利性,帮助男孩提高在语言类科目上的成绩。男孩通常只喜欢读感兴趣的读物,妈妈要通过不断的尝试,了解孩子的阅读口味,善于向孩子荐书。以兴趣为起点,提升男孩的阅读能力。广泛的阅读、大量的语言输入,必然会促进男孩的学业成绩。

家长还要创造适合男孩的学习环境。活动往往是男孩擅长的学习方式,男孩的大脑更习惯于空间类、机械类的活动,因此男孩需要更大的活动空间。当男孩被长时间局限在狭窄的空间(如教室或座位上)时,往往会表现得坐立不安,更容易违反课堂纪律。国外曾有幼儿园接受了专家建议,拓展了男孩的活动空间,之后男孩的违纪行为果然减少了。鉴于此,学校应尽可能给男孩创造较大的活动空间。如果室内空间有限,那么可以增加更多的户外学习和活动的时间。在家里,父母也要通过合理的空间利用,尽量创造一个更大的学习和活动空间。当孩子学习时,保证有充足的光线照明。

2. 给男孩以开阔的眼界

在这个日益变化的时代,家长一定要帮孩子打开眼界,了解世界发生了什么，进而了解自己想做什么，该做哪些准备。不培养书呆子，不把他封闭在学校围墙内、封闭在书本里，让男孩多接触社会，积极入世。

"读万卷书，行万里路，见万个人"是我的育儿方针。在读书方面，学龄前我给壮壮亲子阅读的书（中英文都有）大概1000本左右。他会阅读后，自己又听读分级读物1000本。进而在小学期间，听读章节书1000本。即学龄前至小学五年级，大约输入了3000本书的量。六年级以后，他又听读了大约200本成人书籍。直到现在高中三年级，壮壮仍在听书。他很有感触地对我说："书的作者都是很有智慧的人，他们把一生的智慧总结在了书里，不从书中学习的人是傻子。"

在幼儿园阶段，壮壮对科学话题最感兴趣，我给他读了大量科普书，也经常给他串讲一些知识。壮壮听我讲解的表现可以用"全神贯注、滴水不漏"来形容。幼儿园的外教老师说："Gary懂得太多了，有时我都很惊奇，Gary居然这个也知道。"壮壮奶奶更是经常感叹："什么都知道！什么都知道！"

小学一年级时，壮壮读英语分级读物的记录：

我陪壮壮大概看了一百多篇Reading A—Z的文章，这使我有很多发现。凡是故事性的，全不想看，得我费劲地动员，才勉强看一篇。凡是说明文，不论是关于动物、关于天气宇宙、关于交通、关于文化、关于地球上的种种问题、关于人物，总之，只要是关于事实，都爱看。这个小孩，真是拒绝童真幻想，直接进入现实世界。而且，什么都看得津津有味，没完没了。到时间了我要关电脑，他总不干，一边拼命按着我的手，一边"再看一个，最后一个！"地喊。看完一篇后，我得回答他十多个问题，就一个话题进行进一步的深入讨论。我们谈种族隔离、种族歧视、温室效应、臭氧层、能源危机、发电、旧中国妇女裹小脚、非洲妇女用项圈抻脖子、刺青、火山飓风地震、宇宙卫星、运动员、歌星、政治家、古巴卡斯特罗等。我发现了这个小孩的不凡之处：他对语言不感兴趣，但对语言所传达的内容和信息感兴趣。也就是说，语言真正成了工具。（注：读的是英语分级读物，我和他讨论用的是汉语。）

从小学五年级起，我开始让壮壮在吃饭时听新闻，一直保持这个习惯到高中。通过了解新闻，了解世界，了解社会问题。壮壮从初三起开始学习辩论，就各种专题展开研究，上高中后正式成为一名辩论队的辩手。从事辩论使他的知识面很广，对社会的了解较同龄人深入得多。

我把让孩子接触人、体验社会也看作学习。壮壮上幼儿园期间，每个周末或假期我都坚持带他到公园、博物馆、郊外、外地玩耍，尽量组织和小朋友的集体活动。每到星期五，我就开始想一个重大的问题——周末去哪儿呢？看见外面天气好，就得带他出去，要不然我觉得对不起太阳。中班、大班、学前班坚持了三年，对于壮壮的身体发育、性格形成、社交能力、开阔眼界都起了很好的作用。我自己也乐此不疲，同生龙活虎喧闹的孩子们在一起，每次都觉得很快乐。我带儿子去朋友家串门、安排社交活动、体验各种示范课、参加生日会，让他多见各种人。每年安排几次远的旅行，上小学后让他独自出国参加夏令营，去尝试自己没做过的事，见没见过的人，去探索，去冒险，去感受生活。在5岁到10岁期间，壮壮曾先后跟随10个外教学习英语，这些活泼的外教对他的影响也很大。他能形成开朗外向自信的性格，这些外教老师也起到了引导或强化的作用。

我鼓励儿子积极入世，培养生存能力，进行职业探索。壮壮在高一时说想从事商业，我就给他报了大学暑期的学分商业课程，让他体验一下，究竟是不是真的感兴趣。结果他十分喜欢，继而参加了学校商业社团，自己研究股票，与同学合作开发荐股软件，畅想以后创业。我鼓励他积极锻炼领导力，竞选社团里的管理职位，当老师培训学生，锻炼组织、管理、讲课能力，为未来储备软实力。

3. 遵循学习规律，找到个性化的学习方法

1）顺应他的学习偏好

每个人都有自己喜欢的学习方式。拿我自己举例：环境方面，我看

书喜欢安静，但长时间地写作或干十分枯燥的工作时，喜欢听着音乐；时间方面，我喜欢当夜猫子，在晚上夜深人静时效率高，早晨不愿起来；在记忆方面，我背单词的时候需要把单词写出来，写几遍才能记住；我还喜欢自学，听大课或者听研讨会主题报告时，如果授课老师讲得不好，我常觉得无趣无聊，甚至会睡着。所以，我十分理解每个人都需要找到适合自己的学习和工作方式。若有人批评我"晚上不睡，早上不起"是"习惯不好"，我就会反驳：这是我作为一个编辑和作者的生物钟，我晚上干活更高效。我对各种学习方式都持开放的态度。一边写作业一边抖腿、歪在沙发上看书、一边溜达一边背书，在我眼里都不是毛病，我不会命令孩子老老实实坐桌边学习去。我知道男孩学习需要比较大的空间，所以我给壮壮买大桌子，让他铺开。上高中时他有时听着音乐写作业，我也默许。

我看到在外教老师的课堂上，小学生可以自由选择看书写字的姿势，趴在地上写也行，还可以"抢占"自己最喜欢的"地盘"看书。外国老师的理论是：只有孩子身体舒服了，才能把精力集中在学习上。我认为这非常正确。很可惜，在中国的学校里，孩子不能选择，只能板板正正地坐着。所以在家里，家长要给孩子自由，营造他喜欢的学习环境，让他用自己舒服的姿势学习，这样学习效果才会好。

壮壮学习时喜欢自言自语，做数学题时嘴里也念念叨叨。他还喜欢听书。小时候他坐不住，大了就好了，能坐很久。我觉得这些偏好或者说特点都无须纠正，应该顺应。比如，看到壮壮喜欢听书，我就为他提供了大量的有声书，他听书量极大，这使他的英语突飞猛进。壮壮背单词不像我爱写出来，而是情愿出声拼字母。我就放弃了听写，让他说字母我听着。一年级背古诗的时候，壮壮在沙发上滚来滚去地背，一刻也不老实，我也没限制他，他走到哪儿，我就跟到哪儿听着，并给他提示和帮助。我知道背古诗对儿子而言是很难的任务（他的学校发了一个背诵手册，要求背的东西很多），他愿意怎么背，就怎么背。

树立学业优势

2）了解关于学习的理论

家长了解一些教育学理论，有助于了解儿童学习的共性，从而更好地辅导孩子。

提供适宜难度

提供适宜难度是最重要的教学原则，循序渐进是最好的方法。最好的学习材料是"跳一跳就够得着"的难度，只比孩子的已知知识难一点点，也就是在"最近发展区"内。教学者要在孩子需要的时候给予适当的帮助，为孩子搭建学习的"脚手架"，供孩子较容易地"攀爬"，帮助孩子达到下一个发展水平。如果任务太难，就需拆解任务，一步一步来。家长要避免让孩子学习对于他来说过难的内容，太难就在"恐慌区"了，不是"最近发展区"了。

注意情感联结

我们都有这样的经历：在学校里遇到了某个讨厌的老师，或者令自己十分恐惧的老师，从此就对这个老师教的科目失去了兴趣，成绩一蹶不振。这是个十分普遍的现象。一个严格、冷漠、令人厌恶或恐惧的老师，对孩子的学习兴趣伤害很大，这其实就是"情感联结"太差所导致的悲剧。相反，如果学生喜欢一个老师，就会连带地喜欢一门课。我们生而为人，天生在乎关系、在乎情感，学习也不例外。孩子只想跟他喜欢的人学习，只喜欢使他感到舒适、宽松、亲密的氛围，使他体会到尊重、支持与爱意的活动。

所以，在陪伴或帮助孩子学习的时候，我们一定要注意情感的联结，要让孩子感到温暖、支持、快乐，不要让孩子感到严苛，动辄被监督、受批评。一旦产生了负面情感，孩子就学不进去，甚至会厌学。

常青藤式问答，启发式对话

在应试教育评价体制下，一切都有标准答案，学生不敢越雷池一步，否则考试得不了高分，这样的学校经历使一些孩子形成了不提问、不质疑、不冒险的习性。学校处处要求学生做到准确无误，导致学生不敢出错，形成的思维习惯是保守和畏缩。中国考试重视知识的复述、背诵、记忆，强调在大脑中大量储备书本知识，以便在被提问时快速提取。因此，中国人的思维特点是流畅性和敏捷性有余，但新颖性、灵活性、深刻性不足。

既然知道这些学校教育的普遍缺点，我们的家庭教育就要补不足：鼓励独立思考、批判式思维；鼓励提问题、自由表达；鼓励讨论、辩论。要达到这些目的，解决方案是模拟西方"常青藤式教育"，开展面对面对话，开放互动式的、启发式的、自由平等的家庭教育。父母来做孩子的第一任常青藤教授，尊重孩子是一个独立的人，与孩子展开平等对话，有意识地培养孩子的思考、提问和表达能力。

外国人有句表扬孩子提问的话："That's a good question（这是个很好的问题）。"我觉得特别好，我们应该学会运用，鼓励孩子提问。我从小就重视回答儿子的"十万个为什么"，我俩之间的对话经常是由他的提问驱动的。下面是在壮壮学龄前和上小学时，我记录的提问。

一醒来就有问题

周末早晨，壮壮跟所有的小孩一样，醒得早还倍儿精神，让想睡懒觉的我不能如愿。他醒来的第一句话总是那么无厘头，让我吃惊，他的小脑袋里想的事情还挺复杂！列举一些：

◎卡车后面的轮胎为什么两个两个地连在一起？因为啊，（自问自答）卡车拉的东西太重了！

◎妈妈，坐飞机去印度要几个小时？是不是飞过了喜马拉雅山？我想去印度。

◎古时候，房顶上是不是铺着瓦片？

◎海啸能冲走地基吗？（自问自答）不能。只能冲走地上的建筑。地基多结实呀，钢筋混凝土的，还埋在地底下！

◎什么叫"统一"？

他的小脑袋总是在想问题，如果这不叫学习，我不知这叫什么了。难道非得老老实实长时间地坐在板凳上念书、乖乖模仿老师的示范动作才叫学习吗？这种主动探索他感兴趣的东西是最理想的学习，接受的东西又快又有成效，而且在兴趣的驱动下，他更有一种深入了解的渴望和持续的热情。我虽然很困，但还是打起精神认真回答他的一个又一个为什么。我发现，只要是他发问的一问一答式问题，他都能一遍理解并记住，效率极高。有时候他说起什么事情，我很吃惊地问："你怎么知道的？"他说："你告诉我的呀！"原来他记住了，我却忘记我说过了。

什么是地主

壮壮在"抓马宝贝"（幼儿园时期我给壮壮报的一个戏剧兴趣班）的唱歌课上一直在唱《听妈妈讲那过去的事情》，他把这首歌叫作"我们坐在高高的谷堆旁边"——瞧这名长的。家里有这首歌的CD，晚上我放给他听。他问了几个问题，我这才知道他完全不懂这首歌的意思。是啊，让现在的小孩怎么理解地主剥削农民呢？什么是"地主"他都不知道啊！我这个解释啊，从原始社会说到奴隶社会，再说封建社会，到现在的资本主义社会、社会主义社会。农民没有地，种地主的地，给地主交租子，说着说着又把白毛女的例子举了，可是儿子不知道白毛女，又讲了半天杨白劳的故事。说了他喝了卤水自杀了吧，儿子又关心起卤水为什么能要人命，现在的豆腐里还有没有卤水。我说后来解放了，儿子又问什么是"解放"？只好又讲了共产党领导的工人农民推翻打倒地主的革命运动，中间儿子又问什么是"打倒"？什么是"革命"？等等。我的妈呀，一直讲到晚上10点还没讲完，我勒令他睡觉，坚决不讲了。给小孩讲点东西真费唇舌呀，有一个故事叫"司马光，你为什么砸缸？"我深有体会。真不知那些给孩子讲《三字经》的家长是怎么讲的。

说……

最近（小学五年级时）每天带壮壮去公园锻炼，我俩走两小圈，壮壮再绕最大的外围跑一大圈，大概1500米。壮壮十分珍惜我俩一起走的那两圈的时间，爱和我聊天，总是拽着我央求："说……"我有时发愁地问："说什么呀？！"通常都是让他说说自己的一天都发生了什么事，然后我评论建议引申一番。他说学"政府"了，我就讲一通为什么我认为三权分立制度是一个好制度，美国的 Founding Fathers（建国先贤们）所主张的"把权力关进牢笼""分权制衡"是多么有远见卓识。他说同学的事，我就把我对他同学的印象和看法说一遍，把每个人的优点和缺点分析一下。壮壮显然没有成人看人那么成熟，对我的分析感到很受启发。甚至，他对自己也不如我了解的深，需要我告诉他他的优势和劣势在哪里，什么事、哪方面做得好。壮壮很享受我俩间的谈话，每次快走到终点了，都拉着我说：慢点儿走……

正如上面记录的，儿子小时候我跟他"卧谈"，长大了以后我跟他"遛弯儿谈"，我们讨论的话题包括历史、文学、政治、经济、社会、天文地理、生命科学、道德、人生，几乎无所不涉及。我有时候让他"点播"，提一个想听的话题，我就开讲。更多的时候是随机的，回答完他的问题，再借题发挥，给他讲讲身边的例子、历史故事、前因后果等。这种"问题引导型"的教学十分有效，讲一遍他就能记住。也有一些问题我回答不了，比如在壮壮小时候我曾说楼房的骨架是钢筋，钢筋最硬最结实；又曾说石头里面金刚石最硬，壮壮就问：钢筋和金刚石比，哪个更硬？我一时回答不出来，就说我查查去。其实我没查，几天过后，壮壮又问了一遍，不知道答案的他还惦记着呢。

在学龄前陪壮壮亲子阅读时，我也重视在读中、读后与他交流、互动。和孩子讨论故事剧情，提问题引发孩子思考，孩子回答就是在练表达。还可以根据剧情展开生活教育、情绪管理教育，渗透价值观。很多故事其实都是在示范问题的解决方案，可以趁机强化我认为重要的东西。有时我们趁热打铁玩儿角色扮演游戏，壮壮自己设计故事的进展，滔滔不绝地说呀说，这就练习了主动思考的能力、创造力和表达力。这样的互动交流，你一句我一句的对话、引导，不但是学语言最有效的方法，也是育儿的不二法则。

壮壮上初中后，我开始与他进行辩论练习。选一个辩题，我让壮壮说出三条正方的论据，再说出三条反方的论据。他说得出来的我评论，说不出来的我补充。上高中以后，我俩遛弯儿时接着聊天、对话。辩论赛前我会押题，让壮壮以辩论语速完整地向我讲完正反方立论发言，我给他的论证提建议，并充当对手反驳他，他再反驳我。

相信刻意练习和一万小时定律

"一万小时定律"说的是在任何领域要想达到一流，必须经过一万小时的训练，必须有坚韧不拔的意志坚持训练。我认为一万小时定律所揭示的一个观点是正确的：想达到专业或杰出的水平，需要付出许多年艰苦卓绝的努力。也许并不是恰好一万个小时的练习，但的确需要花很长时间。

如果想培养孩子一个特长，要做的一个心理准备是常年坚持。如果按平均一天两小时的练习量，达到一万小时需要5000天，换算出来就是13.7年。去掉特殊情况没有练习的天数，大概需要15—18年。所以很多吃青春饭的行业，例如运动员、舞蹈家在3—5岁就需要开始启蒙练习了。小提琴家在20岁之前的练习时间已经达到一万小时，最杰出的小提琴家需要练习二万至三万小时，才能和其他优秀的小提琴家区分开来。

付出足够多的练习时间固然重要，但更重要的是练习方法，以及在练习过程中不断进行的调整。没有好的练习方法，可能只是在一味重复，原地踏步；练习过程中不进行调整，一路走到南墙不回头，可能偏离既定目标的轨道，反而实现不了目标。一个在岗位上达到了"熟练"，但在经年累月中只知道重复自己的工作人员，即使重复了一万小时，也不会有建树。各领域的杰出人物都是靠刻意练习，走出舒适区，不停地吸收新知，加大难度，进行创新的。即一万小时法则还要配上刻意练习。

刻意练习意味着"不用战术上的忙碌掩盖战略上的懒惰"。刻意练习是有规划、有策略、逐步增加难度的练习。遵循科学方法，循序渐进，不断给自己挑战，不断拓展最近发展区，力争上游，相信日积月累、滴水穿石的力量。

《刻意练习》这本书中，提到了富兰克林练习写作的方法。富兰克林有一次看到一期《观察家》杂志，被里面高质量的文章所吸引。富兰克林决定，他也要写出漂亮的文章。他通过长期大量的刻意练习，成为美国历史上伟大的作家。富兰克林练习的方法是：

◎制定自己的目标（成为一名优秀的作家）
◎找到一个老师或是模仿对象（《观察家》杂志的作者们）
◎勤加练习（看过文章后，自己凭记忆仿写，先练习词汇，再练习结构、逻辑）
◎不断反馈修正改进（对照自己的文章和杂志中文章的差别）
◎设立练习的标准（直到自己写出他人喜爱的作品）

我个人相信一万小时理论和刻意练习理论。在育儿方面，家长需要投入至少一万小时高质量的陪伴时间，才能与孩子建立亲密关系并实现教育目标。在特长培养方面，更是要遵循这两个理论。在为儿子设计英语特长路线图时，我制定了十年规划，做好了长期培养的准备，同时十分注意他的进阶情况。我把儿子听读的音频和图书都查好了分级信息，做到心里有数，让他由浅入深、循序渐进地听书、看书。我用单词量和考级来衡量他的进步，分析他的阅读检测报告，了解他的进阶情况、不足之处，有针对性地采取措施弥补不足。同时，我记录他听读的本数，知道要以量取胜，满足积累一万小时的量。壮壮的英语启蒙是成功的，他在5年内听了1000本章节书，用高效的学习达到了中国学生所能达到的最高水平：在美国标准化考试中取得99%的成绩（意指比美国本土99%的同龄学生水平高）。我专心记录他的学习路径，同时观察其他学得好的孩子，总结规律，写了两本书。

3）保证睡眠

我国的孩子学习负担很重，学校留的作业本来就很多，有的家长又自己加码，恨不得孩子一直在学习。有的孩子平时睡不好，周末还要上课外班，也不能补觉，长此以往，孩子的健康和学习都会受到影响。作为家长，如果你看到这样的科研结论："每晚睡一小时，智商测试结果就会下降7分""睡不够的孩子记性差"，你还会舍弃孩子的睡眠，来让孩子学习吗？

睡眠对大脑和身体的平衡很重要。脑科学的研究显示，大脑健康离不开睡眠。大脑需要在睡眠中清除神经元在白天放电产生的毒素，有充足的睡眠，我们才能头脑清醒、精神抖擞地开始新的一天。没有充足的睡眠，大脑和身体机能都会受损，比如专注力、记忆力、学习、保持耐心和灵活性的能力，甚至我们吃进去的食物都得不到正常的加工。

少睡影响记忆力，因为记忆在白天形成，却在夜间巩固、加强。有一个类比可解释睡眠的重要性，学习如同盖一座高楼，需要两个步骤：一是将建筑材料从别处搬运到建筑工地上来，二是按图纸将材料搭建组合盖起楼来。儿童醒着的时候的学习是第一个阶段——将各种材料搬到自己头脑中。而第二个阶段则是在睡眠中展开——大脑将各种记忆搬运到各自该去之处，让神经细胞生长，在神经元之间建立连接。让孩子睡足，才有利于知识的消化吸收，有利于智力发展。

睡眠不仅对智力重要，对身体健康、精神健康亦如此。缺觉是导致少儿肥胖症的罪魁祸首。缺少睡眠还导致吸收血糖能力下降，不长个儿，并殃及脑前额皮质所管控的"自制能力"。睡眠不足的孩子总想不起积极的事情，却容易记住消极的情绪，长期睡眠不足易患焦虑症和抑郁症。如果没有充足的睡眠，孩子易情绪反复无常，易冲动暴躁，缺乏复原力，自我调节能力和解决问题的能力会减弱。

不可以为了学习牺牲孩子的睡眠，"少睡一小时等于铅中毒"不是危言耸听。睡眠专家保罗·苏拉特博士研究发现，孩子每晚睡一小时，智商测试结果会下降7分。睡眠专家阿维萨德夫博士通过实践研究发现：长期少睡一小时＝失去两年的认知成熟和发展。这个研究让一组六年级的学生连着三个晚上各少睡半小时，另一组四年级的学生连着三个晚上各多睡半小时，三天后做智力测验，结果四年级的学生表现比六年级的学生还好。这是什么意思？——少睡一个小时的觉，两年的学白上了！美国越来越多的学区在看到这些新的科学证据之后，将高中上课时间推迟了一个小时，全区升学率立竿见影地上升了。

儿童比成年人需要更多的睡眠。美国睡眠医学会（American Academy of Sleep Medicine）公布了各个年龄段的建议睡眠时间，这份建议也得到了美国儿科学会（American Academy of Pediatrics）的认可。见下表：

年龄	建议睡眠时间（小时）
4—12 个月	12—16（包括小睡）
1—2 岁	11—14（包括小睡）
3—5 岁	10—13（包括小睡）
6—12 岁	9—12
13—18 岁	8—10

注：表中数据只是建议。每个孩子都不一样，每个人对睡眠的需求也不一样。

我在壮壮的成长过程中，一直非常重视保证他的睡眠时间。我认为让孩子睡够是非常重要的，无论如何不可以牺牲睡眠；壮壮长得高、不肥胖、没有心理问题、性格好，都与睡得足有关。

4. 帮男孩树立目标，构建内驱力

很多男孩晚熟，在小时候缺乏目标与动力。然而，大学想要的是在高中就有自己的目标的、成熟的学生，其实是早熟的学生。这真是一个大问题。家长若生了晚熟的男孩，就得帮他立志，最晚要在 16 岁，把人生大方向想清楚，还要让孩子认识到对自己负有责任，想要的人生必须通过自己的努力去得到。

1）发现孩子的兴趣

要立志，第一步就是找到真正的兴趣和热爱（Passion）。我们这一代的家长（以及我们父母那一代），血液里头流着一种对贫穷、不安定的恐惧，总想先解决生存问题。当年说着"学好数理化，走遍天下都不怕"，很多时候是逼出来的，是无奈的选择，不一定出于真正的兴趣。还有大把人不知道自己的兴趣是什么，人生随波逐流，考大学报志愿都听别人的，过后又对自己当年的选择后悔。

如今生存问题基本解决了，孩子这代人终于拥有了选择的权利和机会，能够选择他真正热爱的事情，这是社会的进步。其实我们都知道，只有真正的热爱才能坚持，才能敢于面对风险，才能把一件事情做到极致，做出世界一流的成绩。

家长和老师应该做的是：观察孩子喜欢什么、擅长什么，引导孩子找到自己的兴趣。兴趣是注意力和理解力的先决条件，是孩子学习最好的动力。孩子找到了自己的兴趣，就会主动学习相应的知识，学习对于他来说不再是功课，而是本能的需求，是愉快的体验。来源于自由心灵的好奇，要比恐惧和威慑更能长期有效地推动学习者。燃起孩子对某件事情的热情，激发起孩子的激情，孩子会因喜爱，自发地为目标努力。

那么，如何观察到孩子的兴趣？我们可以参考下面的建议：观察孩子实际上是什么样的人，擅长什么，喜欢什么，而不是我们希望他成为一个怎样的人。例如：

◎ 孩子对哪些功课有学习的热情，喜欢兴致勃勃地谈论，并且在遇到挑战时能够坚持不懈？
◎ 他爱读哪些类型的书籍和杂志？
◎ 他爱在社交网站（如朋友圈、抖音、Snapchat）上发布、关注什么话题？
◎他会在什么时候表现出好奇、爱问问题、兴致盎然？
◎对什么事情投入，你拖都拖不走？
◎又会因为什么事情烦恼，关注什么不公？
◎他喜欢与人交往吗？善于组织工作吗？擅长解决问题吗？
◎关注大局，还是对每一个小细节都感兴趣？
◎是理想主义者，还是现实主义者？
◎喜欢了解很多信息吗？是喜欢数字的人吗？
◎是交际高手吗？是否热衷于竞争？
◎善于说服别人吗？喜欢动手做东西吗？喜欢帮助别人吗？

再比如，孩子参加了一场义卖活动，你可以站在一边观察孩子的表现：他喜欢参与什么类型的工作？是前期的海报设计、方案策划，还是收钱和找零？还是招揽新顾客、与人交谈，介绍产品的特色、背后故事？

俗话说"天生我材必有用"，父母能做的，就是帮孩子去发现他感兴趣的事、擅长的事。除了父母多和孩子沟通外，也要鼓励孩子多和老师们、长辈们沟通。教孩子去问成年人："我看你很喜欢你的工作，你是什么时候知道你想做这个的，又是怎么知道的呢？"孩子对这个问题的答案搜集得越多，他就越有方向找到自己的热爱。[1]

2）引导孩子给自己设目标

兴趣发现了，接下来家长需帮助孩子设定目标。孩子毕竟是孩子，在低龄阶段，连世上有哪些职业、各种职业是干什么的都不太清楚。他可能有模糊的方向和向往，但基本上是很难设定科学合理的目标的。家长可以

---

[1] 参见《如何让孩子成年又成人》。

帮助孩子把目标整理出来,并帮助他分解目标,分解到每一个阶段。在成长过程中,与孩子保持沟通,一起讨论,帮助他设定阶段性合理目标,目标需要清晰、具体、可衡量、可达成。

制定目标的"SMART"原则:

◎ S—specific(具体)比如,"我要好好学习英语"是一个比较笼统的目标,而"到五年级时,我要通过FCE考试",就很明确。

◎ M—measurable(可衡量)比如,我要看20本书,每周看两本,10周看完。

◎ A—attainable(可实现)孩子通过一定的努力可实现目标。比如一个英语听力较差的小孩,就不适合制定短期内裸听原版章节书的目标,可把目标定为"每天听3—5本分级读物"。

◎ R—relevant(相关性)短期目标、中期目标都与长期目标相关,遵循一条主线。

◎ T—time-bound(有期限)这个目标,什么时候能实现?要有截止日期。

孩子毕竟是孩子,大脑的发育、情绪的控制、自控能力都达不到成年人的水平;分析和处理具体问题的能力,也需要一步步学习和提高。所以,孩子执行目标,也是需要大人帮助的。在必要的时候,讲道理、适时地提醒、帮助总结回顾、一起评估、分析、制定改进措施……可以实实在在地帮到孩子,推动孩子对目标和计划采取行动。

无论是制定目标,还是在执行过程中,孩子必须是主体,是有意愿并采取行动的那个人。家长只能是辅助,不是领导,不是监工,更不是替代者。在实现目标的过程中,不可避免地有困难的时候、单调枯燥的时候,孩子需要家长的帮助，帮他克服困难，学会坚持。孩子通过亲身体验，学习如何想办法、如何在过程中进行调整，体会到"问题不可怕，重要的是如何面对它、解决它"。通过这样的过程，最终达成目标，孩子能体验到成就感和掌控感。这种积极正向的心理体验，能使孩子逐步建立起强大的自信，终身受益。

因为观察到壮壮人际理解力强、情商高、口才好，有感染力、亲和力，受欢迎，再加上有同理心、共情能力，打他小时候起，我就觉得他适合做销售、市场、管理一类的工作。他在高中也对从事商业表示了兴趣，所以我们商议后的长期目标是上商学院，在中学阶段的目标是锻炼表达能力、扩大知识面，参加社团活动增加历练、锻炼领导力。同时，学业方面围绕商学院对各项技能的要求选课，力争达到课内优秀。

3）让孩子拥有内驱力

作为家长，我们都喜欢"自推娃"，希望孩子能够主导自己的人生，自我激励，在遇到挫折时能够自信、坚毅，始终如一地实现自己的长远目标。因为我们知道，人可能被恐惧驱使，也能被奖励激励，但是这两种动力都只是短暂的，唯一持久的是自我激励，内驱力才是成功的关键因素。

什么是内驱力（intrinsic motivation）？当拥有内驱力的时候，我们做一件事是因为自己感兴趣，真心喜欢，特别想做，做了就很开心很满足。相比之下，如果我们做一件事是为了得到好处，为了追名逐利；或者被逼无奈不得不做，否则将面临严重的后果——在这些情况下，驱动力是外在的，是为了获得奖励或躲避惩罚，就是外驱力（extrinsic motivation）。根据美国心理学家爱德华·L. 德西（Edward L. Deci）等教授提出的自我决定理论（Self-Determination Theory），外驱力主要包括金钱、名誉、奖励、地位、别人的称赞、外表等，内驱力主要包括个人的兴趣、爱好、自我提升、人与人之间的关系、对社会的贡献等。

在育儿方面，无论家长怎么试图去控制孩子，打也好骂也罢，买礼物给零花钱，每天盯着孩子做作业……都没有用，甚至适得其反。我们能把孩子按在书桌前，能陪孩子耗到深夜，但我们没办法逼着孩子的大脑去认真理解、去消化吸收、去整合处理那些抽象又复杂的概念。娃必须得自推才能学好、才能成才。该如何唤醒孩子的"内驱力"呢？

根据德西教授的研究，构建内驱力有三个因素：胜任感（competence）、情感联结（relatedness）和自主性（autonomy）——当这三个基本心理需要都得到满足的时候，内驱力就会非常强劲，推动人不断向前。当一个人在某个领域或者学科上同时拥有了这三点，就容易在努力的过程中有强大的驱动力和专注性，达到理想的学习效果。这就是最美好的自推。

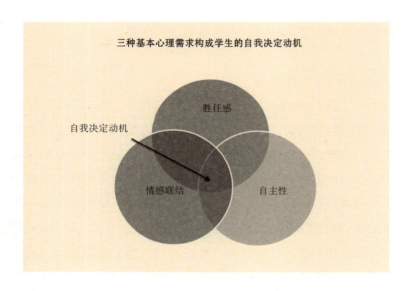

胜任感即能力，《虎妈战歌》里有句名言："Nothing is fun until you are good at it."也就是说，任何学习，只有在你水平高的时候才会变得有意思。虽然这句话带着强烈的虎妈色彩，但确实说对了一点：在任何学习和工作上，如果没有能力和水平，就算一开始有热情，也难有持续的努力和投入。不擅长的话，后来也不会有那么大的兴趣了。人都是看到自己通过努力获得了一定的成果之后，才会继续这份努力。所以，定了目标以后，家长要帮助孩子真正理解、掌握学科知识，不断提升水平，争取做到擅长。

内驱力的第二个关键因素是情感联结，即对家长/老师/同学的认同感和归属感。认同老师、家长的价值观和教学方法，喜欢老师，自愿接受老师家长的意见和建议，或者跟同学的价值观和目标相似，相处愉快，友情深厚，自愿共同努力。有了情感联结，学习上就能事半功倍。

自主性是自推娃最根本的特性。原因很简单：自己选的目标，自己喜欢做的事，肯定更容易去努力去坚持。父母应该给予孩子一定的自主选择权和自我掌控感。《自驱型成长》这本书中提出，父母想要培养孩子的自控力，激发他们的内在动机，就应该把自己看作是孩子的"咨询顾问"，而不是孩子的"老板或经理人"。比如，给孩子提供选择的空间和自主做决定的机会，而非强制要求；在制订计划时，减少命令要求式的措辞，采取讨论商量式。对于任何人来说，强大的内驱力和自我约束能力，一定来自对自身的控制感、胜任感和自主感，父母需要智慧地放手。一些家长操办孩子的一切，从做作业到参加兴趣班，再到生活起居的方方面面，父母都要说了算，然而这种大包大揽和控制欲，不仅不利于培养孩子的内在动机，激发他们的自律，还会使孩子产生焦虑，甚至抑郁。脑神经科学研究表明，父母把孩子控制得过紧时，会让孩子发育中的大脑的杏仁核变大，前额质持续紧张，造成孩子反复受到焦虑和抑郁情绪的影响。

4）16岁可能是个关键转折点

对于男孩来说，立志很重要，可是如果男孩晚熟，长期没目标怎么办？我的建议是：家长仍须锲而不舍地与孩子探讨目标，并耐心等到他16岁。

壮壮是非常具有代表性的晚熟男孩。作为家长，我知道独立性、内驱力、自我管理很重要，从小我就鼓励他要有自己的想法和目标。我给他选择的自由，给他自由的时间、自由的玩耍方式，我征求他的意见，尊重他的兴趣。这些都做到了，可一直到高一，他还是懒散不自推，没有理想，没有完善自我的动力，令我很着急。

我曾一度认为儿子的核心问题是胸无大志、不自律、不自推。太懒了，连理想都懒得有。也不追求卓越和完美，凡事差不多能应付过去就行了。为此壮爸经常和我在家里争吵，不知道儿子这不自推的品质到底像了谁，壮爸勤奋自律，我坐得住、肯钻研，没人背这锅。只能对天长叹这是天生的，牌就是抓到了这副。我还曾怀疑是不是我们"70后"年少时缺衣少穿，家境贫寒，所以知道为前途学习是唯一出路；而"00后"生长于温饱不愁的环境，奋斗就没了动力。这些焦虑我都经历过，回头再看时，却只是儿子开窍晚、懂事晚而已。

儿子到了16岁，就是在高二那年，忽然就懂事了，焕然一新，跟变了一个人一样。他有了目标，在乎成绩了，"上心了"，知道用功了，而且一下子变得很用功。为了准备考试，经常学到晚上12点，成绩保持全A。而且，变得会内省了，知道总结经验了。下面是一篇我的博客记录：

高三第一学期结束（壮壮学校是 quarter 制，一年四个学期），壮壮在选了上高中以来最难课程组合——四门 AP 的情况下，取得了四门全 A。而且，这次是没有 A- 的全 A，即各科成绩全在 93 分以上。最难能可贵的是，这学期是完全的大撒把，我和壮爸什么也没管，壮壮是完全的自我管理。高二壮壮学 AP 微积分时，壮爸还偶尔辅导来着。高三以来，不但学业零辅导，时间上也完全自我管理，相当成功，令我振奋。我甚至觉得，就他目前这种上进自理的状态，我现在就放心让他上大学去了。

万物皆有时。就儿子来说，他的身体发育和心理发展像教科书一般守时。什么"三翻六坐八爬"，什么时候出牙，这敏感期那敏感期，都跟书上说的一模一样，简直是标本级的小孩。14岁的时候，我还在哀号他仍旧不懂事、不上进，连理想都懒得有，就知道玩儿，就知道吃。然而16岁时，就像他内心的时钟知道时间到了，咣当一敲，就觉醒了。内心一觉醒，就知道上进了，迸发出了自律努力拼搏等一系列好品质。以前的我很难想象，他能勇于挑战最难的课程，并靠自己的力量学懂，积极问老师，上网搜练习，拿"我不聪明，但我靠努力""别人学一小时，我就学三小时"来定义自己。以前的我认为他有 limitations（局限性），要走适合他的道路、他擅长的道路。现在看来，我不必设限，因为他不给自己设限，一下子涌现出了各种可能性。最棒的是，现在我不用当监工了，只当顾问。这是我梦寐以求的状态，从小我就盼着儿子能自我管理。他把时间拖啊拖的，拖到了16岁，让我很着急。但没准儿这就是他成长的时间表呢，既然他是教科书级的小孩，那么，就意味着16岁懂事很正常。

我认为这很好，他是正常的小孩，没有早熟，并不是坏事。小时候的他天真烂漫，无拘无束，没心没肺地傻乐呵。该懵懂时懵懂，该闯祸的时候闯祸，门牙磕掉过，胳膊骨折过，糊里糊涂过，嘻嘻哈哈过，童年无遗憾，少年该虚度的时光也虚度了。他没有像一个小老头一样成熟又有什么关系，孩子就是孩子，他无非是正常的孩子，有正常孩子的样子。就让他按照自己的时间表成长吧。没准儿，26岁的他，会以超级成熟、超级靠谱的姿态，给我惊喜。

现在想想，这个转变的契机是什么呢？除了他自然长大、头脑成熟了之外，高一暑假的夏校似乎起了关键作用。那个大学夏校之后，壮壮因特别喜欢教他的教授和经历的一切，有了自己想上的大学。也就是说，他第一次有了具体的奋斗目标。我告诉他，要想进这所大学，高中成绩一定要排在同年级600名学生的前10%，最好是前5%，还要有好的课外活动。因为这个，他重视起自己的GPA来，经常查平时成绩，认真复习每一次考试，也真正想把辩论社团等事情做好。他转变的速度很惊人，到了17岁，又比16岁成熟了很多（包括对女孩的想法，呵呵）。我现在觉得，一个自然成长起来的孩子，就应该是这样的。哪有那么多少年老成的孩子呢？男孩在高中懂事才是主流啊！

有些家长很担心，说在中国懂事晚的男孩会被中考淘汰，说现在的初中生只有一半能读高中。这的确是个问题。在我国还没有实行十二年制义务教育之前，男孩家长只能尽可能地帮助孩子，不要让晚熟的男孩掉队，要坚持到他"逆袭"的那一天。是的，当晚熟男孩的家长很累！放手的时间有点长。但我们不抱怨，因为养育男孩给我们带来了更多新奇、奇妙的感觉。要相信正确的教育和时间的魔力，终会使我们正常的男孩插上腾飞的翅膀。

二、从幼儿园到高中：如何帮儿子

作为过来人，我想谈谈从幼儿园到高中，我是在哪方面给孩子提供支持的，希望能给大家以启发。需要注意的是，我认为帮孩子的时机必须是客观上必要的，家长要掌握好帮忙的"度"，能不帮就不帮，帮，也是为了将来不帮。在帮的过程中，时刻牢记我们的最终目标是让孩子独立地学习。

1. 学龄前的支持：致力于语言输入

《父母的语言》一书中说，孩子的智力水平发育，以及日后在学业和职场上的表现，都跟他们的早期语言环境息息相关。父母跟宝宝说话越多，就更有利于他们各方面的发展。儿童每天使用词汇的86%—98%都与父母一致，父母的每一句话，渐渐变成了孩子未来的模样。在人生的头三年里，外界刺激的影响尤为显著，因为这段时间正是大脑神经网络形成的关键时期。父母的说话量对孩子的发展很重要，孩子从小生长在一个充满交流和对话的环境中，他日后的学习成绩会更好。最好的教育是免费的，它就存在于父母的每一个词、每一句话、每一次交谈和每一份互动里。

此外，一个积极的早期语言环境，对男孩的发展更为重要。因为男孩跟女孩相比，语言能力弱，大脑语言发育慢，在小学期间语言学习能力弱会导致学业不佳，容易造成自信丧失。而男孩在空间思维方面的优势到初中才能发挥出来。为了儿子不在小学丧失自信，男孩妈更应该从小注重语言培养，多与孩子说话、对话，给他读书读故事，扩大孩子的词汇量，增强沟通能力。

我在怀着壮壮的时候，正在主持编写教材，总是开编委会讨论稿子。高强度的会议一开开一天，8小时开会加陪主编、编委们吃午饭，不停地说话，坐得脚肿得像馒头，身心俱疲。那时同事们打趣说：你这孩子在肚子里就整天听着英语，多好的胎教啊！我是不信什么胎教的，一笑置之。但在壮壮出生以后，我非常注意他的语言发展，进行了大量的语言输入。在婴儿时期我经常跟他说话、玩耍、互动，不过那时候的我根本没想要英语启蒙，说的都是汉语。我有一次心血来潮，按着他的小脚丫说"foot！"壮壮听了咯咯咯地笑。后来我只要一说"foot！"他就咯咯咯地笑个不停，这成了我逗他的话。我上班时，家里有保姆和老人陪他说话，一下班我就"接管"他，陪他游戏。这样，他每天都有"听力输入"和交流机会，生活在一个丰富的语言环境里。在语言刺激下，他1岁零2个月就说话了，在男孩中算挺早的。还记得他最早的语言是拍着大腿说"裤裤湿！"——告诉我他尿裤子了。还有指着外边说"河边！"表示要到河边去玩。壮壮会说话以后，经常冒出十分有趣的语言，我开始记录"壮壮语录"，发给同事和亲属，大家都留言说笑死了。

除了跟儿子对话，陪玩，在生活实景中教他说话，耐心回答他的"十万个为什么"，我还坚持每天亲子阅读。生活中的对话是口语，书上的文字是书面语，这两种输入是互补的，都是必要的。壮壮很享受每天睡前的亲子阅读，总是紧紧地依偎着我，认真地听。我上班已很累，有时读着读着自己就困得要睡着了。我用目光扫一行字，就闭上眼睛，嘴里还念着，但眼睛和大脑睡了一小觉。如果真睡着了，就会被儿子晃醒。我买了好多童书，让壮壮自己选择读哪本。在持续不断的语言输入下，壮壮三四岁时的表达能力很突出，他的语言很成人化，很小的时候就能打电话，操着稚嫩的童声，老练地应酬"……好，好，OK"，至于什么"他走得太匆忙"之类的文学词汇也屡见不鲜。

这个时期的壮壮喜欢科学类读物，比如自然现象的科学解释、机械的发展。什么《地震之灾》啊、《飞机》啊、《汽车》啊，这些科普书反复让我读。读过的语言他都能记住，玩的时候自言自语地应用到游戏中去。比如说，手里拿个火车，嘴里自言自语，设计着刺激的情节。很有想象力地把很多的书铺成路、桥，用积木搭大门、火车站，把我的化妆品都折腾出来，一排一排地立着，说是大树、森林。地震了，桥要塌，他用书中学来的语言解说着："火车司机拼命拉刹车，铁轨发出尖厉的摩擦声。"

除了亲子阅读，我还买CD，让壮壮听播音员讲的汉语故事，把当时市面上卖的儿童故事CD都买遍了（现在有喜马拉雅等APP多方便啊，那时候连MP3都是新事物）。在我没空进行亲子阅读和"卧谈"的时候，就让他听录音。大量汉语输入使幼儿园时期的壮壮表达能力很强。如今的手机APP太方便了，建议家长们让孩子大量听故事。

在游戏中与孩子互动是学语言的最佳方式之一。两三岁的时候我和壮壮玩儿我设计的游戏，大一点的时候，壮壮喜欢自己设计游戏，我配合他玩儿。例如，看了动画片《猫和老鼠》后，壮壮设计了老鼠国抵抗猫国进攻的游戏，不知玩儿了多少遍。每次他都滔滔不绝地一边搭建一边讲故事，我随声附和，有时问问题，让他思考对策。有了我的添油加醋，壮壮的故事越说越复杂，这样就训练了表达能力。再比如，读过关于细菌和白细胞的科普书，壮壮就设计了白细胞大战细菌的游戏，玩儿得热火朝天。在玩儿的过程中，我发现他记住了刚才听来的很多知识。我在旁边不时插一句补充，帮他记起书中的名词，这会让他玩儿得更兴致勃勃。把学来的东西演一遍，是最符合儿童认知心理的学习法，最能让孩子把知识和语言内化。

到壮壮五六岁的时候，读完了书，我俩就展开进一步的讨论，我帮助他把各种知识联系起来，进行主题拓展。比如，《人类始祖》这本书，是在看完了《冰河世纪》1、2两部电影以后，我提议再读一遍的。看过了关于猛犸象的精彩电影，就联系到了尼安德特人设陷阱猎杀猛犸象的书。我们俩沉浸在史前的世界里，阅读、讨论、找书里每页要找的东西，感到很过瘾。在这个阶段，壮壮问的关于天文、历史、地理等的问题越来越多，但我发现很多时候他知道问题的答案。有时我反问他"你说为什么？"他往往能说出几句。小孩真是有意思，他经过思考得出了一个结论，他问问题只是想验证这个结论。

睡前，我会陪儿子熄灯躺会儿，跟他天南海北地再聊会儿，我称为"卧谈"。聊什么都是顺应他的兴趣，有时我让儿子"点播"，问他想听什么。我比较擅长讲历史、地理、社会、人类学方面，他选了我就开讲，儿子能津津有味地听我讲一个小时。所以说，家长其实就是孩子最好的书，我们自己读书，用知识武装自己，就能实现最好的教育。孩子的知识面一旦拓展开，他就会对万事万物更好奇，更好学，从而更爱听书、看书。进入正向循环。在上小学前，6岁的壮壮知识丰富，情绪快乐，能说会道，善于和别人沟通。语言的大量输入奠定了他日后的语言特长。

壮壮5岁时，我开始对他进行英语启蒙，在家的亲子阅读加上了英语读物，教了几百词后，开始看英语动画，继而送他去英语幼儿园。英语方面的大量输入使他迅速掌握了英语听说，一年后，听力词汇突破5000词，已能和外教自由对话，能看懂所有原版动画片和动画电影，能裸听章节书。上小学后，在一至五年级的五年里，壮壮听了1000本英语小说。大量输入使他的英语阅读发生了飞跃，到五年级时达到了美国99%（即比99%的美国同龄学生阅读好），后来，他一直把英语阅读的优势保持到了高中（在高三PSAT考试中，英语仍为99%）。在口语表达方面，也树立了英语演讲和辩论的特长。

2. 小学阶段的支持：陪读，补差，适应学校

壮壮上了公立小学一年级后，学业和作业成了我们生活的主要部分。而壮壮学习的难，做作业那个难，使曾经是好学生的我始料不及。我小时候感觉小菜一碟的认字和计算（我在上学前就认识好多字，能把姐姐的语文书从头到尾朗读一遍），在他这里却成了需要监督和努力的大事。我有点失望地发现，他是一个普通小孩。虽然我也不是天才，但我希望儿子能比我强。而现实是，儿子在学习上，无论从聪明劲儿还是从自觉性方面，

都不如小时候的我。我明白，要接受这个现实，把自己的期望降低、再降低。一年级的目标是摆脱"差生"标签，少挨批。二年级的目标是争取在不挨批的基础上，做到学有余力，摆脱连滚带爬。三年级再前进一小步，总之每年有点进步就行，期待他以后开窍。当困难在前，我必须挺身而出，帮助儿子渡过难关，不让他掉队。

在小学教师眼里，儿子的毛病很多。第一个毛病是爱讲话、"纪律不好"、注意力不集中、不好好听老师的要求。老师的原话是"这孩子注意力、理解力都差点儿"，他为此经常受老师批评。比如，老师说壮壮的作业"格式不对"，但他不知道怎么改，不知道什么是正确的格式——不好好听讲啊。这个问题得由我来解决。我能怎么解决？只好带着他找女同学抄作业去。幸亏同院住着个女同学，两年来我没少跟人家妈打电话问作业，我脸皮薄，问得多了就不好意思了，又发展了两个男同学的妈问。我的计划是这三个同学轮流问，可是实践证明，男同学不靠谱，经常是我的问题他也不知道，结果男同学的妈又打电话问另一个女同学的妈，再把结果转述给我。所以，还是女生靠谱。三个作业本壮壮都不知道什么格式，电话肯定说不清楚，我厚着脸皮，带着糊涂儿子，拿着三个本，到别人家敲门抄作业去。唉，想当年，都是别人抄我的作业，命运有轮回呀。

壮壮遭遇的第二个困难是口算速度。他的学校特别重视口算，有"口算验收"，5分钟做60题。老师短信不断，卷子不断，责令"疯狂练口算"。每天做大篇口算，壮壮一开始做不完，我掐着表倒计时，他紧张得握着笔的手直抖。我上网搜了搜国家课程标准对一年级的口算要求，果然不出我的所料，大纲要求5分钟40题合格，50题良好，60题优秀。而他的小学把优秀标准作为合格线。壮壮做50题是没问题的，60题难度大了就做不完（例如用填空题变相考退位减法），难度适中才能做完。为了达到老师的要求——最差也得93分以上（班里大多数学生都100分），我陪壮壮练了得有100张卷子。这些都得自己出题、自己打印，我还得给他判卷子、总结错题。其间说了多少鼓励加油的话，真是难以计数。

第三个困难是作业多。壮壮上四年级的时候，教育部出台了一二年级不许留书面作业的政策。我们差两年没赶上，真是气死了。壮壮的一二年级老师留了大量的作业，一到考试前，铅笔都写秃了。写作业占据了太多时间，没时间玩儿，壮壮写得又累又烦，他不爱做作业，有时消极怠工。我每晚都得陪他做作业，催着，帮着，还必须坐在他旁边监督着。我也经常想，我这样陪读是不是方法有问题。但是如果我不陪，他就不做。有时我出差一两天，回家一看，很多作业如作文就没写，都等着我呢。有的家长说，不能陪读，孩子作业没做完，自有老师批评他，这是他自己的事情，要让他学会负责。但是这些家长是否想过，孩子一出现问题，老师就会电话短信轰炸，对家长施加批评和压力？下面是一篇我当年的记录：

小组长告状

我正在上班，忽然手机响，接起来听对方一片喧哗的童声，像是学校，我一阵紧张——怕老师的电话啊！这时一个小男孩的声音说："你是XXX的妈妈吗？"我说是啊。小男孩说："XXX昨天《小状元》没写完，让他回家写，可是他忘了，没有写！"我说："那我让他回家补上。"小男孩说："他现在就得写！"我说："行，就是这事吗？"这时，那头两个小孩交流上了，小男孩对一个小女孩说："那你说！"小女孩又口齿清楚地汇报了一遍XXX的罪行。我问："你是哪位呀？"小女孩说："我是数学小组长！"晚上回到家，我问起此事，壮壮说，是数学老师让小组长给我打电话的。我说："语文老师刚表扬完你，数学老师就批评你，你让我的心情大起大落，你是怎么回事啊你？"壮壮说："我也不知道。"

我其实心里很同情儿子，觉得换作我7岁，过他这种考前什么娱乐都没有、做一个月卷子的日子，我也受不了。有时为了让他拿起笔来开始写，我得以十二分的温柔劝他、开导他。我尽量帮他造句答题，有时一看时间不够了该睡觉了，答案就从我嘴里往外冒了。作业我给他尽量减负，老师留的含混不清无法检查的作业，如"熟读课文、复习卷子"，一律不做，只把空白卷子完成。像手抄报这种作业，都是我替他做。下面是一篇我当

年的记录:

破纪录

　　我下班回家,就陪壮壮写作业。我为什么总记录壮壮写作业的事呢?因为我一天见到他的四个小时,绝大多数时间都在写作业。昨天我一翻记事本,立刻感到任务艰巨,经验告诉我,得写到9点。本来作业就多,加上数学老师责令我们补上落下的《数训》。我把壮壮拽到书桌,然后在桌子上放了一个闹钟,指着时针,每写一项都事先告诉时间要求。从5点半开写。语文两页《语训》、一个听写、一个预习、一篇朗读,还算顺利,都在7点吃饭前完成了。甚至还写了两页《数训》。我不停地当啦啦队,加油!快写!字写得快一点!写完了可以下楼玩儿会儿!破纪录了!15分钟写了一页!在我的激励下,壮壮比较痛快地连写了一个半小时。中间休息了10分钟。7点吃饭,壮壮又恢复了胃口,狂吃一盘鸡腿。生病减的那点肥,估计很快就会长回来。吃完接着写,就不那么痛快了。因为壮壮看到出去玩儿的时间越来越渺茫,失去了信心。另外也写疲沓了。我发愁地说:"现在你们数学老师回来了,我也不敢替你写作业了,怕她看出来不是你的笔迹。"壮壮听了笑了,给我看前面判的作业,说这些就是数学老师判的。她还说:"XXX眼睛好了,字写得好看了!"我和壮壮哈哈地笑了半天。心情好了点儿,壮壮又写了两页《数训》、一页口算、6道竖式,还有改错签字。我鼓励他快点写数字,别写个0还那么慢。又给他读题,又帮他打线的,总之居然在8点40分都写完了。英语也有作业,但我们向来是不做的。我向壮壮宣布今天真的是破纪录了,这么多作业8点40分写完了,但也不能出去玩儿了,在家玩儿会儿吧。尤其是心情还比较愉快,我们俩都没有大喊大叫。

　　壮壮的第四个困难是背诗读经念成语。他学校有"语文特色考试"。一大堆考试内容,背古诗,背《三字经》《弟子规》,背成语,都是家庭作业,家长的事儿。老师也不领着读,平时不背也不检查,上来就考试。

考试前，我充当收音机念古诗给壮壮听，一边念一边讲解，念得嗓子都哑了。为了帮助他记忆，我跟他练我说上句，他说下句。考前的晚上，我看着要背的成语接龙问壮壮：你知道什么叫"针砭时弊""弊绝风清"吗？结果是不知道。我解释了一下，发现对小孩讲这些真没必要。学生们十有八九都是瞎背，跟念经似的唱着背。我是研究英语教学法的，整天跟别人讲什么是"可理解性输入"，什么是"无效输入"，我感叹小学语文教育根本就不贯彻这些教育理论。

在小学一至三年级，我尽量帮壮壮适应学校。到三年级时他适应了公立小学，在学习上成为一名中等生，不怎么挨批了；跟同班同学建立起了友谊；那个很凶的数学老师也不教他们班了。但为了心目中更好的、更适合他的教育，我将他转学至顺义的一所双语国际学校，壮壮在这所学校度过了四年级。在国际学校，学习压力一下子就轻了，每天都很快乐。我不用再监督他写作业了，顶多给他的project（项目式学习）出出主意，另外就是看看学校教育还有什么不足，在家进行弥补。

壮壮四年级时我做了如下记录：

唐朝主题学习

壮壮的语文课正进行唐朝这个主题学习，让看有关历史书籍。语文老师在班上举行了关于唐朝的男女生问答比赛。作业是设计三个关于唐朝的问题，并写出答案。老师把大家的问题复印装订，再发给学生，于是学生们好像有了一本自己写的关于唐朝的问答书。还有大作业PPT，要演说。壮壮一开始说想写唐朝的兵器，或者战车，让我否决了。资料难找，而且听众也未必感兴趣。我提议说还是写人物吧，好写。唐太宗李世民，李白，还有那个爱吃荔枝的杨贵妃什么的，你想写哪个？壮壮听了说，选杨贵妃。我严重怀疑他是因为听到了"爱吃"这两个字。有共鸣啊！我跟他说杨贵妃是个胖子，唐朝以胖为美，他更感兴趣了。于是壮壮的PPT题目就定为杨贵妃了，很好笑。

美国数学进度领先中国数学一年

5月壮壮又要参加美国统考MAP（Measures of Academic Progress），外教老师的政策照旧是不复习，也不知会考啥，家长连范围都不知道。我心里没底，把网上的加州教材看了一遍。800多页的四年级数学看下来，再和人教社数学书一对比，发现一个惊人的事实：美国的四年级数学教学内容，大概相当于人教社数学课本里的五年级内容。也就是说，美国数学进度领先中国数学一年。要想参加美国统考，得自学五年级数学。这几天紧着给儿子查缺补漏。以前网上广为流传的一些文章很有误导性，与这些不负责任的文章所宣称的正相反，美国数学在进度上不但不落后于中国，反倒是超前的。我看的是2008年版的教材，从那时起就已经超前了。壮壮曾经插班的私立学校四年级数学进度，比Common Core课程标准（公立学校的课标）还要超前，已经学到人教社六年级数学的程度了。所谓的美国数学简单，大概因为考试只考基本题，大多数老师也不搞考前集训，学生们只靠平时积累裸考而造成的印象。

接手英文数学

因为MAP考试数学部分壮壮考得不太理想，我觉得得抓抓数学了。一开始我想给壮壮的班主任写封信，请他关注一下壮壮的漏洞。也想向校方提意见，为什么家长对英文数学教了什么一无所知，学校教的数学到底能不能和美国同步，但我没时间参加他们的家校沟通会。后来一想，何必呢，既然我知道他的漏洞，求人不如求己，自己补吧。我研究了一番加州数学的主要内容，发现有很多内容是人教社四年级数学教材里没有的，比如分数的通分和约分，长方体体积，轴对称，这些人教社教材五年级才学，一元一次方程更是四五年级都没有的内容。可以说美国数学比中国数学教的内容要广，知识点更多。知道了不会的就学呗，我找了各州的卷子和SSAT的四年级考卷，让壮壮练习。中国人最擅长的就是备考，嘿嘿。

壮壮的五年级是在美国一所私立小学上的。私立小学是培养精英的路子，有中国重点校的感觉。壮壮因英语好，被分到五六年级混班，即五年级快班。老师布置下来的 social studies（社会科学）的大作业，过程跟中国研究生写论文没什么不同。自己查资料、做纸条、整理纸条、构思中心思想、写主题句、写文章、做纸板、做当堂报告。壮壮头一次做这种大作业，我辅导了全流程。Language Arts 让学生写诗，我也得启发着，要不壮壮一筹莫展没思路。数学也得紧着辅导，因为跳级学六年级《新加坡数学》，还学得很快，跟中国数学也有一些不同。壮壮用了三个月的时间，适应新学校的学习内容和学习强度。三个月后，明显感觉轻松了，不用我辅导了，一切都往好的方向发展。到五年级毕业时，他已经成为班里学业拔尖的优秀学生。

课业方面不用管了，我就陪儿子学语文，拿人教版五年级语文教材教他，希望在字词和阅读方面，能做到跟国内同步。我陪他自学了五年级语文上下册，壮壮读课文，抄写字词，我听写。除了学语文书，我还带着他精读了《写给儿童的中国历史》这套历史书，收获很大，感觉把整个中国历史梳理了一遍。我俩边读边讨论，拓展了很多东西，学语文倒像是副产品了。这一年在语文方面，感觉阅读进步了，但写作由于写得少，肯定是退步了。

3. 初中阶段的支持：参加各种活动

美国的初中从六年级开始，八年级结束，这三年的初中生活可以理解为高中生活的过渡。从初中开始学生要跑课。所谓跑课，就是学生没有固定的教室了，有固定教室的是老师，学生根据课程表在不同的教室间来回跑，不停地更换着教室去上课。每节课之间，学生们需要跑到储物柜那里换好下节课需要的东西，然后再跑到下节课的教室。两节课之间的时间很短，一般是4分钟，在这4分钟里要从一个教室跑到储物柜，再跑到另外一个教室，要是不幸两个教室相隔较远的话，那是绝对需要冲刺速度的。从初中开始有了选修课，有了各种社团活动和学校运动队。

壮壮上的是一所郊区的9分（满分为10分）初中，学习压力不大，六至七年级学的东西，他小学就已经会了。壮壮上高中后告诉我，他在初中根本没好好学习，靠吃老本就能混下去。初入校的时候，像他这种母语不是英语的孩子要考 ESL 测试（以英语为第二语言的考试），考试合格才能进正常班，壮壮说，那考试简单得"a bit insulting"（有点侮辱人）。的确，那时壮壮的英语已经是美国母语学生中的前 1% 水平了，英语对他来说已经超越了母语。数学经过测试，也进了初中的快班序列。

  壮壮在学业方面很轻松，我也放松下来，改抓体育了。壮壮在初中打了三年篮球，减了肥，增强了体质，初三时个子长到了 1 米 91。另外一个坚持了整个初中的活动是吹号，壮壮先是吹次中音号，后吹大号，在学校管乐队待了三年，参加过很多比赛和演出。又打球又吹号的，壮壮的初中过得像小学一样轻松。虽然学习不费劲，但壮壮在初中毕业时没拿到全 A 奖，因为各种各样的不上心的原因，他的成绩单上常会有个 B。下面是当时我的两篇记录：

  壮壮有一个作业是上网查第二个学期的成绩填表。我俩凑电脑那儿一看，不得了了，发现新学期成绩单里出现了一个 B。还是 Literature 这门课，壮壮的强项。social studies 是 A−，也是强项。壮壮呼天抢地地叫不公，又查询了一个网站，这里可以看"小分"，看是怎么回事。然后发现 Literature 有两次作业错过截止日期，两次都被记了 0 分，使作业总分得了 C−。所以尽管考试得了 A，最后总分还是 B。壮壮情绪激动，气急败坏，说作业他做了，老师没收！他怎么知道什么时候交啊？我说：你冷静点，老师留作业时肯定说了截止日期，她没收你也得惦记着交啊。别人怎么交了？壮壮说：别人也没交！我说：这不可能，老师不可能宁可给所有人 0 分，也不提醒大家交作业。壮壮又抱怨说他老师是新老师没经验，居然不收作业。我说：你别赖别人了，赶紧补救吧，把作业交了，看能不能给你补点分。Social Studies A− 是因为一项作业迟交，只给了一半分。都是因为晚交业，糊里糊涂所导致。初中是高中的排练，美国老师不会提醒你该做什么，不按时交作业就记 0 分，自己查电脑看成绩时才知道。学习是自己的事，这种事情早发生点好，早长教训。初一的成绩跟以后的成绩比尚不那么重要，但愿他尽快养成好习惯吧。

都是别人的错

上回说过，我要求壮壮最后一个 quarter 要拿全 A，发了一下狠，说 A- 不算 A。严盯死守下，到最后两个星期，常出问题的数学倒是 A 了，可从来没出过问题的 Language Arts 却得了个惊人的 B。一问之下，又说是别人的责任，跟他一组的那个男生没写 group work 作业，害得两人一起没得该项作业的分。并信誓旦旦地说，那作业他写了！记得有一天他写作业到 11 点吗？就是写这项作业！而且，他还提醒同学了，给那个同学发了 E-mail，可是那个同学还是没有写，都怨他！我听了壮壮的这一番说辞，觉得他仍没有进步，总把责任往别人身上推，自己不担起责任。既然是 group work，两人又是天天见的同学，但凡上点心，也能督促别人别忘了。这世界上永远有懒人有糊涂的人，难道摊上这样的同组就只能抱怨吗？还是不上心，没负起更大责任的想法，没领导力，不会和别人合作。我时常想，壮壮是独生子女，没有弟妹需要照顾，所以，他就不会想那么细，惦记并为别人安排事情，只会顾自个儿。这其实是一个劣势。但愿通过暑期开始的当老师的经历，能使他练习为别人负责。我还打算让他高一加入 tutoring club，为学习不好的学生辅导功课。

壮壮在初中获得过一些奖项，其中有两项是地区 Science Fair 的奖，过程挺有意思，下面是我的一些记录：

科学比赛（1）

前两个星期，壮壮说印度同学 S 邀请他周日去家里 playdate。我对于这种事一向都支持，马上同意。问了地址，周日就按时把壮壮送了去。我们到了后，发现家里没人，一查手机，发现印度妈已经发了短信，说钢琴课拖延了，晚几分钟到。等了一会儿，印度妈开着大车呼啸而至，让孩子们奔进家去，她过来和我打招呼。我本打算说几句话就走，谁知印度妈十分善谈，和我聊个没完。每隔一会儿就说一遍：你确定不想进屋来多聊一会儿吗？我一开始还想走，听她一再邀请，只好进了她家。

印度妈三句不离孩子，我也越听越佩服。原来她是学校科学奥林匹克俱乐部的组织者和教练之一。她是个记者、作家，并不是从事科学工作的科研人员，仅仅是因为她的大儿子 S 喜欢科学，她就积极投入到俱乐部的工作中。她抱怨说儿子 S 只是对科学感兴趣，可是仅仅停留在这个阶段，不去做实验，不去做项目。不动手怎么行？然后就使劲夸壮壮，说他儿子 S 怎么怎么依恋壮壮的友谊。有一天她问 S："那要是你和 Gary 一起做个 project 怎么样？"S 欢呼着说："好啊！"

我渐渐听明白了，原来印度妈想让 S 参加一个本市的 Science Fair，S 不行动。为了让 S 行动起来，她想发展壮壮和他一起组个 team，一起参赛。我解释了壮壮是个文科男，科学方面不是他的特长；我这个当妈的也是文科女，根本帮不上忙。印度妈不以为意，说她自己也不是科研人员。而且，她去找过科技方面的厉害妈，结果她们都非常自私，不愿和她儿子组队，只想着辅导自己孩子得奖……又滔滔不绝地教育我说：孩子这么小，不能给孩子定位。Gary 这么聪明，谁知道他是不是搞科学的料呢？接着，又留我一定在她家吃饭。我只好留下来吃了她煮的意大利面。

这个 Science Fair 也是印度妈争取来的活动。因为必须以学校的名义报名，她了解到儿子的学校居然没报名，就找了校长，让校长指定了一个科学老师做联系人，这样本校的学生才能参赛。唉，瞧瞧这妈，为了儿子，也是够拼的。

吃过了饭，印度妈就本着雷厉风行的项目管理精神，定下了两个孩子定期开会的制度。我不置可否，因为我还没问儿子感不感兴趣。壮壮这孩子，容易被别人说动，经常答应事情不过脑子，不考虑自己是否真的能投入时间精力、有没有能力，甚至是否真的感兴趣，经常为了让对方高兴就答应了。

回家我问壮壮，他说行啊。我有些担忧地觉得，他就是草率地这么一说，根本不懂这意味着什么。周一印度妈的电话就来了，发了网站让我们娘儿俩研究。说下周日开会定题。我只好让壮壮看网站，想想题目。壮壮一听要占用他周末的时间就不干了，说不想干了！我说：晚了！谁让你上礼拜答应得这么痛快。现在想反悔，我都没法跟印度妈交代了！

周日印度妈和儿子来了我家，还带来了个白板。印度妈站在白板边上，像个老师似的，给俩孩子培训了一下比赛规则。然后让俩孩子说他们的想法，她往白板上写，并像一个老师一样，做一些评论和引导。我只是在旁插一些话而已，印度妈完全掌握着讨论的节奏，限时让俩孩子 narrow down（缩小范围）他们的想法。我对这件事尚不想做评论，想看看再说。

科学比赛（2）

上回说过，壮壮让印度好友的妈"绑架"，与印度娃组队做 project，参加本市最大的 Science Fair。印度虎妈能量大，光组织俩孩儿定题就召开了好几次"定题会"，时而在她家，时而在我家。俩娃最后商定做 obesity research（肥胖研究），当然这是瘦小并素食的印度娃的主意。壮壮本想做营养学方面的，但他的优点抑或是缺点就是让步得特别快，什么都听别人的。

定题后，下一步就是定 hypothesis（假说）。又开会讨论。艰苦地讨论了一阵后，印度妈打听到了一个新消息：七年级学生不能组队，只能以个人为单位参赛。这下，壮壮面临是否还参赛的选择。本来是陪跑，这下成单干了。壮壮在印度妈的鼓励和我的不置可否的态度中决定单干，选了 reducing food waste（减少食物浪费）方向，因为这和吃有关嘛。

印度妈发挥记者的优势，联系了 UCSD（加州大学圣地亚哥分校）专门研究营养与健康的大学者，拉着俩孩子拜见研究员。我跟去一看，原来研究员是日本人，也是孩子妈。日本科学家非常友善，为孩子们指点了指点，听得一行人连连点头。

由于科学家肯定了壮壮的方向，壮壮深受鼓舞。立刻着手建 focus group（调研组），开展采访。由于他人缘好，这第一个步骤顺利完成。然而统计数据方法不会，我只好强压住心里那声"stupid"上去指点，勒令他重做。待他弄出了调查问卷，我看了也很不满意。但我不想替他改，决定还是放手让他自己去鼓捣，有多大能耐就干多大的事吧，重在锻炼。

发调查问卷这件事倒是发挥了壮壮的长项——那就是跟老师铁！壮壮多次找七年级科学老师和他六年级时的科学老师帮忙，老师都非常配合。后来补发第二次问卷的时候我还问他：老师都帮你一次了，你又去找他，他会不会烦啊？壮壮说："放心，就凭我和老师的关系！"科学老师不但帮他发问卷，还帮他签字，还看了一遍他的PPT。

回收了问卷，壮壮又开始了艰苦的数据分析工作。我偶尔检查一下，被他的笨气得直跳脚。原来，他什么也不会。办公软件，无论是Word、Excel、PowerPoint，什么也不会使。后来一想，才13岁啊，又不是办公室文员，当然不会啊！无奈教了他几招，尤其是特别关键的Excel的统计功能。统计完壮壮开始写PPT，熬得眼睛都红了。我让他上网自己去学science project应该怎么写。

待他写完交给我提意见，我才忽然想到一个非常严重的疏忽：我们没有好好研究Science Fair的网站，上边说不定会有什么关于格式的规定。以前总觉得陪跑做项目嘛，印度妈会研究的，从没好好看过。我赶紧上去使劲看，看得倒吸一口凉气。要求一大堆，光对于PPT的规定就三十来页说明。我沉痛地对壮壮说：你的PPT得重写，至于怎么写，你自己看要求。

我把网站上所有的要求都打印了下来，厚厚一大摞，交给壮壮研究，还有很多表格要填。后来我又生气地发现，他根本没有好好研究，一问三不知，还不如一边打印、一边扫了一眼的我了解得清楚。

表格里一项特殊要求引起了我的注意，所有研究对象是人的project都要有特殊的表格，即"同意书"。这是美国这个法制社会的特点，什么都得撇清法律责任。这事麻烦了，因为之前的调查问卷都没让学生们签同意书。

我让壮壮自己起草一个"同意书"，找老师签字去。就写这么个东西，折腾了整整一晚上。壮壮不明就里，糊里糊涂，培训他我真是火大。做这么个project还真锻炼人，不但体验了把办公室文员、科学家的工作，居然还体验了把律师。

然后还得找学校指定的老师签字填报项目。壮壮又表演了一把糊涂，一共两套表需要签字，他签了一套就回来了。我又生了气，觉得他嘴上没毛办事不牢。壮壮又去堵老师补签，后来印度娃头疼没上学，他又应印度娃请求替他跑腿找老师签字。走马灯似的不知找了多少遍不同的老师。

长话短说，PPT改了几轮，终于交上去了，这只是最初的筛选。如果过了还要答辩、做展板等，后续很多事。我有点犯愁，因为据说答辩环节需要家长和很多人的陪练。我发现自己辅导孩子根本没耐心，壮壮对于项目也没太大热情，糊里糊涂，我预感到这是麻烦事。一方面我嫌麻烦，一方面我觉得这事干了也是种锻炼，也使我更了解孩子，所以如果选上了，还得硬着头皮继续干。

从整件事的过程中，觉得壮壮做事情有优点，也有缺点。优点是做事麻利不拖拉，人缘好办事快，壮壮早早就完成了大部分工作，而印度娃拖到了最后一天。缺点是丢三落四、急躁毛糙、考虑不周。

科学比赛（3）

壮壮自己千辛万苦地糊了展板（主要是太不会干活），又千辛万苦地背了稿子（主要是太不擅长背稿），参展还得请假补作业，总之吧，付出了很多努力。答辩整整进行了一天，下午我去接他，问怎么样啊？笑嘻嘻地答：大获成功。哎呀到他这儿来听的人多得呀，一拨又一拨，有些人还来了两遍，显然在确认他们评奖的decision，他足足讲解了十几遍，非常流利，自己还现场发挥了各种笑料。而且我给他押的答辩题目也押中了，问的都是那几个。印度妈在赛场当了一天的志愿者，累得面无人色。她听了壮壮形容的"十几遍"大场面说：肯定是一等奖。这下调高了我的期待。后来颁奖的时候，听到是二等奖，不免有些失望。所幸还获了两个"机构奖"，机构奖是有奖金的，这下又高兴起来了。印度娃也是二等奖，只得了一个机构奖。这说明，我们这个陪跑的，得的奖比机关算尽、投入巨大的印度家还多，呵呵。

之后这个机构奖就没信儿了，说让等E-mail通知。后来终于等来了E-mail，两个奖都在5月颁发。印度娃的机构奖在4月春假时发的，发奖前还得当众再讲一遍。壮壮转述印度娃的话说，他发挥得不怎么样，气得他妈在现场用印地语冲他大喊大叫，弄得别人直看他妈。我想着那情景，又不禁笑了。转眼就5月，心理学协会的颁奖仪式到了，这是个午餐会的形式。颁奖前也得做介绍，我得以见识一下其他学生的presentation水平。有紧张得忘词儿的，有声音太小的，很少有幽默，大部分都讲得干巴巴，要不就是高深得听也听不懂。美国学生的presentation skill其实不怎么样，跟我想象的有距离。相比之下，壮壮的演讲能力就很突出了，清晰易懂、轻松幽默，让听众如沐春风，非常有吸引力。在场的心理学家们不但记住了他的project，还记住了他的名字Gary，甚至还使劲地记他的中文名字Yuhan。通过这次活动，我又一次确认了壮壮在职场上的优势，就是去做Sales，呵呵。可以跟Nerd同学一起创业，Nerd发明了东西，他去融资去卖，能说啊，全靠一张嘴。

4. 高中阶段的支持：选课与社团

美国的高中是选课制。上高中最重要的就是如何选课了。然而，设计一个高中四年的发展路径，往往不是孩子能够自己搞定的，尤其在高一的时候，学生往往还没有对于未来清晰的想法和目标。所以需要家长的参与和帮助。

在选课的时候，首先要考虑GPA，即平时成绩。GPA是大学申请审核之中最大的考量，因为它是学生每一天努力得来的成果，是每次作业、测验、考试分数的累积。根据研究，GPA是学生进入大学后能不能读得好的最可靠依据，所以它是大学最重视的部分。普通课得A积4分，如果选最难的AP（Advanced Placement，大学先修课程）课又得A的话，积5分。所以,好学生都会选很多AP课程,以提高自己的GPA。在壮壮学校,随着历年来的水涨船高,学校前几名的毕业生已经选近20门AP了。然而,AP课程是很难的,选过多难课,势必给自己增添压力。壮壮学校我们认识的学姐,因选了12门AP,且都是很难的课程,高三考试前要学到夜里3点才睡觉,令父母十分心疼,曾唉声叹气地对我说:"她这是读高中呢,还是读大学呢?"所以到底选多少门AP,需要准确衡量自己的能力,不能蛮干。

其次,选课的时候要考虑跟将来申请大学的专业是不是有一致性,选的课要充分反映出学生的热情和兴趣。比如,学生要向大学展示:我真的对医学很有热情,我真的对学商很有兴趣等。如果学生将来要读法律,却没有修历史、文学等课,就没有说服力。所以,如果孩子有理想和职业规划是最好的,最低也得有个大致的目标和方向,不然选课就比较盲目。这就意味着孩子在高中必须成熟起来,因为成熟的孩子一大堆,大学为什么要收不成熟、没目标的孩子?

最后,选课要计算学分是否达到高中规定的毕业要求和大学的入学要求。如,大学一般要求选四年的英语课,两年的外语课,三年的科学课等。每个学校对于必修和选修课总数都有具体的规定,要综合考虑,满足各种要求。

为了给儿子高中四年的选课做总体规划,我在他初三的时候研究了各种AP课程。我下载了College Board(美国大学委员会)上大部分的AP考试说明,挨个儿看内容范围、考题难度,推测儿子选修的可能性。我制订了初步的计划,用铅笔填了四年选课的表格初稿,和儿子讨论,由他来定稿。在每年选课时,再根据最新情况重新讨论一次,最终壮壮选了11门AP课程、两门honor(荣誉)课程和一些普通课。

美国高中对学生的自学能力、时间管理、自我管理能力提出了挑战。美国老师不会监督你做什么,一切全靠自己。选课制、学分制对自我管理所需要的一些重要品质,如计划性、毅力、延迟满足提出了高要求,学业也越来越难,尤其是对于选了多门AP的学生来说,压力相当大。值得庆幸的是，高中时期的壮壮进步很大。高一时还不成熟不上心，需要我的监督和帮助；高二就忽然长大，改善明显，知道用功了；高三更进一步，实现了完全的自我管理。他的选课从高一到高三逐渐增加难度，但保持住了全A的成绩。高三在学业方面实现了零辅导，他完全自学，已经不用我操心。时间上他也实现了完全的自我管理，相当成功，令我振奋。

高一时我曾辅导过壮壮英语课的作文，这是当时的记录：

（1）

这荣誉英语课的essay是真难写。壮壮从周五晚上开始写，周六写一天，周日写一天，周一又写到晚上11点半，总算写完了。周末连语文都没时间弄，光写essay了。对着电脑几个小时几个小时地耗，听着闹哄哄的音乐，让人烦；又时不时地咳嗽着，又让人觉得他挺可怜。这一冬天都没得病，在春天病了，咳嗽了好几天。英语老师要求高，写不好的话，打回去重写。全班没几人可以不重写。壮壮跟我说，他的辩论搭档，犹太人小A，这门课的分已经是B了，比他惨。看着磨磨唧唧一筹莫展写essay的儿子，我问他为什么不擅长文学分析。儿子说，他其实擅长的是分析真实的事件，如历史、政治。这种探讨写作手法、象征物什么的他并不擅长。我听了觉得能理解儿子，因为我也是一样，上大学时我写论文会避开文学，写社会学的论文。看来以后儿子也要少选文学的课。儿子essay分析的书是《人鼠之间》，他挺喜欢这个故事，就像他也挺喜欢上一本《杀死一只知更鸟》，然而对故事熟知并没有什么用，essay仍很难写。

（2）

壮壮的英语课成绩又跌至了B+，触动了警报线。仍是essay的问题。壮壮求我帮他，振振有词地说：与他同组的女生J，父母均为哈佛毕业，母为女权大律师，都帮J改essay。我要再不出马，必使他处于不公平竞争的境地，因为别的同学都有父母帮啊！我一听，立觉问题严重。对对，我不能让儿子单独面对。好家伙，儿子能和律师比吗？此时也是拼妈的战场，我得上！我拿出编辑审稿的流程，命儿子向我提交提纲、草稿、一稿、二稿。我在他的稿件上，用彩色字和高亮评论，让他修改。他若跟我理论，执拗不肯改，或是忽略我的评论，悄悄把批注删了，我必把他骂个狗血喷头。由此发现了儿子的很多问题，包括时间管理。因为我在 Google Docs 上能实时看见他打字的痕迹，他什么时候溜号怠工我都能发现，有时候看他长时间没写一个字，我就忍不住过去吼。至于主题句、结构、观点、引用的密度、用词、格式，统统都有问题，本着高标准严要求的原则，我把稿子批了个五色缤纷。的确，这些细节老师才不会帮你抠，只会给你打个低分。我越管越触目惊心，时不时把儿子数落一通，因为他上课不记笔记，看书不记卡片，对细节很疏忽，根本没有养成好的撰写论文的习惯。唉，对于这种不上心的普娃，没有一个严格抠细节的老师管着，还真不行。放养，即等着拿 B 啊。看来我得陪他写几篇了，《动物农场》《罗密欧与朱丽叶》，唉，都一把年纪了还得分析这些老古董，不文艺都不行啊。

高二时的记录：

儿子更用功了。每天起早贪黑，嘴里念念有词地写作业。我深知，只要他嘴里不停地叨咕，那就是真的在写作业。叨咕是他在思考的特征。这孩子太爱说话，自言自语是他独处的方式。尤其是，有时叨咕着的英语转变为带着愤怒的质问，语调激烈铿锵，那就意味着遇到难题了，算不出来了，着急了。我每天做慈母，6 点开饭，10 点端上一盘水果，11 点提醒该睡了。耗不住了我就不陪了，先睡去也。壮壮自己耗到 12 点，而且还宣称，明天一早早到 5 分钟问老师问题去，必须！这个问题关系到他考试是得 85 分还是 95 分。多上心啊，终于成了父母嘴里的别人家的孩子了。多么令人愉快啊。如果给我曲折的育儿之路做一个总结，那就是：儿子终于成了那为数不多的、高中突然发力用功的男生了。

壮壮在高中参加了三个社团，社团活动占据了他很多时间，是他高中阶段的个人特色。第一个社团是 Speech & Debate，演讲与辩论；第二个社团叫 Link Crew，是帮助人方面的；第三个是商业社团 DECA，参加一些商赛。壮壮在这三个社团均担任管理岗位，并在高三成功当选两个社团的 president（主席），锻炼了领导力。这三个社团中，我对他支持最大的是辩论，下面是我的三篇记录：

辩论赛（1）

周六壮壮参加人生第三场 debate tournament（辩论比赛）。这次有点不同，是在本校主场作战。tournament 的意思就是轮流在不同的学校比赛。地区内的学校轮到自己时，就得承办一次比赛。壮壮的学校以 STEM 科目为强项，辩论社很不受重视，经费呀什么的也没有，全靠辩论社的学生和家长承担此重任。家长 booster club（助推俱乐部）的负责人，一个白人妈，女儿已经高四，即将退役。她呼吁家长站出来继她的任，应者寥寥。她连发数封邮件，让大家捐钱、捐食物、做义工。我为了表示支持，捐了钱，捐了食物，又勾了最缺人的时间段当义工。我的任务是在 judges' room 看摊儿，给一百个评委管吃管喝。由于时间段是下午，基本上就是撤摊收拾、刷盘子刷锅、搬东西。哎呀这四个小时的体力活，把我给累着了。那个负责人白人大妈已经盯了一天，肯定比我累多了，而且我在收拾时发现，很多东西，比如锅啊电线啊什么的，都是她从自己家搬来的。收摊时剩的食物，6大盒比萨，4大盒沙拉，两个巨大盒的面包，还有无数零食点心，甚至还有卖剩的雨伞，都给了一个印度妈，印度妈说她长期做义工，为无家可归者发食物。我不由又感叹一下，就是印度人的境界，在"普世情怀"方面也远远高于华人。

我也看到了辩论队的学生领袖们，尤其是几个华裔学生在组织工作中的风采。女孩不说了，女孩的优秀不值得稀奇。其中有两个得过奖杯的"小中男"，使我想夸一下。说实在的，这是我第一次亲眼看到值得一夸的小中男。在这之前的体验都是挺令我失望的。数理化好的木讷男生看多了，口才好、能担大事、有组织能力的男生，才让人眼前一亮。

上午我也旁听了两场壮壮的比赛。由于第一场 tournament 分了组，有 novice（初学者）和 varsity（校队）两组，误导我了，我以为壮壮在高一期间会一直在 novice 组与同龄人比赛，对他寄的希望比较大，还曾希望他能打进州赛。谁知 novice 组只出现了一次，以后就再也没有了。合着就第一场叫 novice，第二场就不是了。接下来就是高中组的混战。高一的，和高二、高三、高四的同场竞技，这还哪有出线的希望？在辩论这种靠知识面积累、靠比赛经验、靠长期训练的比赛中，新手取胜的希望是渺茫的。只能寄希望于高二的时候能捧上奖杯了。我看的两场比赛的对手，一个是高三的，一个是高二的，高三那个队来自附近城市最好的私校，一听就觉得壮壮这俩小屁孩没戏了。事实的确如此，无论是结构、策略、数据，还是语言质量、流利度，都无法和人家相比。

辩论赛（2）

2月的大事是加州州赛。网上看到了辩题范围，我感到事情很严重。主要是对于一些领域，如经济领域，儿子还很无知。得给儿子恶补。15岁的 teenager 不得不在短期内了解税收、关税、国债、能源等方方面面的政策，还必须正反两方面都能分析举例。这又一次证明了高一新生的劣势，在知识面上就无法和高年级的辩手相比。于是我家饭桌上的谈话都变成了高谈阔论指点江山点评时事，我也绞尽脑汁地试图为儿子"押题"、划重点。一时间全家人的知识面都扩大了，跟着儿子学习了。准备了几十个 case，参赛时发现还是不够用，仅仅押中了一小部分题。州赛的地区选拔赛，共有48个队进行淘汰赛，淘汰掉四分之三，很残酷。赛了两轮壮壮这队就出局了。除了知识面，在表达方面也比不过高年级的强队。人家那流利度，那犀利性，甚至是风度，都令我赞叹不已。距这些顶尖水平的高级辩手，壮壮还有很大的差距，还需要很多次很多次的磨炼。一万小时的定律，在哪里都通用。遭到淘汰是我意料之中的事情，但是壮壮受打击了。也是，投入了时间和精力却没有取得什么成绩，任谁也得失望一下。接下来还得总结经验，还得屡败屡战。不管怎么说，辩论所带来的收获，在比赛之外。

辩论赛（3）

周末壮壮在辩论赛中赛了6场。我旁听了几场，感觉这个邀请赛水平真高。这是加州一个知名高中举办的邀请赛，而议会制辩论又以加州的水平最高，6场的对手就没有弱队，都好强。而且还有个规律，女生个个厉害。壮壮说，他最怕遇见的就是犹太女生，一看穿西装戴眼镜的犹太女生，就暗叫不好。壮还说，印度裔的一个姓（我没记住）也厉害，姓这个姓的，都是印度最顶尖的贵族，受教育水平高。最后一场辩题关于海洋里的可降解塑料，我听得简直折服了。壮壮的搭档R是个低调的理工男，此时大放异彩，那广博精深的生物化学知识，专有名词听得我一愣一愣的，听不太懂但就觉得他太牛了（这是即兴辩论，无法准备，全靠平时积累）。这场比赛壮壮作为一辩做的总结陈词也发挥得特别好，有气势，幽默，语速快，逻辑性强，简直是气势磅礴！这是他参加辩论以来做得最好的speech，进步很大。我提出了表扬，壮壮很高兴。晚上得知没进决赛，对手很强，意料之中。自己跟自己比又进步了，就觉得很有收获。

高二的时候，壮壮受同学的影响，研究起股票来。他与一个印度裔计算机大拿同学搭档，参赛Coolest Projects USA，他俩设计的荐股软件获得了一等奖。壮壮深受鼓舞，这方面的兴趣更浓了，于是选了金融入门的选修课，又加入了学校的商业社团DECA，开始参加商赛。他目前商赛的最好成绩是加州第三名，进军国际赛。

下面是疫情期间壮壮参加的一个网络商赛记录：

……壮壮马上投入了商赛的准备中。商赛也是他从网上找的，叫virtual business challenge（虚拟商业挑战）。他组了一个三人的队，参加网络比赛。他们队报名参加的类型叫personal finance。壮壮给我讲了讲比赛内容，我觉得特别有意思。这是一个大型的模拟理财游戏，有点像"大富翁"。壮壮他们会认领一个虚拟小人，养着这个小人，喂他吃的，让他睡觉，上大学，工作。小人统共活30年，起始基金5000元。他可以找工作，可以投资，可以买房，也得交税，总之，30年后，看谁的小人财富多。所有的工资、利息和税都是真实的，跟现实生活中一样的。这就意味着，能不能得奖先不说，参加这个比赛会模拟成年以后的生活，增长真正的生活经验，是一次特别好的理财和人生规划练习。壮壮跟我说，他想要小人平时睡6个小时，周末7个小时。我说："那哪行啊，缺觉啊！这样拼命，中年会出现健康问题的。"壮壮说："他得抓紧时间赚钱！"我说："那也不能牺牲健康啊，病了就完了，花医疗费。"壮壮说，他再想一下，再计算一下得失。

……壮壮昨晚搞商赛又搞到半夜两点。早晨跟我叨叨他商赛创业部分的进展。他现在有两个生意，一个理发店，收入一般，一个catering（餐饮服务）公司，现在发展得不错，已经雇用了25人，买了5辆卡车。生意好得顾客得排队。未发生什么大挫折，只有几人跳槽，一辆车发生了车祸，赔了两万。唯一后悔的事情就是创建公司的时候太保守，三人合资。就应该他一人贷款独资！公司现在是他一人打理，财源滚滚，如果是独资，已经赚了两千万了。可惜，一除以三，他只挣700万，太少了，估计赢不了，只能算为下次积累经验。我说："我高中时哪想过这些啊，有这种锻炼机会已经很好了。"

……一天过去，壮壮的商赛赚钱之路又遇到了挫折。两个生意都被人给告了。catering公司的鸡肉被人告吃了拉肚子，打官司赔了9万。壮壮后悔保险买少了，保险只付了1万，他自己赔了8万。我问理发店为啥也让人告了？壮壮说市长控告理发被烫着了。壮壮说，他亡羊补牢，为catering公司追加了15万保险金，为理发店买了9万保险。总的来说，他的企业效益很好，尤其catering日进斗金，总资产合计2600万，他个人资产到了1100万。但壮壮说，赚这么多钱也不足以赢得比赛，他决定结束这局，从头再来。

壮壮在高三把主要精力投到了商业社团的建设上，他不但在社团招新

方面十分活跃、卓有成效，还积极外联，与附近的其他高中甚至洛杉矶一些学校的 DECA 组织建立了联系。由于儿子在商赛方面的兴趣，我们家的饭桌话题，逐渐由讨论政治，转变为讨论股票和投资了。为了支持儿子，跟他有共同话题，为他出谋划策，我又有了新的研究方向。我觉得这样挺好的，我也到了应该研究投资理财、规划养老的阶段，正好跟着儿子一起学习、共同进步。这又一次证明了育儿过程其实也是终身学习、提高自己的过程。

养儿不易，我也热切地盼望着儿子上大学、我重获自由的那一天，但我从未后悔当妈妈。回顾近 18 年育儿路，我做出了一些牺牲，但也收获了很多很多的幸福。儿子茁壮成长的生命力总是感染着我，让我仿佛沐浴阳光，充满希望。与儿子一起成长，使我不畏衰老，更喜欢现在的自己。

附录 1

我推荐的 35 本育儿书

第一个孩子照书养。面对养育的种种难题，新手爸妈往往发现，周围不同的人，如长辈、同事有不同的看法，网上不同的博主、辣妈也是各执一词，让人无所适从。家长们越来越觉得，要解决迷茫、系统性地获取育儿知识，最好办法是读书。然而随后就会发现，书作者的观点也是不同的，还有的育儿书纯属粗制滥造，买了后悔。我大概读过 150 本育儿书，觉得这里面的三分之二都不值得读。我为大家筛选的这 35 本书的书单，是基于以下 4 条理由：

1. 作者有教育学或心理学、认知科学、脑科学方面的教育背景，其观点有科学实验的证明

我个人崇尚科学，只相信被科学实验证明了的育儿观点，觉得有些"牛娃妈"的个人观点、个人经验不靠谱。尤其是近十几年，脑科学、认知科学、发展心理学等领域都有了重大发现和迭代，推翻了很多以前的认知，我们家长必须学最新的知识。所以，书的作者最好有脑科学、认知科学、发展心理学、教育学等教育背景，且他们的主张尚没有被今天的科学所推翻。

2. 观点互相印证，属于主流观点，不是受到业内批评的非主流或邪教

书看多了就会发现，符合第一条的很多作者观点是重复的。这也不难理解，因为科普者所科普的原理是相同的。这反过来告诉我们，什么是很多专业人士推崇的主流观点。看书的我们，需要合并同类项，把一些经过学者们交叉认证的主流观点记下来。以后再看到比较偏执的一面之词，就有了判断力。我们要警惕那种不符合学界主流观点的个人观点，尤其是那种比较情绪化、绝对化的、非理性的、"神神道道"像邪教一样的表述。

3. 揭示了儿童发展的共性

好的育儿书，能说清楚理论背后的深层逻辑，能揭示儿童发展的共性。对于一些家长困扰的问题，能说清问题的本质，让家长"知其然，知其所以然"，之后能举一反三，遇到新问题能随机应变。这就是"授人以鱼不如授人以渔"。

4. 既有理论也有实践，案例丰富

好的育儿书，要既有理论又有实操办法。既让家长知道为什么，也要有"怎么办"的举例，即攻略、解决方案。

我的建议：看书后一个必不可少的步骤是内化。把书中讲到的育儿原则消化吸收，真正做到触类旁通、灵活运用。进而进行独立思考与判断，结合自己家庭的特性，形成自己的育儿风格。没有适用于所有家庭的、放之四海而皆准的教育理念，也没有"包治百病"的教育专家可以生搬硬套，每个孩子都是独特的，家长应该立足于自己孩子的个性，权衡利弊，选择取舍，形成自己的养育风格。积极探索最适合自己孩子的教育方法，在实践中随时调整、反思和总结经验，不断完善。

关于35本书书单的说明：内容有重复的，家长们不必都看。根据内容简介，选择自己感兴趣或觉得有用的，看十几本即可。

1.《美国儿科学会育儿百科》
〔美〕斯蒂文·谢尔弗 著

- 美国儿科学会是世界级的儿童健康权威机构，这本百科全书科学、权威、有参照性
- 内容涵盖分娩的准备，新生儿及早产儿的护理，母乳喂养和配方奶喂养，0—5岁婴幼儿基本养育方法，各阶段的饮食与营养、睡眠问题
- 孩子在各成长期体格、动作、情感、语言、社交和认知发育的标准
- 各种常见病、创伤、先天性疾病和其他问题的应对方法，如新生婴儿肠绞痛该怎么处理，需接种哪些疫苗，湿疹、感冒、腹泻、发烧如何应对
- 怎样做如厕训练，如何断奶，在家里、户外以及车上的安全问题……各种问题都可以在该书中找到非常系统、详细、准确的答案

2.《原生家庭：如何修补自己的性格缺陷》
〔美〕苏珊·福沃德博士、克雷格·巴克 著

- 清理童年伤口，走上修复之路，家庭心理疗伤经典之作
- 系统介绍不健康的原生家庭是如何伤害子女，并影响子女成年后的生活的
- 主旨并不在于控诉有毒父母，而在于传授具体的对策，使那些受过或仍在承受父母伤害的人获得勇气和力量，从与父母的负面关系模式中解脱，恢复自信和力量，得到自由和幸福

3.《为何家会伤人》
武志红 著

- 介绍中国式家庭通常具有哪些特有现象和弊端，用心理学知识解读中国式家庭问题
- 揭示中国家庭的运行机理，从夫妻关系、婆媳关系、亲子关系、子女教育等方面，解读中国人的感情模式
- 夫妻关系是家庭的核心
- 分离是生命中永恒的主题
- 男孩归爸爸，女孩归妈妈
- 溺爱＝过度地阻碍
- 孩子太听话不是好事
- 孩子为何把网络当成"安全岛"
- 中国家庭中的轮回链条

4.《捕捉儿童敏感期》
孙瑞雪 著

- 孩子在成长过程中表现出来的种种让你感觉匪夷所思的行为，这只不过是孩子敏感期的表现罢了，我们要做的就是及时发现、提前了解
- 系统清晰地讲解儿童的生长发育特征
- 收录了200多个0—10岁孩子敏感期的真实案例，有参考借鉴意义

5.《爱和自由：孙瑞雪幼儿教育演讲录》
孙瑞雪 著

- 蒙台梭利教育介绍
- 儿童必须自己感觉
- 爱是土壤，爱是阳光，爱是儿童成长的一切
- "教"孩子可能就是奴役孩子
- 应该怎么理解孩子
- 自由与纪律
- 爱和自由的应用
- 因为爱而愿意顺从，因为有意志而能够顺从
- 蒙氏教育思想适合中国的孩子吗

6.《和孩子划清界限：成功训育儿童自律的法宝》
小巫 著

- 家长要想纠正孩子的行为，先要解决自己的问题
- 什么是真爱和心理疆界
- 训育儿童自律
- 儿童的不良行为往往来源于自信心的丧失和卑微感
- 训育儿童要掌握主动权，倾听孩子，并给予共情非常重要，尤其是通过父母的语言表达孩子说不出来的情绪，孩子才能感到父母深切的爱、理解，明白父母不是在命令而是在帮自己

7.《孩子：挑战》
〔美〕鲁道夫·德雷克斯、薇姬·索尔兹 著

- 了解孩子的行为背后是什么动机
- 如何面对与孩子的冲突
- 父母如何成为孩子的朋友，让孩子和我们合作。不能靠惩罚，更不能靠奖赏
- 在尊重孩子的前提下，让孩子"尊重规则，承担责任，赢得合作"
- 为了让每个人都拥有和享受自由，我们需要规则，规则会产生限制和责任。自由中含有责任，我们只有在遵守规则的前提下才能拥有自由
- 归属感是孩子最主要的心理动机，孩子很多的行为背后都是在寻求自我价值感和归属感
- 让孩子承担选择的自然结果
- 给孩子平等的权利，尊重孩子，避免父母与孩子权利之争
- "和"孩子说话，而不是"对"他们说话

8.《正面管教：如何不惩罚、不娇纵地有效管教孩子》
〔美〕简·尼尔森 著

- 既不惩罚孩子，也不娇纵孩子
- 基本原则：和善而坚定
- 判断一个教育方法是否有效，有四个标准：1.是否做到了和善而坚定？ 2.是否有助于孩子感受到归属感和价值感？ 3.是否长期有效？ 4.能否教孩子有价值的社会和生活技能，培养孩子良好的品格？
- 有规矩也有自由，有限制的选择，"在尊重别人的前提下，

你可以选择。"
- 通过理解、尊重、激励等一些和善的方式达到修正孩子不良行为的目的
- 尊重孩子的想法和自尊,让他们参与规则制定,形成正确价值观,养成责任感,各方面能力也得到提升
- 利用自然后果,积极的"暂停",家庭会议

9.《父母效能训练手册:让你和孩子更贴心》〔美〕托马斯·戈登 著

- 亲子沟通工具书
- 分清楚是"父母的问题"还是"孩子的问题",锻炼孩子自主性的同时,可以有效地减轻你的焦虑
- 用积极倾听的方式帮助孩子自己解决遇到的问题。鼓励孩子表达自己内心的想法,让孩子自己思考解决方案
- 不要害怕表达自己的情绪,用"我——信息"去描述我们的情绪,而不是用"你——信息"去评价或指责孩子的行为
- "没有输家"的解决办法,放弃大人权威,同孩子对等协商
- 亲子之间的冲突是很正常的,不要害怕冲突,积极寻找平衡点,总能找到实现双赢的方法
- 放弃完美人设,做真实父母

10.《孩子,把你的手给我:与孩子实现真正有效沟通的方法》〔美〕海姆·吉诺特 著

- 与孩子实现真正有效沟通的方法
- 处理孩子的问题之前,先处理孩子的情绪
- 怎么做才算是尊重和承认孩子的感受

- 什么才是真正的夸和批评
- 小孩撒谎、偷窃、不懂礼貌等，父母应该怎么处理
- 大量的实例和解决方法

11.《养育的选择：13个育儿困惑解答给你一个科学教养观》 陈忻 著

- 回答了13个父母普遍关心的问题——安全感、敏感期、创造力、自控力的培养等，用发展心理学的研究和理论做出解释，结合案例提供行之有效的办法
- 早教有必要吗？什么是好的早教
- 电视节目是早教还是伤害
- 规则会破坏孩子的自由天性吗
- 我的孩子为什么脾气那么大
- 延迟满足能培养孩子的自控力吗
- 为什么越称赞，孩子越说不得了
- 孩子会越挫越勇吗
- 要不要鼓励孩子争第一
- 快乐成长就是让孩子时刻都快乐吗
- 要求孩子"听话"会抹杀独立性吗

12.《整体养育》 陈忻 著

- 如果父母可以了解儿童发展的规律和特点，以及一些为人父母的原则和方法，很多问题可能就会迎刃而解

- 既有育儿的"内功心法",也有育儿的"具体招式"
- 建立对儿童发展的整体认识,用整体养育的思路去看待孩子的发展
- 亲子关系是一切的基础
- 做有血有肉的父母
- 做有效的父母
- 和孩子建立情感链接
- 面对挫折:复原力
- 处理信息:注意力
- 从自知到自控:自我调整能力
- 和他人的关系:社会交往能力

13.《养育男孩》
〔美〕史蒂夫·比达尔夫 著

- 抓住男孩成长的三个关键阶段,培养积极勇敢、有担当的男孩
- 如何能让男孩变得快乐、自信而友善
- 如何令男孩顺利度过他们成长必经的三个阶段
- 不可忽视的睾丸激素怎样改变男孩的行为方式
- 男孩的思考方式与女孩有哪些与生俱来的差别
- 如何培养男孩对"性"的态度
- 体育运动培养正确的价值观
- 智力与语言发展的特性
- 爸爸在家庭中的角色
- 妈妈在家庭中的角色

14.《如何让孩子成年又成人：斯坦福大学新生教务长给父母们的建议》
〔美〕朱莉·利思科特－海姆斯 著

- 如何养育一个成年人：打破过度养育的陷阱，让你的孩子为成功做好准备
- 过度养育问题及危害
- 停止过度养育的关键是放手，培养孩子的"自我效能"，也就是对自己的能力有合理的认知，从而产生"相信我能行，我有办法做好"的心态
- 18岁前，孩子必须拥有的8种生活技能
- 20种糟糕的体验，如何帮助孩子成长
- 如何通过巧妙提问培养孩子的独立思考能力
- 如何在不确定的未来给孩子确定无疑的成功要素
- 成功孩子的背后，都有这样的家长：知道何时牵手，更懂得适时放手
- 最好的养育方式是高要求、高回应的权威式养育
- 给孩子属于自己的时间，培养孩子独立生活的能力，培养孩子的思考能力，帮孩子做好努力工作的准备，允许孩子为自己做决定，同时和孩子保持沟通，教孩子面对挫折

15.《如何培养孩子的社交商》
〔美〕卡西·柯恩 著

- 大多数孩子的社交技能并非与生俱来，需要训练指导才能提高
- 针对孩子在社交领域需要解决的11个问题，包括如何加入到伙伴当中、如何沟通交流、读懂社交信号、提高自我

尊严、处理戏弄嘲笑、管理压力问题、化解矛盾冲突、控制愤怒情绪等孩子经常会遇到的困扰，提出了科学解决的办法
- 如何通过情景模拟、角色扮演、排练、讨论、讲故事、游戏等方式，轻松地帮助孩子解决一些社交中遇到的困难，培养孩子的社交商，提高孩子面对问题、解决问题的能力
- 简单明了的小秘诀、小游戏、小测验

16.《如何培养孩子的社会能力：教孩子学会解决冲突和与人相处的技巧》
〔美〕默娜·舒尔 著

- 社会能力就是孩子解决冲突和与人相处的能力
- 适用于3—7岁。"解决同伴间的问题和解决数学题一样重要"
- "我能解决问题"法
- 通过对话、游戏和活动等独特的方式让孩子自己学会怎样解决问题
- 神奇的词语理解游戏
- 辅助孩子而不是替代
- 角色扮演，玩偶，找办法游戏
- 呵护孩子的自立能力

17.《培养高情商的孩子：让孩子受益一生的情绪管理法》
〔美〕约翰·戈特曼 著

- 一本情绪管理训练手册，分别列出了孩子在婴儿期、幼儿期、少年期和青春期不同的训练要点
- 父母双方如何建立良好的两性关系

- 教会孩子处理失望、沮丧、恐惧、担心等情绪，比教孩子处理具体问题更重要
- 情绪管理训练的五个步骤：1.觉察到孩子情绪；2.把情绪化的瞬间当作增进亲密感、对孩子进行指导的好机会；3.对孩子的情绪感同身受，倾听孩子的心声，认可孩子的情绪；4.帮助孩子表达情绪，用言语为情绪贴上标签；5.为情绪带来的行为划定界限。所有的感受都是可以接受的，但不是所有的行为都是被允许的，指导孩子解决问题
- 情绪管理训练的基础——共情。试着去理解孩子的情绪，尽力不去批评他们，不漠视他们的感受，不试着把他们从自己的情绪中转移出来，他们就会允许我们进入他们的世界。他们会说出自己的感受，与我们分享观点。当生活中出现冲突时，孩子会和我们站在统一战线上，共同解决难题

18.《教出乐观的孩子：让孩子受用一生的幸福经典》〔美〕马丁·塞利格曼 著

- 乐观的孩子，更容易成功，更有创造力，更容易有幸福的生活
- 作者塞利格曼是公认的"积极心理学之父"
- 乐观也可以通过后天的学习而获得
- 孩子就像海绵，他们不但吸收你讲的话，也吸收你讲话的方式
- 怎么去面对困难、挫折，避免消极情绪
- 很多例子，手把手教你去实践

19.《品格的力量：坚毅、好奇心、乐观精神与孩子的未来》
〔美〕保罗·图赫 著

- 对长期成功而言，性格或者说品格比智力因素更重要
- 重要的不是在儿童成长的最初几年里，往他们的头脑里塞进去多少信息，而在于能否帮他们形成一系列有价值的品质，譬如坚持、创造力、乐观、自控等
- "五大人格"：随和性、外倾性、情绪稳定性、开放性和尽责性
- 健全性格形成的七种力量：坚毅、自控力、热情、社交能力、感恩、乐观精神和好奇心
- 如何进行这些技能的培养

20.《园丁与木匠：顶级心理学家教你高手父母的教养观》
〔美〕艾莉森·高普尼克 著

- 人的性格与特长有许多偶然因素和先天因素，父母的教养影响不大，父母很难像木匠一样精确控制产品形状，只能像园丁一样提供好的环境等待作物自己发育发展
- 童年是人类进化的关键策略，人类的孩子是非常有效的社会学习者，相比较其他物种而言，漫长的童年期与更大的大脑、更高的智力、更强的灵活性和学习能力密切相关
- 儿童学习的四个渠道：看、听、玩、实习
- 父母成为稳定且可以提供可靠学习资源的照顾者，要比成为直接教导式的照顾者更有价值
- 关系里最基本的信任要比教学方法更重要
- 为人父母是在一系列矛盾中寻找平衡的艺术

- "作为父母最重要的奖励,不是孩子的成绩和奖杯,甚至也不是他们的毕业典礼和婚礼,而是与孩子一起生活所感受到的身心愉悦,以及孩子与你在一起的点滴欢乐时光。"

21.《教养的迷思:父母的教养方式能否决定孩子的人格发展?》〔美〕朱迪斯·哈里斯 著

- 家庭环境并不能对孩子的人格发展产生决定性的影响。在人格方面,孩子与父母相像有两个原因:因为他们继承了父母的基因,也因为他们同属于一种文化或子文化
- 父母的教养能够在家庭这个小情景中产生影响。双亲并不能教导孩子社会化,儿童的人格塑成主要受到他们的小伙伴以及家庭以外的经验影响。同辈群体是塑造儿童行为和改造他们性格的地方,是决定他们长大以后成为什么样人的地方
- 生活在同一个家庭的同卵双胞胎之间的相似性,并没有高过在不同家庭中长大的同卵双胞胎
- 友谊对人格不会产生永久的影响,相反,对群体的认同,被群体接受或排斥,则会对人格产生永久的影响
- 父母的影响主要是遗传,还有基本的是非观念和价值观。教养方式虽然不能决定孩子未来在社会上的发展,但会影响父母跟孩子之间一辈子的亲子关系。父母没有办法决定外面的世界怎样对待孩子,但是有很大的权力决定孩子在家里是否快乐。极端虐待孩子的父母当然会危害孩子的未来,造成对大脑的长久伤害。但是普通正常范围内的教养方式差异,不会对孩子造成终身影响
- 为人父母者最可能需要做的是为孩子选择一个好的团体。团体社会化最重要的时期是6岁到12岁。住家环境、朋

友同学的影响比父母的影响更大。当同辈团体和父母有着一致的目标和价值观时,青少年和他父母之间的摩擦最小

22.《自主教养:焦虑时代的父母之道》
赵昱鲲 著

- 焦虑太多会变蠢。过度焦虑不仅影响整个家庭的幸福感,还对孩子的成长极具破坏力
- 过度焦虑往往导致过度控制,使孩子难以发展出真正的自我,成年后容易出现抑郁、冷漠、消极、暴躁等心理问题
- 焦虑不会因为具体问题的变化而变化,焦虑从来都是源于认知和心态
- 养育,是父母自我完善的过程
- 不要妄想把孩子塑造成你想要的样子,而要帮助孩子成为他自己。这是从育儿焦虑中解脱的真正父母之道
- 做你自己,让自己成为一个有爱、有智慧、有原则的人,你就可以成为一个好父母
- 孩子要的,不是完美的父母,而是正常的父母

23.《如何说孩子才会听 怎么听孩子才肯说》
〔美〕阿黛尔·法伯、伊莱恩·玛兹丽施 著

- 实用清晰、切实可行的亲子沟通指导手册
- 尊重感受,寻求合作,代替惩罚,如何赞赏,应对愤怒
- 帮助孩子面对他们的感受,认可孩子的感受
- 鼓励孩子与我们合作
- 控制愤怒的情绪,学习一些关键的沟通技巧来说服孩子
- 代替惩罚的方法

- 鼓励孩子自立
- 如果希望孩子从错误中学习和成长，请给予他赞美，不要给他贴上标签
- 漫画举例应对方案

24.《非暴力沟通》
〔美〕马歇尔·卢森堡 著

- 语言暴力让人与人变得冷漠、隔阂、敌视
- 学习高效表达自己，获得积极回应
- 非暴力沟通的四个要素：观察、感受、需要和请求
- 观察：不主张绝对化的结论，要清楚地描述观察的结果
- 感受：清楚地表达感受，让沟通更顺畅
- 自身的需要：我们为自己的感受行动负责，但无法为他人负责
- 请求：避免使用抽象的语言，用具体的描述来提出要求
- 运用非暴力沟通来倾听他人
- 运用非暴力沟通来爱自己

25.《不吼不叫：如何平静地让孩子与父母合作》
〔美〕罗娜·雷纳 著

- 怎样才能控制得当，成为温和体贴又原则坚定的父母
- 停止吼叫的A-B-C-D-E法则：自问（Ask）、呼吸（Breath）、平静自我（Calm yourself）、确定孩子的需要（Decide what your child needs）、应用同理心（Empathize）
- 管教的4C法：沟通（Communication）、选择（Choices）、结果（Consequences）、连接（Connection）

- 让自己内心平静,是用爱和尊重与孩子沟通的核心
- 孩子需要你给予关注、安抚、规范、引导、宽慰、温柔的抚摸,以及成功的机会。孩子需要很多时间和很多次练习才能掌握他日常学到的技巧

26.《游戏力:随时随地激活孩子天性中的合作与勇气》
〔美〕劳伦斯·科恩 著

- 通过游戏走进孩子的世界,利用游戏来建立与孩子之间的连接,通过游戏与他们愉快沟通交流
- 如果我们想告诉孩子什么,那么最好的方式就是"玩给他看",而不是"说给他听"
- 让孩子"在玩中学知识""在玩中学道理""在玩中建立自信"
- 孩子的日常行为问题用游戏的方式去解决,让孩子在无压力和无恐惧状态中学习各种技能,建立起孩子的内在自信
- 很多游戏案例,可以活学活用,享受养育孩子的乐趣

27.《写给父母的未来之书》
郝景芳、王立铭 著

- 人的能力属于新时代还是旧时代,将影响未来三四十年的命运
- 父母没办法设计孩子的路,我们要给的教育是培养孩子适应未知未来的能力
- 五大未来世界需要的能力——大脑力、学习力、科学力、思考力和软实力,帮助父母在孩子0—7岁成长关键期,全面打好基础,当孩子长大成年,无论面对怎样多变的环境,都能游刃有余

附录1:我推荐的35本育儿书

- 激活大脑力、提高学习力、培养科学力、锻炼思考力、塑造软实力
- 数学启蒙、幼升小衔接、良好行为习惯培养，提供科学实操方法
- 人类小孩和机器比，学习能力有这样几个优势：以偏概全、走神、厌倦、出错、依赖
- 要尊重孩子大脑的发展规律，不逼迫太小的孩子循规蹈矩地练习读写和计算，给孩子更自由的成长时光
- 多阅读、广接触，多体验
- 让孩子关注自己的内心价值，具备获取人生幸福的能力
- 培养独立人格、独立思考能力才是我们教育的终极目标
- 孩子走多远，都取决于我们今天的见识

28.《认知天性：让学习轻而易举的心理学规律》〔美〕彼得·布朗、亨利·罗迪格三世、马克·麦克丹尼尔 著

- 如何有效学习？根据脑神经科学研究成果，推导出的最有利于大脑的简单学习法则
- 考试是最有效的学习策略之一
- 知识最终将变成条件反射
- 自我检测：给知识链打上记忆结
- 频繁的集中练习只会产生短期记忆
- 间隔练习使知识存储得更牢固
- 穿插练习有助于长期记忆
- 多样化练习促进知识的活学活用

29.《全脑教养法：拓展儿童思维的12项革命性策略》
〔美〕丹尼尔·西格尔 著

- 父母的养育方式，决定了孩子的思维方式
- 主要针对孩子的情绪问题，"全脑教养12法"帮助你培养更加平和、快乐的孩子
- 整合左右脑，改善孩子的情绪
- 整合上下脑，教会孩子自我控制
- 整合内隐记忆和外显记忆，让孩子对场景把控更主动
- 整合自我与他人，培训孩子的人际技巧

30.《给孩子的未来脑计划》
魏坤琳 著

- 从脑科学的角度出发，培养面向未来的孩子
- 大脑主要分为三个部分：本能脑、情绪脑、理智脑。孩子的理智脑发育落后于情绪脑，爸妈要用情绪三步走的方法，充当孩子的理智脑，帮助孩子学会控制自己的情绪
- 大脑的五个方面：智力脑、情绪脑、运动脑、语言脑、创意脑，从这五大方面入手，教你如何根据孩子大脑发育规律，发展孩子相应的能力。不管未来如何变化，这些能力都将让孩子更好地适应未来，赢得未来

31.《让孩子的大脑自由》
〔美〕约翰·梅迪纳 著

- 从科学角度阐明了胎儿和婴幼儿大脑是如何工作的，并总结出数十条大脑规则，帮助父母在儿童5岁前的黄金成长

阶段里，养育出聪明、健康、幸福、快乐、有教养的宝宝
- 给孩子买益智玩具是白浪费钱吗
- 爸爸多做家务能让孩子更聪明
- 预测学习成绩的因素难道不是智商吗
- 是赞美孩子努力，还是夸他们聪明
- 两岁以下的孩子能不能看电视
- 什么样的父母能把孩子培养得出类拔萃
- 你相信学习音乐的孩子更善解人意吗
- 孩子究竟为什么说谎

32.《终身成长：重新定义成功的思维模式》
〔美〕卡罗尔·德韦克 著

- 成功不是能力和天赋决定的，而是受我们在追求目标的过程中的思维模式的影响
- 介绍了两种思维模式：固定型与成长型，体现了应对成功与失败、成绩与挑战时的两种基本心态。拥有了成长型思维的人，无论做啥都能成功
- 为什么要鼓励不要表扬，儿童做事遇挫时家长该如何鼓励
- 如何培养孩子的抗挫力和坚韧性（grit）

33.《心流：最优体验心理学》
〔美〕米哈里·契克森米哈赖 著

- 对心理学爱好者和研究者来说，《心流》是理解积极心理学等领域不可或缺的理论素材；对大众读者来说，是一本提升幸福感和效率的行动指南

- 心流是指我们在做某些事情时，那种全神贯注、投入忘我的状态——这种状态下，你甚至感觉不到时间的存在，在这件事情完成之后我们会有一种充满能量并且非常满足的感受
- 其实很多时候我们在做自己非常喜欢、有挑战并且擅长的事情的时候，就很容易体验到心流，比如爬山、游泳、打球、玩游戏、阅读、演奏乐器还有工作的时候
- 从日常生活、休闲娱乐、工作、人际关系等各方面，阐述如何进入心流状态

34.《幸福的婚姻：男人与女人的长期相处之道》
〔美〕约翰·戈特曼、娜恩·西尔弗 著

- 婚姻使用说明书
- 家庭和睦是教养的后院
- 如何改善夫妻关系，改善家庭生态
- 夫妻间的相处之道也是孩子人际学习的模板

35.《刻意练习：如何从新手到大师》
〔美〕安德斯·艾利克森、罗伯特·普尔 著

- 不论在什么行业或领域，提高技能与能力的最有效方法都遵循"刻意练习"原则
- "天才"是训练的产物
- 一旦某个人的表现达到了"可接受"的水平，并且可以做到自动化，那么再多"练习"几年，也不会有什么进步，而且还会缓慢退化。有目的的练习则更加有效

◎ 大脑是可适应的，训练可以创造一些我们以前并未拥有的技能（比如完美音高）

◎ 走出舒适区的重要性

◎ 如何运用刻意练习原则

◎ 一万小时法则的错与对

◎ 杰出人物拥有相同的成长路线：一、产生兴趣；二、变得认真；三、全力投入；四、开拓创新

附录 2

壮壮的文章选登

下面是壮壮 14 岁时,为他的公众号"大 Gary 的小世界"写的两篇文章。遗憾的是,因为公众号不给开评论功能,收不到反馈,他写了十几篇就不写了。

个儿高这件事

自打我记事起,我一直都个儿高。当我在幼儿园的时候,别人认为我是小学生;当我是小学生的时候,别人认为我是中学生。这篇文章就写写在过去的十四年里,与我的身高有关的故事。

打一年级起,我就是班里最高的学生。我还记得刚上学时坐在座位上,班里一个孩子从我身边走过。我虎躯一震,意识到:我坐着,居然跟他站着一样高。

我坐在教室最后一排,我妈担心我看不清黑板。我近视后,她总问我是否想换座位。我很真诚地说:虽然我是有点看不见,但我不想换座位。因为我们学校的午餐是在教室的后面发。坐在最后一排,我能最先打饭,不用排队。

在期末考试之前,我们六班和隔壁五班一起复习,因为五班的班主任是数学老师,六班的班主任是语文老师。每次复习时,五班会来六班上课,两位老师也都到六班讲课。这意味着两个学生要合坐一把椅子。这对于和我同坐一把椅子的孩子来说可真够受的,因为我是个大块头。所以老师让一个非常瘦小的孩子和我一座。我占了椅子的四分之三,他只坐在一个小角上。前30分钟还勉强可以接受。但是，随着老师用平得像机场跑道的语气没完没了地讲除法，我变得烦躁不堪，在座位上转了一下身。灾难的第一迹象是椅子吱吱作响，我意识到了我的突然转身是已摇摇欲坠的椅子的最后一根稻草。太迟了，雷鸣般的倒塌，椅子翻倒在我身上，同学被扔到地板上。幸运的是，我们俩都没事。从那以后，我就获得了特权——我自己坐一把椅子。

因为我个儿高，从很小的时候就可以玩过山车了，而我的朋友们则不能。我所有的外号都是关于我的身高，比如BFG（友好的巨人，出自达尔的书）。我记不得什么时候大家开始叫我姚明，但这个外号长我身上了，很快所有打篮球的学生都这么叫。分组的时候，他们会说："我们队要姚明！"

另一个优势是在人群中很容易找到我。如果你还没有看过我和朋友或同学的合影，我现在就告诉你，你不用仔细端详那张照片。我妈总说她一眼就能看到我。我朋友的妈妈也把我当作活体路标寻找自己的孩子。即使到今天，人们也经常会说："Sam啊，就是Gary旁边的那个，对，就在那个特别高的亚洲孩子旁边。"

大多数人认为个儿高是一种福气。然而，我在这里告诉你，个儿高也带来许多不便。正如中国有句谚语说："天塌了，有高个儿的人顶着"，基于个人的经验，我认为这个谚语有一定道理。还记得我容易被发现吗？当我与其他孩子一起淘气时，我总是第一个被老师揪出来训斥。

个儿高的问题之一是腿长而座位太小坐不进去。我从六年级就有这个问题了。第一次来到美国时，我曾很痴迷于美国的校车，非常想乘校车上学。然而，我第一次坐校车的经历改变了这一切。那校车造于上个世纪，当时的总统还是老乔治·布什，连安全带都没有。然而这还算不了什么，因为座位是一个对正常尺寸的人怀恨在心的侏儒设计的。我的腿直着根本挤不进去，只能歪成一个危险的角度斜着。座位之间的空间小得把头伸进去能得了幽闭恐惧症。我想象着一份报纸的头条新闻："男生飞出校车，因为他无法在座位上坐直"。

去年在斯坦福大学的辩论夏令营，我差点闯了大祸。一个工作人员误以为我是高中营员。初中营员是不许在没有老师陪同的情况下在校园里溜达的，违反这条规定的惩罚很严厉——驱逐出营。然而，由于工作人员以为我是高中生，批准了我自己走到斯坦福大学书店。我回来后，发现营管负责人坐在我的床上。幸运的是，营管负责人看到我，理解了情况，没有罚我。

我妈曾抱怨，当我还很小时，她给我买门票花了很多额外的钱。当我的朋友们欢快地跑进游乐园、游乐场的大门，享受儿童免票时，我的头总是高于那个交钱分界线。我妈很熟悉这种情况，在进门前她已经掏出了钱包。在自助餐厅，我的朋友可以享受半价，而我却不得不付全价。不过，多花钱也没那么吃亏啦，因为自打5岁起，我就吃得跟成年人一样多了，如果不是更多的话。

我妈还说，由于常年低头弯腰跟同学说话，我变成了一个难看的罗锅。我跟她走在路上时，背后经常挨她一巴掌，这是她让我挺直腰板的温柔提示。

还有可怕的防恐演习这件事。在该演习中，每个人都需要钻到桌子底下，躲避潜在的学校枪手。我的固有问题是钻桌子。在六年级时，演习发生在数学课时间。数学老师教室里的椅子，是那种类似在大学校园里的与桌子相连的椅子。爬正常桌子底下对我来说都是困难的事情，爬那种桌子，简直需要像马戏表演一样扭曲我的身体。当我好不容易钻到桌子下面的时候，我意识到我被卡住了。我的数学老师不得不拽着我的腿把我拉出来，全班哄堂大笑。

我的整个人生都在回答人们永恒不变的问题："你咋长得这么高？"以前，这对我来说也是个谜，所以只能耸耸肩诚实地说："我不知道。"人们会接着问："你爸妈是不是很高？"可问题是：我父母并不特别高哇。我在四年级时和妈妈一样高，六年级暑假时就跟我爸差不多高了。今年夏天我测了DNA，惊讶地发现我的基因身高是179厘米。这意味着我已经超出了我的基因身高12厘米。

还是我妈总结的原因更有道理，她说（提示：这时你该记笔记了）："Gary睡得多，吃得多，锻炼多，喝很多牛奶。"我在六年级打业余篮球赛时，曾有两个双胞胎队友，这哥儿俩很不喜欢喝牛奶。他们的爸爸问了那永恒的问题，我妈投下了牛奶这枚重磅炸弹。后来训练时该爸报道说，让他始料未及的是，他告诉儿子们牛奶如何使 Gary 长这么高后，双胞胎开始争先恐后地冲向冰箱。

我的身高经常让陌生人开口与我说话。有时，这种聊天会陷入尴尬。在我的人生中，经历了太多这样的对话，我都可以把它们归为三类了：

1. 叔叔阿姨、爷爷奶奶对我的真诚称赞

我最喜欢这种对话了，因为长辈们与我说话都心怀善意。在电梯里或者散步途中，无数次陌生人与我聊起天来："这小孩真高啊！"我通常不好意思地笑着，谦虚几句。

2. 小孩听到我跟他同岁而变得沮丧

这种情况让我非常尴尬，通常发生在学校认识新同学的时候。他们会抬头看我，问我几岁。我说跟他们同岁。首先，他们脸上会露出惊讶的表情，然后他们的脸色变得苍白，叹气说："我永远也不会和你一样高。"每当这时，我就得被迫安慰他们，向他们保证会的、一定会的。虽然我已练习多次，这些安慰的话让人听起来还是挺假的。

3. 同龄人嫉妒我，说我篮球打得臭

有些矮个儿同学想证明他们篮球打得比我好，总是一对一挑战我。我猜击败一个高个儿大概会提高他们的自尊吧。他们认为可以打败我，然而我粉碎了他们的梦想。当他们最终输了时，总会很不服气地说："你连跳投都不会。"或者是："我要是跟你一样高，绝对打得比你好！"对于这些话，我有一个简单的反驳："等你赢我时再说吧。"

个子高一直是我最显著的特点，给我的生活增添了许多故事。可以说如果除去了这个特点，那就不是我了。毕竟，在人们的记忆里，我永远会是那个"大个儿"——但愿不是"傻大个儿"。

胖子逆袭记

人说"胖子都是潜力股",这可能是真的。我的故事可以作证。

我很小就超重了,上小学时已在肥胖的边缘。我奶奶作为经历过"三年自然灾害"的人,一边说"胖小子有福气",一边使劲往我嘴里塞吃的。与我奶奶过时的信仰相反,我的父母开始意识到我的体重是一个严重的问题。然而,减肥的难点在于我是个真正的"吃货",我太爱吃。不行,用爱这个词来描写我对食物的感受还差一点儿,我对食物有不健康的痴迷。在 2012 年中央电视台的英语口语比赛中,我通过一篇关于吃的演讲,击败了上千名选手,登上了领奖台。当时我 8 岁,体重已经快 100 斤了。

我第一次因为胖这件事儿遭到成年人的打击是在三年级的暑假,我跟团坐飞机去参加马里兰州的夏令营。"小胖子好像晕机啊",带队家长在微信群里汇报。这话深深地刺伤了我的小心灵,如同脸上被泼一桶冰水。最初的震惊是我第一次听一个阿姨叫我小胖子,其次是我晕机这事儿也被曝光了,双重打击。

"人体通过数百万年的进化变得很擅长奔跑。"在美国 MB 学院上五年级开学第一天,当我在体育课上差点跑死时,这句话对我来说似乎是一个残酷的笑话。我被学校的操场给吓住了。我从来没有见过如此宽广、长满荒草的场地。我的同学们冲到了野草上，开始跑步。我也加快了步伐。还没跑完200米，我就感觉像有人在往我肺里倒岩浆。我很快就惊慌失措地感到恐惧和沮丧，因为我连一个400米操场的一圈都跑不下来。在那个悲痛时刻，我两年前听到的一句话——"管住嘴，迈开腿"——闪现在我的脑海中，仿佛它是来自上帝的诫命。

减肥没有什么秘密。其过程可以概括为"管住嘴，迈开腿"。2012年当我第一次听到这句话时，并没有被打动，因为世界都快末日了，所以胖不胖还有什么要紧。嘿嘿，开玩笑。作为一个三年级的小屁孩儿，我也意识到了减肥是件难事。对于当时的我来说，这样一项艰巨的任务怎么可能总结在两个短语中呢？而现在我认同了。你可以把减肥视为一个数学公式，如果你消耗的卡路里大于你摄入的卡路里，你就会减重。减肥过程大家都明白，大多数人缺少的是执行力。

减肥的第一步——管住嘴——考验的完全是自控力。我不能在这里显摆，因为我根本没有自控力。所有的功劳都归我父母。

那时候典型的超市对话是这样的：

我："我可以买饮料吗？"

我妈："不行。"

我："我能买点心吗？"

我妈："不能。"

我："我可以买薯片吗？"

我妈："想都别想。"

我发现不吃零食对我减肥很管用。除了不吃零食以外，少吃碳水化合物也很有用。你可能知道，碳水化合物会变成体内的糖。关键是，消减少碳水化合物摄入确实有效。除了不允许我吃任何零食之外，我父母把我们家吃的一半粮食都整成了粗粮。我爸甚至将豆子混合到电饭煲里的米饭中。我很快就抗议了，我可不想每天吃这种像不加糖的粽子一样的玩意。

告别含糖饮料和零食不是我减肥的唯一因素。"管住嘴，迈开腿"的第二步是"迈开腿"。不幸的是，我一点运动细胞也没有——如果你向我扔一支笔，那笔就会重击在我的额头上。我也承认我是一个懒人，只有在头悬一剑的危急情况下，我才会去做我不想做的事情。然而，即使在私立小学的庇护环境中，我也能看到体育不好的学生，尤其是男生，被认为很不酷。这种思潮通常从小学高年级开始，最终在初中不可避免地形成"学校阶级"——运动员在最上面，书呆子和怪人在最下面。我还发现每个学生都需要参加体育考试，其中包括跑一英里。这个消息像一记耳光一样袭击了我。一英里是 1600 米，不需要特别高的数学能力也能算出来，这比我能跑的距离多 1400 米。我当时的一位朋友还很善良地告诉我：曾经有一个胖孩子，在跑完一英里后就猝死了。这就是我开始练跑步的原因。

我曾住的公寓楼附近有一个社区公园。我第一次决定在公园跑步时，发现我能不止一次感受到死的感觉。永无止境的路面把熟悉的熔岩又带回了我的肺部，我真想倒在地上半途而废啊！不行！记住你跑得最慢的羞辱！我强迫自己继续前进。当我终于停下来后，我都快累瘫了，但我心里很有成就感。我喉头发甜，抬头一看——发现我已经跑了……四分之一圈。我平时是一个非常平静的人，然而，当我生气的时候，任何阻挡我的东西都被推至一边，那天就是其中一个时刻。我就不信一个社区公园都能难倒我。在愤怒和沮丧的浪潮带动下，我跑完了半圈。我停下来后，突然意识到我还没第一次停下来时累呢。从那时起，每当我想放弃或停止时，我都会提醒自己在学校第一天感受到的羞辱。那之后我每隔一天跑一次步，跑了整整一学年。我每次都挑战自己比前一天多跑一点点。到那年年底，当轮到我跑一英里的时候，我所付出的所有努力都值了。我没有做到惊人的地步（啊……鼓舞人心的电影什么都没教会我），但我保持在队伍的中间位置，这跟最后一名比，已是一个巨大进步。

定期参加体育运动是你可以获得的最佳锻炼方式。对我来说，七年级进了学校篮球队是我一生中发生的所有好事中的第二名（第一是出生在我家，而不是叙利亚难民的家庭）。我在学校阶级金字塔中的地位直线蹿升，

附录 2：壮壮的文章选登

就像黑色星期五的亚马逊股票。最重要的是，打篮球也帮助我减肥了。当我开始打球定期训练，体重掉得很快。所以，到了八年级初，我一点都不显胖了。然而，就像每一部鼓舞人心的电影一样，篮球对我来说并不容易。当我爸第一次带我去练投篮时，我跟每个不知感恩的小屁孩一样，很讨厌打球。当我投不进球时，我会沮丧、生气，将球砸到链环围栏上。我要感谢我的爸爸，因为他是宇宙中最坚持不懈的人（问我妈就知道）。当我发脾气的时候，他从不放弃，总是再次递给我球，让我继续投。我练多了，水平就提高了，我对篮球的喜爱也与日俱增。

当我在八年级第二次进篮球队时，"小胖子"的形象已经是个遥远、几乎被遗忘的记忆了。我的减肥之旅并不容易，但是通过努力锻炼、尴尬带来的毅力、在父母的帮助下控制饮食，我做到了。我真诚地相信：你也可以做到。毕竟减肥就只是"管住嘴，迈开腿"这样简单，将来你也可以讲述自己的胖子逆袭故事。

后 记

写完这本书之时，是 2020 年的年底。疫情仍在肆虐，算是世界的至暗时刻吧。儿子在家上网课已近一年。值得欣慰的是，他情绪良好，每天仍是高高兴兴的，显示出强大的适应能力。

我听到附近的学区主张复课，理由是保障学生们的心理健康。说长期的网课已经引起儿童和青少年心理疾病的大暴发。这使我更加欣赏儿子的情绪稳定、随遇而安、在任何情况下都能找到乐趣的成长状态。

家里这种"母慈子孝"、一切如常的平静状态，使我能安心地写书。我希望这本书能为每一位自认生了"普娃"的男孩家长提供一些信息，看了能觉得有用，或是受到些启发。

我写过两本关于英语学习路线图的书，然而孩子的人生却没有路线图可以拷贝。归根结底，每个家庭都是不同的，每家的孩子都需找到自己想走的路。所以，我用儿子举的例子，其实也是个例。只不过我觉得他的成长之路比较有代表性，能让很多男孩妈找到共性，我也刻意收录了很多主流育儿书的观点，这些观点都是经过验证的、具有共性的。

在成书之际，我的心中充满了感谢。感谢三联的李佳编辑向我约稿，使我有机会整理十七年的育儿经验；感谢微博网友们与我交流互动，使我知晓家长们关心的问题；感谢壮爸对我写书的一贯支持；感谢儿子成为我的写作素材，更感谢他用蓬勃的、像小太阳一样发光发热的生命活力，照亮我原本枯燥的中年生活。

I Went To Ocean Park

by Glary